EinFach Deutsch
Unterrichtsmodell

Friedrich Schiller

Kabale und Liebe

Mit Materialien zu den Filmen
Kabale und Liebe (2005) und *Schiller* (2005)

Neubearbeitung

Von
Gerhard Friedl

Herausgegeben von
Johannes Diekhans

Baustein 5: Die väterliche Ordnung als Konfliktursache (S. 80–90 im Modell)

5.1	Ein szenisches Experiment	Szene I/1	Einzel-, Partner- und Gruppenarbeit Schreibauftrag szenisches Spiel
5.2	Vaterbilder	Szenen I/7, IV/5	Arbeitsblatt 13 Textarbeit Tafelskizze
5.3	Millers und von Walters Rolle im Vergleich	Textstellen	Partnerarbeit Unterrichtsgespräch
5.4	Beherrschende, fehlende und moderne Väter	literarische und Sachtexte	Einzel- und Partnerarbeit Unterrichtsgespräch Zusatzmaterial 5, 6
5.5	Pflicht und Neigung	Szene III/4	Einzel- und Partnerarbeit Tafelskizze Arbeitsblatt 14

Baustein 6: Emotionale Kräfte und theatralische Wirkung (S. 91–104 im Modell)

6.1	Verstärkung und Reduktion von Gefühlen	gesamtes Drama	Arbeitsblatt 15 Tafelskizze
6.2	Elend und Mitleid	Textstellen Briefausschnitt	Arbeitsblatt 16 Textarbeit Tafelskizze Unterrichtsgespräche Gruppenarbeit Schreibauftrag Zusatzmaterial 7
6.3	Szenische Effekte	Textstellen, Szenen und Szenenanweisungen	Einzel- und Partnerarbeit Tafelskizzen Unterrichtsgespräche szenisches Spiel
6.4	Der Schluss: Erschütterung und Appell	Szenen V/7, V/8	Partnerarbeit auf drei Ebenen Unterrichtsgespräche Tafelskizzen

Baustein 7: Einordnungen, Deutungen, Urteile (S. 105–109 im Modell)

7.1	Bürgerliches Trauerspiel	Anhang der Textausgabe	Einzel- und Partnerarbeit Unterrichtsgespräche
7.2	Drama der Aufklärung oder des Sturm und Drang?	gesamtes Drama	Gruppenarbeit
7.3	Auseinandersetzung mit Interpretationsthesen	Anhang der Textausgabe	Schreibauftrag

Baustein 8: Zwei Filme aus dem Schillerjahr 2005 (S. 110–130 im Modell)

8.1	Die Verfilmung von Kabale und Liebe durch Leander Haußmann	Ausschnitt und gesamter Film	Einzel-, Partner- und Gruppenarbeit, Unterrichtsgespräche, Arbeitsfragen, Arbeitsblatt 17
8.2	Schiller-Film mit Matthias Schweighöfer in der Titelrolle	biografische Informationen, gesamter Film	Einzel- und Gruppenarbeit, Arbeitsfragen, Unterrichtsgespräche, Tafelbilder, Arbeitsblatt 18

Kabale und Liebe

Baustein 1: Annäherung und Einstieg (S. 19–29 im Modell)

1.1	Titel		Tafelskizze Einzel- und Partnerarbeit
1.2	Personenverzeichnis und Szenenanweisungen	Szenen I/1, I/2	Arbeitsblätter 1 und 2 Mal- und Zeichenauftrag Schreibauftrag
1.3	Reaktionen der Eltern auf die ungewöhnliche Liebesbeziehung ihrer Kinder	Szenen I/1, I/2, I/5	Einzel- und Partnerarbeit Tafelskizzen Unterrichtsgespräch Arbeitsblatt 3

Baustein 2: Handlung und Aufbau (S. 30–44 im Modell)

2.1	Verlauf, Hintergründe und Konfliktpotenziale des Liebesdramas	gesamtes Drama	Unterrichtsgespräch, Tafelskizzen Partner- und Gruppenarbeit
2.2	Der formale Aufbau des Dramas nach Freytag	gesamtes Drama	Arbeitsblatt 4
2.3	Die Briefe und ihre Funktion	Szenen III/6, V/1, V/2	Arbeitsblatt 5, Partner- und Gruppenarbeit, Schreibaufträge

Baustein 3: Höfische und bürgerliche Welt (S. 45–61 im Modell)

3.1	Bürgertum und Hofadel in *Kabale und Liebe*	Textstellen	Gruppenarbeit
3.2	Die Kammerdienerszene	Szene II/2	Gruppenarbeit, Schreibauftrag
3.3	Wurm	Szenen I/2, I/5, III/1, III/6	Arbeitsblatt 8, Gruppenarbeit Tafelskizzen
3.4	Die Sprache von Bürgertum und Adel	Szenen I/1, I/5, I/6, II/4, III/2	Gruppenarbeit
3.5	Geschichtliche Hintergründe	Anhang der Textausgabe	Gruppenarbeit, Unterrichtsgespräch
3.6	Menschenrechte	gesamtes Drama	Arbeitsblatt 9, Gruppenarbeit Projekt mit Schreib-, Mal- und Zeichenauftrag sowie szenischem Spiel, Zusatzmaterial 3

Baustein 4: Handlungsräume der Liebe (S. 62–79 im Modell)

4.1	Grenzüberschreitungen	Textstellen aus den Szenen I/3, I/4, I/7, III/4	Arbeitsblatt 10, Einzelarbeit Tafelskizze
4.2	Erfüllung und Entsagung	Textstellen und Szenen	Partnerarbeit, Unterrichtsgespräch
4.3	Wahrheit und Täuschung	Szenen III/6 – IV/3 Textstellen Beispielaufsatz	Einzel- und Partnerarbeit Tafelskizze, Unterrichtsgespräche Textarbeit, Schreibauftrag Zusatzmaterial 4
4.4	Säkularisation als Sakralisierung der Liebe	Textstellen und Szenen	Textarbeit, Tafelskizze
4.5	Lady Milford	Szenen II/1, II/3, IV/7, IV/8	Arbeitsblatt 11, Einzel-, Partner- und Gruppenarbeit, Textarbeit Tafelskizze, szenisches Spiel
4.6	Liebe ist nicht nur ein Wort	gesamtes Drama	Arbeitsblatt 12

Bildnachweis:

|akg-images GmbH, Berlin: 9, 137, 143. |Art Explosion, Calabasas, CA: 128. |bpk-Bildagentur, Berlin: Dietmar Katz 44. |stock.adobe.com, Dublin: bismillah_bd 93; Sefrie 102; vilisov 48. |Strauss, Bettina, White Rock: 27, 27, 27, 27, 27, 27, 27, 27, 27, 27, 28, 28, 28, 59, 59, 77, 77, 78, 78, 78, 89, 89, 89, 89. |ullstein bild, Berlin: histopics 139.

© 2012 Bildungshaus Schulbuchverlage Westermann Schroedel Diesterweg Schöningh Winklers GmbH,
Georg-Westermann-Allee 66, 38104 Braunschweig
www.westermann.de

Das Werk und seine Teile sind urheberrechtlich geschützt. Jede Nutzung in anderen als den gesetzlich zugelassenen bzw. vertraglich zugestandenen Fällen bedarf der vorherigen schriftlichen Einwilligung des Verlages. Nähere Informationen zur vertraglich gestatteten Anzahl von Kopien finden Sie auf www.schulbuchkopie.de.

Für Verweise (Links) auf Internet-Adressen gilt folgender Haftungshinweis: Trotz sorgfältiger inhaltlicher Kontrolle wird die Haftung für die Inhalte der externen Seiten ausgeschlossen. Für den Inhalt dieser externen Seiten sind ausschließlich deren Betreiber verantwortlich. Sollten Sie daher auf kostenpflichtige, illegale oder anstößige Inhalte treffen, so bedauern wir dies ausdrücklich und bitten Sie, uns umgehend per E-Mail davon in Kenntnis zu setzen, damit beim Nachdruck der Verweis gelöscht wird.

Bei der Übernahme von Werkteilen (Grafiken) aus den Arbeitsblättern sind Sie verpflichtet, das Namensnennungsrecht des Urhebers zu beachten und die Namensnennung in ein neues Arbeitsblatt mit einzufügen. Unterlassungen dieser Verpflichtung stellen einen urheberrechtlichen Verstoß dar, der zu urheberrechtlichen Schadensersatzansprüchen führen kann.

Druck A^9 / Jahr 2024
Alle Drucke der Serie A sind im Unterricht parallel verwendbar.

Umschlaggestaltung: Jennifer Kirchhof
Druck und Bindung: Westermann Druck GmbH, Georg-Westermann-Allee 66, 38104 Braunschweig

ISBN 978-3-14-**022561**-8

Vorwort

Der vorliegende Band ist Teil einer Reihe, die Lehrerinnen und Lehrern erprobte und an den Bedürfnissen der Schulpraxis orientierte Unterrichtsmodelle zu ausgewählten Ganzschriften und weiteren relevanten Themen des Faches Deutsch bietet.
Im Mittelpunkt der Modelle stehen Bausteine, die jeweils thematische Schwerpunkte mit entsprechenden Untergliederungen beinhalten.
In übersichtlich gestalteter Form erhält der Benutzer/die Benutzerin zunächst einen Überblick zu den im Modell ausführlich behandelten Bausteinen.

Es folgen:

- Hinweise zu den Handlungsträgern
- Zusammenfassung des Inhalts und der Handlungsstruktur
- Vorüberlegungen zum Einsatz des Dramas im Unterricht
- Hinweise zur Konzeption des Modells
- Ausführliche Darstellung der einzelnen Bausteine
- Zusatzmaterialien

Ein besonderes Merkmal der Unterrichtsmodelle ist die Praxisorientierung. Enthalten sind kopierfähige Arbeitsblätter, Vorschläge für Klassen- und Kursarbeiten, Tafelbilder, konkrete Arbeitsaufträge, Projektvorschläge. Handlungsorientierte Methoden sind in gleicher Weise berücksichtigt wie eher traditionelle Verfahren der Texterschließung und -bearbeitung.
Das Bausteinprinzip ermöglicht es dabei den Benutzern, Unterrichtsreihen in unterschiedlicher Weise und mit unterschiedlichen thematischen Akzentuierungen zu konzipieren. Auf diese Weise erleichtern die Modelle die Unterrichtsvorbereitung und tragen zu einer Entlastung der Benutzer bei.

Das vorliegende Modell bezieht sich auf folgende Textausgabe:
Friedrich Schiller: Kabale und Liebe. Paderborn: Schöningh Verlag 2012.
ISBN: 978-3-14-022305-8

 Arbeitsfrage

 Einzelarbeit

 Partnerarbeit

 Gruppenarbeit

 Unterrichtsgespräch

 Schreibauftrag

 szenisches Spiel, Rollenspiel

 Mal- und Zeichenauftrag

 Bastelauftrag

 Projekt, offene Aufgabe

Inhaltsverzeichnis

1. **Personen** 10

2. **Inhalt** 13

3. **Vorüberlegungen zum Einsatz des Dramas im Unterricht** 14

    Vorschläge für Klassenarbeiten und Klausuren, Referate und Facharbeiten 15

4. **Konzeption des Unterrichtsmodells** 17

5. **Die thematischen Bausteine des Unterrichtsmodells** 19

    Baustein 1: Annäherung und Einstieg 19
    1.1 Titel 19
    1.2 Personenverzeichnis und Szenenanweisungen 21
    1.3 Reaktionen der Eltern auf die ungewöhnliche Liebesbeziehung ihrer Kinder 23
    Arbeitsblatt 1: Die Personen und ihre Darsteller 27
    Arbeitsblatt 2: Bühnenräume 28
    Arbeitsblatt 3: Millers Sprache in der ersten Szene 29

    Baustein 2: Handlung und Aufbau 30
    2.1 Verlauf, Hintergründe und Konfliktpotenziale des Liebesdramas 32
    2.2 Der formale Aufbau des Dramas nach Freytag 36
    2.3 Die Briefe und ihre Funktion 37
    Arbeitsblatt 4: Der Aufbau des klassischen Dramas nach Freytag 42
    Arbeitsblatt 5: Ein gezeichneter Szenenausschnitt 44

    Baustein 3: Höfische und bürgerliche Welt 45
    3.1 Bürgertum und Hofadel in *Kabale und Liebe* 46
    3.2 Die Kammerdienerszene 47
    3.3 Wurm 49
    3.4 Die Sprache von Bürgertum und Adel 51
    3.5 Geschichtliche Hintergründe 53
    3.6 Menschenrechte 54
    Arbeitsblatt 6: Ein Brief zur Vorbereitung der Gruppenarbeit 57
    Arbeitsblatt 7: Regeln für die Gruppenarbeit 58
    Arbeitsblatt 8: Rolle und Verhalten des Sekretärs Wurm 59
    Arbeitsblatt 9: Menschenrechtsverletzungen 60

    Baustein 4: Handlungsräume der Liebe 62
    4.1 Grenzüberschreitungen 62
    4.2 Erfüllung und Entsagung 63
    4.3 Wahrheit und Täuschung 65
    4.3.1 Der Gegensatz in der Dramenhandlung 65
    4.3.2 Ferdinands Monolog in Szene IV/2 68
    4.4 Säkularisation als Sakralisierung der Liebe 70

4.5 Lady Milford 72
4.5.1 Schein und Sein 72
4.5.2 Szenenvergleich 72
4.5.3 Analytische und gestaltende Interpretationsübungen 74
4.6 Liebe ist nicht nur ein Wort 76
Arbeitsblatt 10: Szenenbilder des Liebespaares 77
Arbeitsblatt 11: Lady Milfords Zusammentreffen mit Ferdinand und Luise 78
Arbeitsblatt 12: Liebe ist nicht nur ein Wort 79

Baustein 5: Die väterliche Ordnung als Konfliktursache 80
5.1 Ein szenisches Experiment 80
5.2 Vaterbilder 81
5.3 Millers und von Walters Rolle im Vergleich 82
5.4 Beherrschende, fehlende und moderne Väter 84
5.5 Pflicht und Neigung 86
Arbeitsblatt 13: Einwirkungsversuche des Vaters auf seinen Sohn in szenischen Bildern 89
Arbeitsblatt 14: Pflicht und Neigung vor und nach Kant 90

Baustein 6: Emotionale Kräfte und theatralische Wirkung 91
6.1 Verstärkung und Reduktion von Gefühlen 91
6.2 Elend und Mitleid 92
6.3 Szenische Effekte 94
6.3.1 Ferdinand zerstört eine Violine 94
6.3.2 Bewegung und Erstarrung 95
6.3.3 Stillschweigen 97
6.3.4 Lachen 98
6.4 Der Schluss: Erschütterung und Appell 99
Arbeitsblatt 15: Urs Widmer: Gefühle 103
Arbeitsblatt 16: Elend und Mitleid 104

Baustein 7: Einordnungen, Deutungen, Urteile 105
7.1 Bürgerliches Trauerspiel 105
7.2 Drama der Aufklärung oder des Sturm und Drang? 107
7.3 Auseinandersetzung mit Interpretationsthesen 108

Baustein 8: Zwei Filme aus dem Schillerjahr 2005 110
8.1 Die Verfilmung von *Kabale und Liebe* durch Leander Haußmann 110
8.2 Schiller-Film mit Matthias Schweighöfer in der Titelrolle 120
Arbeitsblatt 17: Kameraeinstellungen und -perspektiven 128
Arbeitsblatt 18: Friedrich Schiller in Mannheim 1782–1785 129

6. Zusatzmaterial

Z 1: Friedrich Schiller: Was kann eine gute stehende Schaubühne eigentlich wirken? (gekürzte Fassung) 131
Z 2: Höfisches und Nationaltheater: zwei Lexikonartikel 136
Z 3: Georg Büchner: Der Hessische Landbote von 1834 (Auszüge) 139
Z 4: Beispiel eines Interpretationsaufsatzes 144

Z 5: Texte zum Thema „Beherrschende und fehlende Väter"   146
    a) Franz Kafka: Brief an den Vater   146
    b) Birgit Vanderbeke: Das Muschelessen   147
    c) Alexander Mitscherlich: Auf dem Weg zur vaterlosen Gesellschaft   147
    d) Horst Petri: Das Drama der Vaterentbehrung   148
Z 6: Was muss ein guter Vater heute können?   149
Z 7: Mitleid als Wirkung des Trauerspiels: Lessings Brief an Nicolai vom November 1756   151
Z 8: Rhetorische Figuren in *Kabale und Liebe*   152
Z 9: ZEIT-Schülerbibliothek: 41. Schiller: Kabale und Liebe   155

7. Literaturhinweise   156

Kabale und Liebe

Schillerplatz mit Theater und Jesuitenkirche, Mannheim (akg-images GmbH)

Die Gerichtsbarkeit der Bühne fängt an, wo das Gebiet der weltlichen Gesetze sich endigt. Wenn die Gerechtigkeit für Gold verblindet und im Solde der Laster schwelgt, wenn die Frevel der Mächtigen ihrer Ohnmacht spotten und Menschenfurcht den Arm der Obrigkeit bindet, übernimmt die Schaubühne Schwert und Waage und reißt die Laster vor einen schrecklichen Richterstuhl.

Aber [...] sie [die Bühne] lehrt uns auch gerechter gegen den Unglücklichen sein und nachsichtsvoller über ihn richten. Dann nur, wenn wir die Tiefe seiner Bedrängnisse ausmessen, dürfen wir das Urteil über ihn aussprechen.

Menschlichkeit und Duldung fangen an, der herrschende Geist unsrer Zeit zu werden; ihre Strahlen sind bis in die Gerichtssäle und noch weiter – in das Herz unsrer Fürsten gedrungen. Wie viel Anteil an diesem göttlichen Werk gehört unsern Bühnen? Sind sie es nicht, die den Menschen mit dem Menschen bekannt machten und das geheime Räderwerk aufdeckten, nach welchem er handelt?

Friedrich Schiller: Was kann eine gute stehende Schaubühne eigentlich wirken? Vorgetragen am 26. Juni 1784 in Mannheim

Personen

Präsident von Walter – der Tyrann

Der nach dem Herzog mächtigste Mann im Fürstentum kam durch ein hinterhältiges und skrupelloses Attentat, durch das er seinen Vorgänger aus dem Weg räumte, in diese Position (S. 59, Z. 22–28). Er ist also „keineswegs ein legitimer Vertreter der Gesellschaftsordnung, die er an hervorragender Stelle repräsentiert" (Michelsen, S. 212). Um seinen Einfluss zu sichern und die Stellung an seinen Sohn vererben zu können (S. 28, Z. 3–11), ist ihm jedes Mittel recht: Drohung (S. 31, Z. 38 – S. 32, Z. 17) und Gewalt (Szene II/7), Eheschließung (S. 30, Z. 7 f.) und Intrige, Täuschung (S. 31, Z. 10–35) und Lüge. Wie im Spiel um die Macht nutzt er sie auch privat. Allerdings gibt ihm erst Wurm die entscheidenden Tipps (S. 24, Z. 6–13, S. 59, Z. 20 – S. 63, Z. 13). „Er benutzt, er *missbraucht* sie [die ethischen und religiösen Werte, die der patriarchalischen Welt innewohnen], um seiner eigenen Größe willen. Es ist sein Ich, seine Person, der er dient, nicht die Gesellschaft, deren Grundlagen er durch sein Handeln unterhöhlt" (Michelsen, S. 212).

Ferdinand – der Schwärmer

Der Sohn des Präsidenten bekam auf Betreiben seines Vaters schon als 20-Jähriger den militärischen Rang eines Majors zuerkannt und alles spricht für eine schnelle Karriere am Hof (S. 28, Z. 25 – S. 29, Z. 9). Er ist aber auch literarisch bewandert (S. 9, Z. 13–15) und sein Universitätsstudium vermittelte ihm Einsichten, die den höfischen Vorstellungen zuwiderlaufen (S. 58, Z. 16–23). So steht er dem Leben und Ansehen am Hof kritisch gegenüber und verfolgt andere Ideale als sein Vater. Dieser Gegensatz verschärft sich durch seine stürmische Liebe zu dem Bürgermädchen Luise, das er gegen alle Widerstände heiraten möchte. Er verteidigt seine Geliebte gegen die Beleidigungen seines Vaters, versteht aber ihre Vorbehalte gegen die Verbindung nicht. Leichtfertig lässt er sich von einem fingierten Liebesbrief täuschen und verfällt in eine grenzenlose Rachsucht, das zu seiner Liebe gegensätzliche Extrem.

Hofmarschall von Kalb – der Geck

Er personifiziert die von jedem Inhalt abgelöste bloße Form der höfischen Lebensweise. So kümmert er sich um den Tagesablauf des Herzogs. Repräsentation, Vergnügungen und Aufsehen erregende Kleidung bilden den Mittelpunkt seines Lebens. Geistig beschränkt (S. 67, Z. 21–23), verdankt er seinen Aufstieg der Beteiligung an dem Anschlag auf Walters Vorgänger (S. 64, Z. 28–31), sodass er mit der Entmachtung des Präsidenten auch die eigene Stellung verlöre. Wurm und der Präsident benutzen ihn als Mittel für ihre Zwecke: Er bringt die Nachricht von der bevorstehenden Hochzeit zwischen Ferdinand und Lady Milford in Umlauf und stellt sich als Adressat des fingierten Liebesbriefes zur Verfügung.

Lady Milford – eine „stolze Unglückliche" (S. 96, Z. 3)

Sie ist als Mätresse die offizielle Geliebte des Fürsten und wird als Schandfleck wahrgenommen, stellt sich jedoch als Wohltäterin heraus, ist mit „wütende[r] Liebe" (S. 96, Z. 14) erfüllt und hat eine „große Seele" (S. 42, Z. 14). Diese Vielschichtigkeit der Lady erklärt sich durch ihre Lebensgeschichte: Das Unglück ihrer Eltern (S. 42, Z. 24 – S. 43, Z. 2) zwang sie mit 14 Jahren zur Flucht nach Hamburg, wo der Herzog sechs Jahre später um die verarmte, vereinsamte und verzweifelte Fürstentochter warb und auf Gegenliebe stieß. Sie erzwang eine Milderung der Gewaltherrschaft in seinem Land. Aus der Verbindung mit Ferdinand erhofft sie sich das Ende ihrer unwürdigen Stellung, doch alle Versuche scheitern, mit ihrer Liebe Luise zu verdrängen. Schließlich entscheidet sie sich für die Tugendhaftigkeit dadurch, dass sie auf Ferdinand und das luxuriöse Leben verzichtet und den Hof verlässt.

Wurm – der Bösewicht

Das hässliche Äußere (S. 15, Z. 16–20) des Privatsekretärs des Präsidenten korrespondiert mit seinem abstoßenden Verhalten: Mit scharfem Verstand, aber gefühllos fungiert er nicht nur als Ideengeber seines Herrn, sondern führt den widerlichsten Teil seines Plans auch noch selbst aus, indem er das Mädchen, um das er wirbt, in eine tragische Entscheidungssituation stößt. Obwohl er sich ganz in die Denk- und Verhaltensweise des Präsidenten einlässt und diesen sogar noch übertrifft (S. 62, Z. 21 f.), wahrt er zu den höfischen Sitten Distanz (S. 23, Z. 6 f.). Andererseits stellt er sein Wissen um die bürgerlichen Tugenden für die Intrige zur Verfügung (S. 62, Z. 12–19). Vielschichtiger erscheint Wurm dagegen in der psychologischen Analyse, nämlich als ein moderner Mensch, der seine Minderwertigkeitsgefühle zu kompensieren sucht.

Stadtmusikant Miller – der „Herr im Haus" (S. 7, Z. 15)

Die ersten Worte Millers, mit denen das Drama beginnt, zeigen seine zentrale Stellung in der bürgerlichen Familie. Er trägt die Verantwortung für das Ansehen seines Hauses, das er auch gegen Angriffe verteidigt, und erwirtschaftet das nötige Einkommen. Vor allem kümmert er sich um die religiöse Erziehung seiner Tochter, für die er dem Schöpfer gegenüber Rechenschaft schuldig ist. Er spricht offen und direkt aus, was er denkt und fühlt, lässt sich aber kaum auf andere Überlegungen ein. Mit seinen zum Teil drastischen Urteilen schont er weder die Mitglieder der eigenen Familie noch andere Personen.

Millers Frau – die eingebildete Mutter

Ihre Auffassungen und Einstellungen unterscheiden sich von denen ihres Ehemannes grundlegend. Sie widerspricht ihm offen, ohne sich durchsetzen zu können. Die Auseinandersetzungen konzentrieren sich auf das Verhältnis ihrer Tochter zu Ferdinand, durch das sich Millers Frau geschmeichelt fühlt, und auf ihre Andeutungen davon gegenüber Wurm (S. 12, Z. 11 – S. 13, Z. 14), deren Konsequenzen sie nicht überschaut (S. 48, Z. 2 – S. 49, Z. 18). Als diese über ihre Familie hereinbrechen, beschwichtigt sie ihren Mann und fleht um Erbarmen.

Luise – das Opfer

Die Spannungen zwischen ihren Eltern (S. 49, Z. 11–15) wirken sich auf Luise und ihre Liebe zu Ferdinand aus. So fühlt sich die 16-Jährige (S. 90, Z. 4) von Anfang an hin- und hergerissen zwischen den Grundsätzen ihres Vaters und der Liebe zu Ferdinand (Szene 1/3, S. 16, Z, 4–13), die in dem von der Mutter überlassenen Freiraum entstehen konnte. Sie sucht eigene Auswege aus dem Zwiespalt, doch immer wieder lässt sie sich in die Vorstellungswelt ihres Vaters zurückfallen. Ferdinand und Lady Milford als Vertretern des Adels tritt sie dagegen selbstbewusst gegenüber und versteht auch ihre Überzeugungen durchzusetzen.

Sophie – die Dienerin als kritische Vertraute Die Zofe sorgt für das Wohlergehen der Lady, kümmert sich um deren äußeres Erscheinungsbild, insbesondere die Kleidung, und erledigt auch Botengänge (Anfang der Szene IV /6, S. 87, Z. 3 – S. 88, Z. 9). Durch das häufige Zusammensein entsteht ein Vertrauensverhältnis zu der Herrin, die Bedienstete gibt ihr Ratschläge und fühlt mit ihr. Sophie bringt und hält mit ihren Einwürfen und Fragen die überraschende Selbsteinschätzung der Lady in Gang (Szene II/1) und durchschaut die Maßnahmen, mit denen sie ihre Überlegenheit gegenüber Luise zeigen will (S. 88, Z. 13–28).

Kammerdiener – der trauernde Vater Der alte Hofbedienstete tritt nur in einer einzigen, in ihrer sozialen Anklage jedoch herausragenden Szene (II/2), der Kammerdienerszene, auf. Er überbringt Lady Milford das Hochzeitsgeschenk des Herzogs und konfrontiert sie mit dem Soldatenhandel, aus dessen Erlös es bezahlt wurde. Seinen Schmerz über den Verkauf eigener Söhne kann und will er nicht verbergen. Er hat jedoch die Größe, das Geldgeschenk der Lady mit Verachtung zurückzuweisen.

Inhalt

Luise und Ferdinand haben sich ineinander verliebt, als der Sohn des Präsidenten in der Wohnung des Musikers Flötenstunden nahm. Während Millers Frau sich dadurch geschmeichelt fühlt und ihren Stolz auch gegenüber Wurm, der ebenfalls um Luise wirbt, zum Ausdruck bringt, ist ihr Vater entschlossen, das Verhältnis mit dem jungen Adligen sofort zu beenden. Der Präsident dagegen akzeptiert Luise als Gespielin seines Sohnes in einer lockeren, nicht auf Dauer angelegten Verbindung. Heiraten soll er aber die Mätresse des Herzogs, Lady Milford, um Macht und Einfluss in der eigenen Familie zu halten. Luise fügt sich im Zwiespalt der Gefühle der Entscheidung ihres Vaters und erwartet die Erfüllung ihrer Liebe im Jenseits, doch Ferdinand will das Verlangen seines Herzens gegen den Anspruch seines Standes und alle Widerstände durchsetzen. Er gibt zwar widerwillig den Drohungen seines Vaters nach, der die Heirat unwiderruflich in die Wege geleitet hat, und konfrontiert die Lady schonungslos mit seinem Ehrgefühl und seiner Verachtung, doch obwohl sie ihn mit ihrer Lebensgeschichte und den humanen Beweggründen ihres Verhaltens verunsichert und beschämt, bekennt er sich erneut zu Luise. Der Präsident, durch Wurm, der den Rivalen loswerden will, auf die ernsthaften Absichten Ferdinands aufmerksam gemacht, erscheint bei Miller, um Luise in die Rolle zu drängen, die sie nach seinen Vorstellungen spielt – „die Hure des Sohns" (S. 53, Z. 24). Der Musiker wehrt sich gegen diese Erniedrigung seiner Tochter, seiner selbst und seines Hauses, beleidigt aber dabei den Vertreter des Herzogs. Ferdinand gelingt es zunächst mit der Drohung, die Hintergründe des Aufstiegs seines Vaters zu veröffentlichen, seine Geliebte und ihre Eltern vor der Verhaftung zu bewahren. Nach diesem Eklat ändern Wurm und der Präsident ihre Strategie: Sie weichen der offenen Konfrontation aus und setzen auf heimliche Gewalt und Hinterlist. Miller und seine Frau werden nun doch ins Gefängnis geworfen und Wurm erpresst Luise mit der drohenden Todesstrafe für ihre Eltern, dass sie einen Liebesbrief an den Hofmarschall von Kalb schreibt und die Umstände seines Entstehens verschweigt. Als Ferdinand, der schon vorher durch Luises Verzicht an ihrer Liebe zweifelt und einen anderen Liebhaber vermutet, den Brief entdeckt, schlägt seine Liebe in Hass- und Rachegefühle um. Lady Milford glaubt in der durch sie initiierten Begegnung mit dem Bürgermädchen ihre Überlegenheit ausspielen zu können, sieht sich aber durchschaut und mit Selbstmordabsichten konfrontiert. Erschüttert verlässt sie den Hof und ihre bevorzugte Stellung. Miller gelingt es zwar, seine Tochter vom Freitod abzuhalten, doch Ferdinand vergiftet die Limonade, die er selbst trinkt und auch Luise aufdrängt. Sterbend klärt Luise Ferdinand darüber auf, wie der verhängnisvolle Brief entstanden ist, und bewegt ihn dazu, dass er schließlich so wie sie auch seinem Vater vergibt.

Vorüberlegungen zum Einsatz des Dramas im Unterricht

Das in der Deutung und Bewertung über die ganze Rezeptionsgeschichte hinweg heftig umstrittene Drama kann in der Schule nicht auf ungeteilte Zustimmung stoßen. Während zum Beispiel Karl Philipp Moritz „ein Produkt" beklagt, „was unsern Zeiten – Schande macht" (Erläuterungen und Dokumente, S. 100), kommt der versierte Theaterkritiker Theodor Fontane auch nach wiederholten Aufführungen von *Kabale und Liebe* zu einem ganz anderen Urteil: „[I]mmer aufs neue bringt uns das Stück unter seine außerordentliche dramatische Gewalt" (Erläuterungen und Dokumente, S. 109). Die einen interpretieren es als soziale Anklage, als „Dolchstoß in das Herz des Absolutismus"[1], die anderen als „Drama der unbedingten Liebe, die an der Welt überhaupt scheitert"[2]. Unbestritten ist dagegen die Qualität des Dramas als bürgerliches Trauerspiel: „Nach Lessings b[ürgerliche]n T[rauerspiele]n gilt F. Schillers ‚Kabale und Liebe' (1783) als das in Form und Sprache geschlossenste Beispiel dieser Gattung." (Metzler Literaturlexikon. Stuttgart 1990, S. 70). Koopmann nennt es im Schiller-Handbuch (S. 366) sogar „das berühmteste Beispiel dieser literarischen Gattung". Trotz einer Reihe von Bezügen zu Lessings *Emilia Galotti*[3] entstammt Schillers Trauerspiel doch einer ganz anderen dramatischen Welt. Friedrich Schlegels abwertendes Diktum, *Emilia Galotti* sei „ein gutes Exempel der dramatischen Algebra", ein „Stück des reinen Verstandes", „denn ins Gemüt dringt's nicht und kann's nicht dringen, weil es nicht aus dem Gemüt gekommen ist"[4], verdeutlicht den Unterschied zu Schiller besonders krass: Er wirkt mit allen Mitteln des Theaters auf das Gemüt der Zuschauer ein und erregt ihre Affekte – zu Lasten von Natürlichkeit und Wahrscheinlichkeit, den dramatischen Grundsätzen Lessings. Handlung und Sprache erzeugen in Schillers Dramen emotionale Kräfte, die die Personen auf der Bühne und die Zuschauer überwältigen.

Das bürgerliche Trauerspiel zeigt das Lebensgefühl und Selbstbewusstsein, aber ebenso die Gefährdung und Schwäche des dritten Standes auf dem Theater, kurz bevor er in Europa an die Macht drängt. Die Gattung verbindet sich gerade auch in der Biografie Schillers mit einer neuen, von bürgerlichen Vorstellungen inspirierten und getragenen Institution, dem Nationaltheater, das sich als moralische Aufklärungs- und Bildungseinrichtung versteht und das seine Wirkung ohne politische Macht und jenseits gesetzlicher Vorschriften entfaltet. Das bürgerliche Trauerspiel und die Idee eines Nationaltheaters, die Gattung, die neue Theaterform und das Gebäude stellen in dem langwierigen gesellschaftlich-politischen Veränderungsprozess, in dem die Bürger- die Adelsgesellschaft ersetzt und die demokratische Herrschaft an die Stelle der aristokratischen tritt, eine markante Phase dar.

Die Schülerinnen und Schüler beschäftigen sich einerseits mit sozialen, ästhetisch vermittelten Konstellationen in einer Zeit des Umbruchs, in der sich die bis in die Gegenwart gültigen Grundlagen des Zusammenlebens herausgebildet haben. Andererseits setzen sie sich im Spiegel historischer Konfliktursachen mit ihren eigenen Verhältnissen auseinander und lernen, sie in größeren Zusammenhängen zu reflektieren.

---

[1] Hermann August Korff: Geist der Goethezeit. Bd. 1, 7. Aufl., Leipzig 1964, S. 206.
[2] Wolfgang Binder: Schiller. *Kabale und Liebe*. In: Benno von Wiese [Hrsg.]: Das deutsche Drama vom Barock bis zur Gegenwart. Bd. 1. Düsseldorf 1958, S. 249.
[3] Vgl. dazu Peter-André Alt: Herz, Schrift und Eid. Repräsentationsfiguren bürgerlicher Identität in Schillers ‚Kabale und Liebe'. In: Kabale und Liebe – ein Drama der Aufklärung? Marbach am Neckar: Deutsche Schillergesellschaft 1999, S. 5 f.
[4] Jan-Dirk Müller [Hrsg.]: Erläuterungen und Dokumente zu Gotthold Ephraim Lessings *Emilia Galotti*. Stuttgart: Reclam 1978 (UB Nr. 8111), S. 73.

Die eigene Lektüre der Schülerinnen und Schüler bereiten einige Betrachtungen zur Änderung des Titels, zum Personenverzeichnis sowie zu den Orten und Szenenanweisungen vor. In den ersten Szenen werden die Reaktionen der Eltern auf die ungewöhnliche Liebesbeziehung ihrer Kinder gemeinsam erarbeitet, sodass der Kurs mit der Ausgangssituation vertraut und das Konfliktpotenzial für den weiteren Verlauf des Trauerspiels bekannt ist. Während die Schülerinnen und Schüler das Drama zu Hause lesen, können im Unterricht Schillers Schaubühnenaufsatz (vgl. **Zusatzmaterial 1**, S. 131–135) behandelt und das höfische mit dem Nationaltheater verglichen werden (vgl. **Zusatzmaterial 2**, S. 136–138).

Vorschläge für Klassenarbeiten und Klausuren

1. Textgrundlage: Szene I/4, S. 18–21.
   - Erarbeiten Sie, welche Wirkungen ihre Liebe in Luise und Ferdinand hervorruft.
   - Untersuchen Sie das Sprachverhalten von Luise und Ferdinand.
   - Erklären Sie die unterschiedlichen Reaktionen von Luise und Ferdinand.

2. Textgrundlage: Szenen II/6 und 7
   - Erläutern Sie den Inhalt und die sprachliche Gestaltung der beiden Szenen.
   - Untersuchen Sie, weshalb es zu dem Zusammentreffen und zu den Auseinandersetzungen kommt.
   - Beurteilen Sie das Verhalten der auftretenden Personen.

3. Textgrundlage: Monolog der Lady Milford in Szene IV/8, S. 95f.
   - Analysieren Sie Inhalt und Sprache des Monologs.
   - Erläutern Sie, was die Lady zu ihrem Entschluss bewogen hat.
   - Vergleichen Sie das Verhalten der Lady mit demjenigen in anderen Szenen.

4. Textgrundlage: Zitate aus Schillers Schaubühnen-Aufsatz, etwa wie auf S. 9
   - Formulieren Sie in eigenen Worten, welche Aufgaben Schiller dem Theater zuschreibt.
   - Untersuchen Sie, inwieweit *Kabale und Liebe* diese Aufgaben erfüllt.

5. Karl Philipp Moritz bezeichnet *Kabale und Liebe* als „ein Produkt, was unsern Zeiten – Schande macht." Theodor Fontane macht dagegen die Erfahrung, dass „immer aufs neue […] uns das Stück unter seine außerordentliche dramatische Gewalt [bringt]."
   - Setzen Sie sich mit den konträren Urteilen auseinander und entwickeln Sie eine eigene, begründete Stellungnahme.

6. Am Schluss des Trauerspiels beschuldigen sich der Präsident und Wurm gegenseitig (S. 126, Z. 19 – S. 127, Z. 6). Der Herzog beauftragt Sie mit der Untersuchung des Doppelmords. In einem Abschlussbericht sollen Sie die Umstände der Tat darstellen und die Schuldfrage klären.
   - Verfassen Sie diesen Bericht möglichst differenziert.

7. Als Freund und Vertrauter Ferdinands begegnen Sie ihm im Verlauf des IV. Aktes, erfahren, was sich ereignet hat, und bemerken, wie er sich verändert hat. Sie ahnen, was er vorhat.
   - Schreiben Sie Ihre Gedanken in einem inneren Monolog auf.
     Denken Sie darin darüber nach, was Sie erfahren und beobachtet haben.
     Überlegen Sie außerdem, wie Sie sich verhalten sollen und was Sie unternehmen wollen.

Vorschläge für Referate und Facharbeiten

1. Schiller in der Karlsschule des württembergischen Herzogs Karl Eugen.

2. Schillers Zeit in Mannheim.
   Wie kam Schiller nach Mannheim? Wie erging es ihm dort? Wodurch endete der Aufenthalt? Gehen Sie auf die persönlichen Verhältnisse ebenso ein wie auf sein dichterisches Schaffen.

3. Der Schauspieler und Theaterdirektor August Wilhelm Iffland.
   Lebenslauf, Rollen, Werke, Auffassungen vom Theater, Beziehung zu Schiller
   (Der Iffland-Ring als höchste Auszeichnung eines deutschsprachigen Schauspielers ist nach ihm benannt. Jeder Träger benennt seinen Nachfolger und behält den Ring bis zu seinem Tod. Zurzeit besitzt ihn Bruno Ganz)

4. Vergleich zwischen *Kabale und Liebe* und *Emilia Galotti*.
   Suchen Sie dafür geeignete Kategorien, z. B. Handlungsverlauf, Personen, Schluss, Sprache o. a.

5. Vergleich Luises oder Lady Milfords mit anderen bedeutenden Frauengestalten in der Literatur, z. B. mit Antigone (Sophokles), Gretchen (Goethes *Faust*), Iphigenie (Goethe), Effi Briest (Theodor Fontane), Shen Te (Bertolt Brecht: *Der gute Mensch von Sezuan*).

6. Vorbereitung einer Kursfahrt nach Marbach am Neckar (Schillers Geburtshaus, Schiller-Nationalmuseum, Literaturmuseum der Moderne, Deutsches Literaturarchiv), Ludwigsburg (Schloss) und Stuttgart (Schloss Solitude).
   Informieren Sie Ihre Mitschüler und Mitschülerinnen über die Bedeutung dieser Orte in Schillers Leben und in der Gegenwart.

Konzeption des Unterrichtsmodells

Die unterschiedlichen, teilweise quer liegenden Konfliktlinien, Themenfelder und Urteile, die der didaktischen Reduktion nicht geopfert werden können, ohne den Dramentext zu entstellen, und das für die Schülerinnen und Schüler ungewohnte Pathos von Schillers Sprache erfordern eine sorgfältige analytische Textarbeit. Nach Möglichkeit wird sie durch gestaltende Interpretationsaufgaben, die zum Schreiben oder zu kurzen szenischen Darstellungen anregen, unterbrochen, ergänzt oder weitergeführt. In hermeneutischen Zirkelbewegungen wechseln Untersuchungen von Details mit der Erarbeitung größerer Zusammenhänge und übergreifender Themenstellungen, die auch allgemeinere, über das Trauerspiel hinausgehende Probleme einbeziehen und die Verbindungen zur Erfahrungswelt der Schülerinnen und Schüler suchen. So wird *Kabale und Liebe* zum Lernmedium, während es bei den eher literaturwissenschaftlich geprägten Sachverhalten wie Aufbau, Form, Sprache, Gattung oder Epoche selbst Lerngegenstand ist. Besonderen Wert legt dieses Modell auf die Bühnendarstellung, für die der dramatische Text verfasst wurde: Fotografien von einer Inszenierung am Badischen Staatstheater in Karlsruhe veranschaulichen ihn nicht nur, sondern ermöglichen eine genaue Beobachtung der auftretenden Personen und eine Auseinandersetzung mit der Interpretation des Dramas im Theater. Zwei neuere Filme eröffnen ebenfalls visuelle Zugänge zu dem Trauerspiel und zu den Lebendbedingungen des Dichters, unter denen es in Mannheim entstand. Die Reihenfolge der Bausteine berücksichtigt die pädagogischen Prinzipien, Konkretes vor Abstraktem zu behandeln, vom einfachen Erfassen des Inhalts zu komplexeren Fragestellungen überzugehen und an Überlegungen mit Lebens- und Gegenwartsbezug fachspezifische Betrachtungen anzuschließen.

In **Baustein 1** nähern sich die Schülerinnen und Schüler, noch bevor sie das Trauerspiel gelesen haben, über den Titel und seine Änderung, die auftretenden Personen und die Schauplätze der Handlung sowie die Unterscheidung zwischen gesprochenem Text und Szenenanweisungen dem Gehalt des Werks und der Aufgabe, die auf sie zukommt. Die Reaktionen der Eltern auf Liebesverhältnisse ihrer Kinder sind zu allen Zeiten brisant und bezeichnen auch am Anfang von Schillers Drama eine erste Konfliktlinie.

In **Baustein 2** geht es nach der Lektüre von *Kabale und Liebe* und einem Blick auf die in das Nationaltheater gesetzten Hoffnungen darum, den Inhalt des Dramas richtig zu erfassen, die Konflikte zu überschauen und die Bedeutung des formalen Aufbaus zu erkennen. In beiderlei Hinsicht spielen zwei Briefe eine herausragende Rolle.

Baustein 3 thematisiert die gesellschaftlichen Hintergründe und Auseinandersetzungen zur Entstehungszeit des Trauerspiels, wie sie Schiller aus eigener Erfahrung kannte. Mit Wurm und dem Kammerdiener zeigt er zwei Bedienstete, die sich gegenüber der absolutistischen Gewaltherrschaft ganz unterschiedlich verhalten. Menschenrechtsfragen lenken die Aufmerksamkeit auf bis heute lebendige Gegenbewegungen.

Mit **Baustein 4** stehen die Liebenden – neben Luise und Ferdinand auch Lady Milford – im Mittelpunkt des Modells. Sie betreten die Bühne aber nie unbeschwert oder gar im Glück, sondern sehen sich heftigen Spannungen und Bedrohungen ausgesetzt, in denen sie sich ganz unterschiedlich verhalten. Vergötterung und Verzicht bezeichnen über *Kabale und Liebe* hinaus gefährliche Extrempositionen, weil sie ein anderes Individuum überhöhen oder das eigene herabsetzen.

Baustein 5 beleuchtet und vergleicht die Rolle der Väter in dem Trauerspiel und darüber hinaus in weiteren literarischen und sozialpsychologischen Texten. Ihr beherrschender Einfluss hat sich durch gesellschaftliche Entwicklungen im Verlauf der Zeit ins Gegenteil verkehrt. Daraus ergibt sich die Frage nach den Erwartungen an Väter in der Gegenwart. In Verbindung mit dem vorhergehenden Baustein entfaltet sich das Spannungsverhältnis zwischen Pflicht und Neigung, das nicht nur Schiller umgetrieben hat, sondern das ein ethisches Grundproblem darstellt.

Baustein 6 befasst sich am Beispiel von *Kabale und Liebe* mit der ästhetischen Eigenart von Schillers Dramen, insbesondere derjenigen, die zu seinem Jugendwerk zählen. Exemplarisch werden einige theatralische Mittel verfolgt, welche die Gefühle der Zuschauer erregen und steigern. Damit bildet Schillers Trauerspiel einen Gegenpol zur behaupteten Gefühlsarmut einer auf Leistung, Nutzen und Gewinn ausgerichteten Gesellschaft.

Der **Baustein 7** stellt die Schülerinnen und Schüler vor die Aufgabe, das Drama einer Gattung und einer Epoche zuzuordnen sowie fremde Interpretationsthesen zu überprüfen. Allerdings geht es dabei nicht um starre Fixierungen, sondern um differenzierte Begründungen sowie um inhaltlich und sprachlich kreative und originelle Stellungnahmen.

Baustein 8 wendet sich schließlich der 2005 entstandenen Verfilmung von *Kabale und Liebe* durch Leander Haußmann und dem Film aus dem gleichen Jahr über den jungen Schiller in Mannheim zu. Beim ersten Film legt das Modell den Schwerpunkt auf die Umsetzung des Dramas mit den Mitteln des Mediums, beim zweiten auf den Inhalt und die Personen sowie den Vergleich mit der Biografie des Dichters.

Die thematischen Bausteine des Unterrichtsmodells

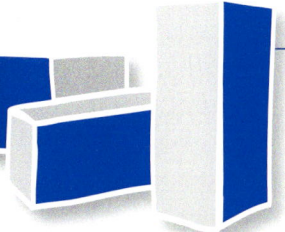

Baustein 1

Annäherung und Einstieg

Die Lektüre beginnt in dem Kurs, indem die ersten beiden Szenen in verteilten Rollen vorgetragen werden, und die Besprechung mit einer Betrachtung des ersten Akts: der auftretenden Personen und ihrer Einstellung zu der ungewöhnlichen Liebe zwischen dem Bürgermädchen Luise und dem Präsidentensohn Ferdinand. So finden die Schülerinnen und Schüler angesichts der Komplexität des Stückes und seiner gegensätzlichen Deutungen[1] sowie einer auf den ersten Blick zeitbedingten Thematik und Sprache eine Orientierung für ihr weiteres Lesen. Zunächst jedoch nähern sie sich dem Dramentext erst einmal über seine äußere Form, durch die ihnen dessen Besonderheiten bewusst werden.

1.1 Titel

Ursprünglich wollte Schiller sein Drama bekanntlich *Luise Millerin* nennen, doch August Wilhelm Iffland bewegte ihn zu der Titeländerung. Er kannte den Schauspieler seit der Uraufführung der *Räuber*, in der er den Franz Moor verkörperte, und traf mit ihm in seiner Mannheimer Zeit zwischen Juli 1783 und April 1785 häufiger zusammen. Iffland schrieb selbst Theaterstücke und spielte in der Erstaufführung von *Kabale und Liebe* am Nationaltheater den Wurm. Mit der Änderung des Titels verschiebt sich nicht nur der inhaltliche Akzent von der Person auf die Handlung, sondern diese erscheint gleichzeitig als spannend, gefühlsbetont, konfliktreich und damit publikumswirksam.

Die mit der Titeländerung verbundene Aussageverlagerung und größere Werbewirkung bemerken die Schülerinnen und Schüler bei einem entsprechenden Frageimpuls, dem eine kurze Erklärung des wahrscheinlich unbekannten Wortes *Kabale* (vgl. das Tafelbild auf der nächsten Seite) vorausgeht.

> *Schiller nannte sein Drama zunächst „Luise Millerin". Auf Vorschlag des Schauspielers Iffland, mit dem er am Mannheimer Nationaltheater zusammenarbeitete, gab er ihm den Titel „Kabale und Liebe".*
> *Vergleichen Sie die beiden Überschriften im Hinblick auf die inhaltliche Aussage und die Wirkung auf das Theaterpublikum.*

---
[1] Vgl. Koopmann, Schiller-Handbuch, S. 365–377, und Guthke, S. 114–123.

Baustein 1: Annäherung und Einstieg

Die Titeländerung

Luise Millerin		Kabale* und Liebe
		*Intrige, hinterhältige Machenschaften, Ränkespiel (frz. cabale, neuhebr. Kabbala: = Überlieferung, Geheimlehre)
bürgerliche Hauptperson Held(in)	**Inhalt**	Handlungskern Gegensätze, Konflikt, Spannung Gefühle Wertungen
wenig aussagekräftig	**Wirkung**	publikumswirksam reißerisch Trivialisierung

Die Tragweite der unterschiedlichen Titel erfassen die Schülerinnen und Schüler, indem sie weitere Beispiele betrachten: die Überschriften von Schillers Dramen, die sie dabei kennenlernen, und die Titel ihres bisherigen Lesestoffs oder von Filmen, die sie gesehen haben. Im ersten Fall werden sie feststellen, dass Schiller in seinen Überschriften meistens, wie ursprünglich auch bei *Luise Millerin*, eine Person herausstellt, während sie bei der zweiten Übung für die Titel, an die sie sich erinnern und die sie der einen oder anderen Seite zuordnen, jeweils einen komplementären suchen. Dadurch wird nicht nur die Aufmerksamkeit für die Aussagekraft von Überschriften geweckt oder verbessert, sondern die sprachliche Sensibilität und Kritikfähigkeit generell geschult, weil sich die dabei gewonnenen Fähigkeiten auf Schlagwörter, Parolen und Kurzbotschaften aller Art anwenden lassen.

- *Stellen Sie fest, welchem Muster – „Luise Millerin" oder „Kabale und Liebe" – die Überschriften von Schillers Dramen folgen.*
  Lesen Sie dazu die kurze Biografie auf den Seiten 131–133 in der Textausgabe, wo die Titel mit Ausnahme des zweiten Dramas „Die Verschwörung des Fiesko zu Genua" genannt sind.

Ein Hinweis auf die Handlung ist, abgesehen von *Kabale und Liebe*, nur noch im *Fiesko* vorhanden. Die *Räuber* wecken zwar Erwartungen an eine spannende Kriminalgeschichte, aber derartige Vermutungen gehen fehl. Schiller bevorzugt für die Titel seiner Dramen, insbesondere der klassischen, die Namen der Hauptakteure – wie bei *Luise Millerin*. Im Unterschied zu ihr handeln sie jedoch auf der großen politischen Bühne oder kämpfen für Unabhängigkeit und Freiheit.

- *Durchsuchen Sie Lektüren, die Sie kennen, oder Filme, die Sie gesehen haben, nach Titeln, die nach dem Muster von „Luise Millerin" oder „Kabale und Liebe" gebildet sind. Anstelle der Person kann auch ein Ort oder eine Sache (z. B. Titanic) benannt sein.*

- *Ordnen Sie den Titel der jeweiligen Seite zu und begründen Sie Ihre Entscheidung.*

- *Schlagen Sie als Ratgeber – wie Iffland – einen neuen Titel vor, der nach dem Gegenmuster gebildet wird.*

  Beispiele: *Götz von Berlichingen* ➡ *Treue und Verrat*
  Der Richter und sein Henker ➡ *Bärlach oder Der Kommissar*
  Das Fräulein von Scuderi ➡ *Genie und Verbrechen*

1.2 Personenverzeichnis und Szenenanweisungen

Die Besetzung der Rollen und das Erscheinungsbild der Personen auf der Bühne, insbesondere deren Kostümierung prägen eine Inszenierung entscheidend. Die Erwartungen der Theaterbesucher werden dadurch wie durch das Bühnenbild und das Agieren der Schauspieler bestätigt oder durchkreuzt. Neugier und Spannung richten sich deshalb auf den ersten Auftritt der jeweiligen Personen.

Das **Arbeitsblatt 1** (S. 27) zeigt die Personen in Schillers Trauerspiel, wie sie in einer Inszenierung des Badischen Staatstheaters in Karlsruhe aus dem Jahr 1998 aufgetreten und im Programmheft abgebildet sind. Die Schülerinnen und Schüler ordnen, noch bevor sie den Text kennen, Abbildungen und Personen zu, begründen ihre Entscheidungen, vergleichen ihr Ergebnis mit der tatsächlichen Rollenverteilung und beurteilen die Auswahl und Kostümierung der Schauspieler im Hinblick auf ihre eigenen Vorstellungen. Die Übung eignet sich dazu, in dem Kurs einen Wettbewerb zu veranstalten, aus dem diejenigen als „Sieger" hervorgehen, die die meisten Rollen „richtig" zuordnen. Allerdings ist die Erkenntnis wichtiger, dass „falsche" Zuweisungen auch Inkonsequenzen oder andere Defizite der Besetzung sowie abweichende Erwartungen über die Rollengestaltung zum Ausdruck bringen können. Jedenfalls gewinnen die Schülerinnen und Schüler einen sinnlichen Eindruck von den handelnden Personen, die im weiteren Verlauf des Unterrichtsmodells auf Fotografien von der Karlsruher Inszenierung auch in Aktion zu sehen sind. Die Bilder der Darsteller begleiten und erleichtern den Leseprozess, nach dessen Abschluss das ursprüngliche Urteil über die Rollenbesetzung noch einmal überdacht werden kann.

Auf dem Arbeitsblatt 1 sind in der ersten Reihe von links nach rechts Wurm, Millers Frau, Luise und der Kammerdiener zu sehen, in der zweiten Ferdinand, der Hofmarschall von Kalb, Miller und der Präsident, in der dritten schließlich Lady Milford mit ihrer Kammerjungfer Sophie.

Im Personenverzeichnis bestimmt die Standeszugehörigkeit die Anordnung, nicht die Reihenfolge des Auftretens oder die Bedeutung der Person für das Schauspiel. Allein dadurch gibt sich das Drama als von gesellschaftlichen Unterschieden dominiertes zu erkennen, obwohl es – wie sich zeigen wird – darin keineswegs aufgeht. Innerhalb der Stände zeigt sich eine familiäre Rangordnung mit den Vätern als Oberhaupt. Die Schülerinnen erkennen so, dass die Personen nicht in beliebiger Reihenfolge, sondern absichtsvoll angeordnet sind und dass die Standesunterschiede zwischen Adel und Bürgertum Thematik und Verlauf des „bürgerlichen Trauerspiels" bestimmen. Möglicherweise vermuten sie auch schon innerfamiliäre Konflikte.

- *Nach welchem Prinzip ist das Personenverzeichnis geordnet?*
- *Vergleichen Sie die Reihenfolge der Personen mit derjenigen ihres Auftretens.*
- *An welcher Stelle des Verzeichnisses steht die Person, nach der Schiller sein Drama ursprünglich benannt hat?*
- *Gibt es innerhalb der Stände ein Ordnungsprinzip?*

Baustein 1: Annäherung und Einstieg

■ *Welche Folgerungen leiten Sie aus diesen Feststellungen ab? Welche Vermutungen ergeben sich daraus?*

Dramen sind Rollentexte mit Hinweisen für die szenische Umsetzung und nach Akten und Szenen untergliedert. Gegenüber den zu sprechenden Texten finden die Szenenanweisungen nicht immer die Beachtung, die ihnen als wesentlicher Teil des Schauspiels gebührt. Doch gerade in Schillers Dramen, die von der Tradition der barocken Oper beeinflusst sind[1], kommt den Bewegungen und Gesten der Personen eine erhebliche Aussagekraft zu.
Zunächst geht es allerdings nur darum, den Inhalt der Szenenanweisungen festzustellen und die Aufmerksamkeit auf sie zu lenken.

■ *Lesen Sie in den ersten beiden Szenen die Szenenanweisungen und notieren Sie, worüber sie Auskunft geben.*

Inhalt der Szenenanweisungen

Raumgestaltung:	Ort, Möbel, Gegenstände
Personen:	Auf- und Abtreten, Kleidung
	Tätigkeiten, Bewegungen, Aktionen/Reaktionen
	Gestik, Mimik, Körpersprache
	Sprechweise und -richtung

Wie das Personenverzeichnis betonen auch die Schauplätze die gesellschaftlichen Unterschiede: Das Drama spielt zum einen in einem Zimmer des Musiklehrers (I/1–4, II/4–7, III/4–6, V/1–8), zum andern in zwei Sälen beim Präsidenten (I/5–7, III/1–3, IV/1–5) und im Palais von Lady Milford (II/1–3, IV/6–9). Nachdem die Schülerinnen und Schüler die Handlungsorte identifiziert haben, entwerfen die zeichnerisch Begabten ein Bühnenbild für einen der drei Orte, während die anderen sich mit den drei Schauplätzen der Karlsruher Inszenierung, wie sie das **Arbeitsblatt 2** auf Seite 28 zeigt, befassen, indem sie deren Besonderheiten und Aussagekraft erschließen und beschreiben.

■ *An welchen Orten spielt sich Schillers Drama ab?*

■ *Entwerfen Sie für einen der drei Schauplätze ein Bühnenbild. Berücksichtigen Sie die in den Szenenanweisungen enthaltenen Angaben.*

Um die Vorstellungen auf die jeweiligen Handlungsorte zu lenken, wird jedem eine Ecke des Klassenzimmers als Raumanker zugeordnet und dieser zusätzlich mit einem Symbol versehen, das in den entworfenen oder analysierten Bühnenbildern vorkommt oder das sich die Schülerinnen und Schüler unabhängig davon überlegen: So könnten zum Beispiel eine Geige, ein Prunksessel oder eine Blume auf ein Plakat gemalt, aber auch aussagekräftige Requisiten mitgebracht werden. Einzelne Szenen oder Ausschnitte tragen die Sprecher und Sprecherinnen dann in der jeweiligen Ecke vor, bei der Besprechung oder Erarbeitung wird das zugehörige Symbol gezeigt.
In der Szene II/6 kommt der Präsident in Millers Haus und in Szene IV/7 Luise zu Lady Milford. Beide verlassen also den gewohnten Raum, begeben sich in das Ambiente des anderen Standes und begegnen dabei Neuem und Ungewohntem.[2] Die Schülerinnen und Schüler

---

[1] Vgl. Peter Michelsen: Der Bruch mit der Vater-Welt. Studien zu Schillers *Räubern*. Heidelberg 1979, 1. Teil.
[2] Im letzten Akt (Szenen 6 und 8) sind Miller und der Präsident dagegen emotional so aufgewühlt, dass sie kaum auf die räumliche Umgebung achten. Außerdem ist es Nacht.

schreiben auf, wie der Präsident oder Luise die Äußerlichkeiten der anderen Umgebung subjektiv wahrnehmen.

> ■ *Versetzen Sie sich in den Präsidenten auf dem Weg zu Miller (Szene II/6) oder in Luise auf dem Weg zu Lady Milford (Szene IV/7).*
> *Schreiben Sie in der Art eines inneren Monologs auf, was Ihnen in der ungewohnten Umgebung ins Auge fällt: Anlagen, Gebäude, Räume, Personen, Kleidung, Gegenstände.*
> *In Luises Rolle helfen Ihnen Erinnerungen an einen Ausflug zu einem Barockschloss oder dessen Abbildung, etwa auf einer Postkarte.*
> *In der Rolle des Präsidenten geben Ihnen historische Altstädte oder Abbildungen von Städten aus dem 18. Jahrhundert Anregungen (vgl. etwa den Kupferstich von Mannheim auf S. 9).*
> *Informieren Sie sich über die Kleidung – auch die des Personals an Höfen in jener Zeit.*

Die Annäherung an die Bühnenräume dient wie die Zuordnung von Personen und Darstellern dazu, den anschließenden Leseprozess durch visuelle Elemente zu bereichern und dadurch zu erleichtern. Die Schülerinnen und Schüler bearbeiten die Aufgaben also, ohne dass der Text bereits bekannt sein muss.

1.3 Reaktionen der Eltern auf die ungewöhnliche Liebesbeziehung ihrer Kinder

Im Zentrum des ersten Akts stehen die Einstellungen und Reaktionen Millers und seiner Frau sowie des Präsidenten von Walter auf die unkonventionelle Liebesbeziehung zwischen Luise und Ferdinand. Noch bevor sie mit diesen zusammentreffen, setzen sie sich mit dem außergewöhnlichen Verhältnis engagiert auseinander; dabei wird deutlich, wie stark sie die Liebe ihrer Kinder beschäftigt, weil sie die eigene Existenz berührt und die standesgemäßen Zukunftserwartungen in Frage stellt. Derartige Konflikte zwischen den Generationen gehören zu den anthropologischen Konstanten: Sie treten unabhängig von den gesellschaftlichen Verhältnissen zu allen Zeiten auf. Deshalb entdecken die Schülerinnen und Schüler hinter den historischen Gegebenheiten Konstellationen, in die sie selbst geraten können.

Bevor die Schülerinnen und Schüler ihr Augenmerk auf die einzelnen Positionen und Begründungen von Miller und seiner Frau richten, bereiten sie das dialogische Lesen der Eingangsszene vor, sodass sie deren Text beim Vortrag bereits kennen und sich auf die Sprechgestaltung konzentrieren sowie diese beurteilen können.

> ■ *Lesen Sie die Eingangsszene und überlegen Sie, wie diese von Miller und seiner Frau gesprochen werden muss.*
> *Berücksichtigen Sie die Stimmungslage der beiden Personen und ihr Verhältnis zueinander.*
> *Notieren Sie am Rand des Textes Hinweise für die Vortragsweise, zum Beispiel „laut", „wütend", „ruhig".*

Der Vortrag der Szene kann auf mehrere Paare verteilt werden, die vielleicht unterschiedliche Sprechweisen realisieren. Die Besonderheiten werden in einem kurzen Unterrichtsgespräch diskutiert.

Baustein 1: Annäherung und Einstieg

■ *Beschreiben Sie die Sprechweise der beiden Personen.*
Vergleichen Sie den Vortrag mit Ihren eigenen Notizen.
Beurteilen Sie die Angemessenheit der Sprechweise.

Im Anschluss daran arbeiten jeweils zwei Schülerinnen bzw. Schüler zusammen, um die Einstellungen von Luises Eltern in ihren Aufzeichnungen zu notieren. Die Ergebnisse werden anschließend verglichen, korrigiert oder ergänzt.

■ *Notieren Sie in Ihren Aufzeichnungen stichwortartig, wie Miller und seine Frau zu der Liebe ihrer Tochter stehen und wie sie ihre Auffassungen begründen.*

■ *Stellen Sie anschließend jeweils einen Punkt im Kurs vor.*

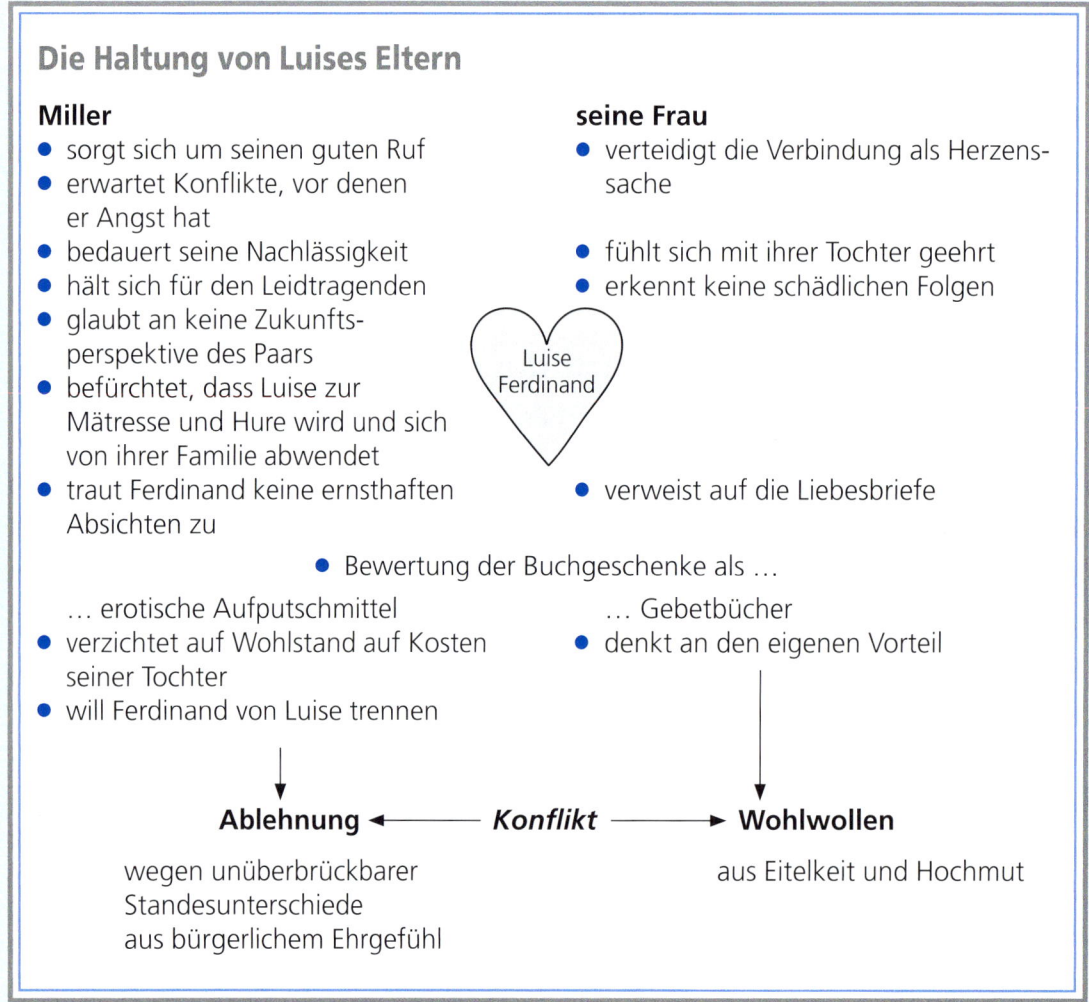

Arbeitsblatt 3 (S. 29) hilft den Schülerinnen und Schülern, die anspielungs- und bildreiche Sprache Millers zu erschließen.

Zu Beginn der zweiten Szene, als Wurm hinzukommt, geht die Auseinandersetzung zwischen Luises Eltern zunächst unterschwellig, nämlich in der Sprechweise und den nicht-sprachlichen Reaktionen, weiter, bis sie sich in wüsten Beschimpfungen Millers gegen seine Frau in Gegenwart eines Dritten entlädt (S. 13, Z. 1–4, 7–10). Der Konflikt steigert sich, da es scheint, als würde sich Miller mit Wurm, der eine einflussreiche Stellung am Hof bekleidet, als Schwiegersohn abfinden (S. 13, Z. 29–31), obwohl er ihn seiner Tochter nicht wünscht: „Schüttelt sie den Kopf – noch besser – in Gottes Namen, wollt ich sagen –" (S. 13, Z. 31 f.). In Wirklichkeit ärgert er sich aber mehr über die Einbildung, die Eitelkeit und den Hochmut seiner Frau und vor allem über ihre Geschwätzigkeit im Beisein Wurms. Nachdem die Schülerinnen und Schüler den ersten Teil der zweiten Szene für sich gelesen haben (S. 11, Z. 14 – S. 13, Z. 14), vollziehen sie diese Entwicklung in einem Unterrichtsgespräch mit dosierten Frageimpulsen nach.

- *In welcher Weise finden die unterschiedlichen Auffassungen von Miller und seiner Frau in der zweiten Szene eine Fortsetzung und Steigerung?*
- *Aus welchem Grund kommt Wurm zur Familie Miller?*
  Was halten Luises Eltern von Wurm als Schwiegersohn?
  Was bringt Miller mit seinen Bemerkungen auf S. 13, Z. 28 – S. 14, Z. 8 zum Ausdruck?
- *Weshalb regt sich Miller auf?*

Da Miller die Kontakte zwischen Luise und Ferdinand unterbinden will und Wurm als Schwiegersohn akzeptieren könnte, läge es nahe, den Sekretär in seinem Anliegen zu unterstützen. Doch als dieser darum bittet, verweigert er seine Unterstützung und verweist ihn an Luise selbst. Er begründet und verteidigt damit Luises Freiheit bei der Wahl ihres Lebenspartners: „Ich zwinge meine Tochter nicht." (S. 13, Z. 28 f.) Seine kurz vorher geäußerte Absicht, das Verhältnis mit Ferdinand zu beenden, erklärt sich also aus der Zugehörigkeit zu unterschiedlichen Ständen und nicht aus persönlichen Vorbehalten gegen den Geliebten seiner Tochter.

Im zweiten Teil der zweiten Szene sind unterschiedliche Strategien zu erkennen, wie ein Mann um eine Frau wirbt. Dieses Thema treibt Jugendliche um, wird aber kaum ernsthaft angesprochen. In dem Dialog zwischen Miller und Wurm, den die Schülerinnen und Schüler allein erschließen, finden sie einige wenige, aber grundlegende Überlegungen.

- *Lesen Sie den zweiten Teil der Szene I/2 von S. 13, Z. 15 bis S. 16, Z. 5. Stellen Sie fest, wie Wurm Luise für sich gewinnen möchte und was ihm Miller entgegnet.*
  Welche Unterschiede beim Werben um eine Frau werden dabei deutlich?

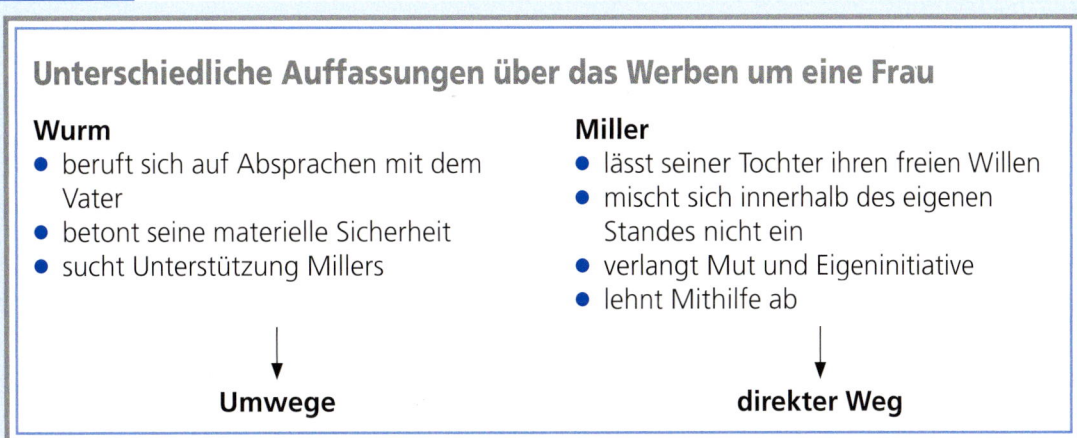

Unterschiedliche Auffassungen über das Werben um eine Frau

Wurm
- beruft sich auf Absprachen mit dem Vater
- betont seine materielle Sicherheit
- sucht Unterstützung Millers

↓

Umwege

Miller
- lässt seiner Tochter ihren freien Willen
- mischt sich innerhalb des eigenen Standes nicht ein
- verlangt Mut und Eigeninitiative
- lehnt Mithilfe ab

↓

direkter Weg

Bereits an dieser Stelle lassen sich einige psychologische Zusammenhänge überschauen, die den weiteren Handlungsverlauf bestimmen. Wurm erfährt, dass er Ferdinand in doppelter Hinsicht unterlegen ist: zum einen durch die Standeszugehörigkeit und zum anderen durch die Zuneigung Luises. Hinzu kommt – wie bei Franz Moor – sein hässliches Äußeres (S. 15, Z. 16–20), das auch den Charakter prägt. Miller nennt ihn einen „widrige[n] Kerl" (S. 15, Z. 14 f.). Das darauf zurückzuführende Minderwertigkeitsgefühl sucht Wurm durch beson-

Baustein 1: Annäherung und Einstieg

deren Diensteifer gegenüber dem Präsidenten zu kompensieren, um so Anerkennung zu finden. Eine solche Seelenlage erscheint freilich monokausal und mechanisch, und tatsächlich steht die Psychologie in Schillers Drama im Dienst der theatralischen Wirkung.

Der Präsident betrachtet das Verhältnis zwischen Ferdinand und Luise in Szene I/5 mit ganz anderen Augen als Miller und seine Frau. Er steht ihm wohlwollend, sogar mit Stolz auf seinen Sohn gegenüber, solange sich nicht eine dauerhafte Verbindung abzeichnet, wie Wurm sie behauptet. Deshalb lässt er sich auf dessen Vorschlag ein, Ferdinand auf die Probe zu stellen.

Die Schülerinnen und Schüler erarbeiten auch die Szene I/5 eigenständig und vergleichen ihre Ergebnisse. Sie lernen so, mit der Sprache in Schillers Dramen umzugehen, und begegnen einer weiteren Position, wie Eltern die Liebesbeziehung ihrer Kinder sehen.

- *Lesen Sie die Szene I/5 (S. 21 – 25) und stellen Sie fest, was der Präsident von der Liebe seines Sohnes hält.*
  Wie reagiert er auf Wurms Hinweise?

- *Welche Grundhaltung des Adligen wird deutlich?*

Die Haltung von Ferdinands Vater

nach Wurms Mitteilung, sein Sohn liebe ein bürgerliches Mädchen,
im Wissen, dass Wurm eigennützige Zwecke verfolgt:

Er

- akzeptiert das nichteheliche Verhältnis mit einer Bürgerlichen
- ist stolz auf die Wahl und das Verhalten seines Sohnes
- legt auf Keuschheit keinen Wert
- steht für die Folgen ein (Enkel, Alimente)

(Ferdinand Luise)

- beschließt Ferdinands Heirat mit der Mätresse des Herzogs, um den eigenen Einfluss zu sichern
- stellt seinen Sohn auf die Probe (auf Anraten Wurms)

Tugendlosigkeit   **als treibende Kräfte**   **Machterhaltung**

Nachdem die Schülerinnen und Schüler unterschiedliche Einstellungen zu der Liebesbeziehung kennen gelernt haben, setzen sie sich mit ihnen auseinander und beurteilen sie. Dabei sprechen sie vermutlich das standesbedingte Verhalten der Eltern an, verweisen aber wohl auch auf eine veränderte Sicht der Dinge in der Gegenwart.

- *Wie schätzen Sie die Haltungen der Eltern zu der Liebe ihrer Kinder ein?*
- *Wo sehen Sie die Ursachen für die jeweiligen Einstellungen?*
- *Welche Haltung überzeugt Sie?*
- *Welchen Rat würden Sie den Eltern geben?*
- *Reagieren Eltern heutzutage ähnlich oder anders?*

Die Personen und ihre Darsteller

1. Die Abbildungen zeigen die Darsteller einer Inszenierung am Badischen Staatstheater in Karlsruhe aus dem Jahr 1998. Notieren Sie neben oder unter die Abbildungen die Namen der Personen, die die Schauspieler in Schillers Drama vermutlich darstellen.
2. Begründen Sie Ihre Entscheidungen.
3. Vergleichen Sie Ihre Ergebnisse untereinander und anschließend mit der tatsächlichen Rollenverteilung.
4. Wie erklären Sie sich unterschiedliche oder von der Karlsruher Besetzung abweichende Lösungen?

Fotografien: Bettina Strauss

Bühnenräume

1. Betrachten Sie eines der drei Bühnenbilder und erschließen Sie seine Besonderheiten. Beziehen Sie dabei auch die Szenenanweisungen aus Schillers Drama mit ein.
2. Untersuchen Sie, was die Raumgestaltung aussagt.
3. Formulieren Sie Ihre Ergebnisse in einem kurzen Text, der beschreibende und interpretierende Teile enthält.
4. Bearbeiten Sie, falls Sie fertig sind, in gleicher Weise auch die anderen Bilder.

Bühnenbilder der Inszenierung am Badischen Staatstheater Karlsruhe 1998. Fotografien: Bettina Strauss

Millers Sprache in der ersten Szene

a) Sprichwörter, Redensarten und Anspielungen

■ *Ordnen Sie die folgenden Textstellen ihren Bedeutungen im Klartext zu, indem Sie sie in die freien Kästen eintragen: S. 8, Z. 5 f. || S. 8, Z. 13 f. || S. 9, Z. 5 f. || S. 9, Z. 11 f. || S. 10, Z. 7 f. || S. 10, Z. 26 || S. 11, Z. 3*

	eine Angelegenheit sofort erledigen
	eine Prostituierte werden
	neben einem momentanen Anliegen nicht alles andere außer Acht lassen
	auf die Ursache von Schwierigkeiten hinweisen
	sich auf zahlreiche Liebesabenteuer einlassen
	die eigentliche Zielrichtung verschleiern
	romantische Gefühle in den Dienst des Sexualtriebs stellen

b) sprachliche Bilder

■ *Ordnen Sie folgende Textstellen wie in a) ihren Bedeutungen zu:*
S. 8, Z. 7 f. || S. 8, Z. 9 f. || S. 8, Z. 22 f. || S. 8, Z. 23–25 || S. 9, Z. 6–8 || S. 9, Z. 16–18 || S. 10, Z. 1 f. || S. 10, Z. 17 f.

	sexuelle Absichten hinter empfindsamem Verhalten verbergen
	den Beruf aufgeben und untergeordnete Arbeiten übernehmen
	genauestens aufpassen
	als Adliger mit vielen sexuellen Erfahrungen das Abenteuer mit einer unbescholtenen Frau suchen
	in einer Gesellschaft verkehren, die im Überfluss lebt
	die geschlechtliche Liebe kennenlernen
	als natürlicher, offener Mensch aus dem Bürgertum nicht zu den gekünstelten Umgangsformen des Adels passen
	nach ersten Liebeserfahrungen nichts anderes mehr denken und tun können

c) Kraftausdrücke

1. Welche Gemeinsamkeiten stellen Sie in folgenden Formulierungen fest?
- höllische Pestilenzküche der Bellatristen (S. 9, Z. 19)
- Teufelszeug (S. 10, Z. 1)
- Schier dich zum Satan, infame Kupplerin! (S. 10, Z. 14 f.)

2. Was bringt Miller damit zum Ausdruck?

❏ **Fazit: Welche Stimmung und welche Charakterzüge lassen sich aus Millers Sprache erschließen?**

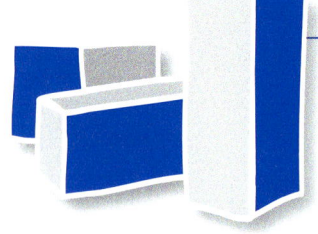

Baustein 2

Handlung und Aufbau

Ab jetzt setzen die Bausteine die Kenntnis des gesamten Trauerspiel-Textes voraus. Da die Schülerinnen und Schüler für die häusliche Lektüre eine gewisse Zeit brauchen, können in der Zwischenzeit die Aufgaben, die Schiller dem Theater zuschreibt, sowie dessen inhaltliche, ideelle und organisatorische Neuorientierung in der zweiten Hälfte des 18. Jahrhunderts erschlossen werden.

Am 26. Juni 1784 hält Schiller in der kurpfälzischen deutschen Gesellschaft, die ihn Anfang des Jahres als ordentliches Mitglied aufgenommen hat, seine Antrittsrede, in der er sich mit der Frage *Was kann eine gute stehende Schaubühne eigentlich wirken?*[1] befasst (**Zusatzmaterial 1**, S. 131–135, bietet eine gekürzte Version). Er ist zu dieser Zeit Theaterdichter am Mannheimer Nationaltheater und Mitte April war *Kabale und Liebe* in Frankfurt und Mannheim ur- und erstaufgeführt worden. Der Aufsatz gibt also Schillers Vorstellungen vom Theater zu der Zeit wieder, in der das Drama entstanden ist. Sie sind unübersehbar von Überzeugungen der Aufklärung geprägt, am Ende jedoch setzt sich der Verfasser darüber hinweg und entwirft ein enthusiastisches, zu den vorherigen Ausführungen beinahe konträres Bild von der Bestimmung der Bühne. Schillers Gedanken, die nach wie vor aktuell sind, zeigen ein breites und repräsentatives Spektrum von Aufgaben und Wirkungen des Theaters. Die rhetorische Kunst des Dichters und die vielen Bilder erleichtern den Zugang zu dem theoretischen Text, dessen Gehalt sich auch für Auseinandersetzungen mit modernen Theatertheorien eignet. Gleichwohl ist bei seiner Bearbeitung die Hilfestellung des Lehrers oder der Lehrerin nötig.

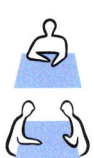

- *Lesen Sie die gekürzte Fassung von Schillers Aufsatz „Was kann eine gute stehende Schaubühne eigentlich wirken?" (Zusatzmaterial 1)*

- *Fassen Sie die Aufgaben des Theaters, wie Schiller sie bestimmt, stichwortartig in eigenen Formulierungen zusammen.*
  Ordnen Sie diese Aufgaben danach, ob sie das Erkennen oder das Handeln, das Individuum oder die Gesellschaft betreffen.
  Tragen Sie Ihre Ergebnisse in eine Matrix ein, die diese Kategorien enthält.

---

[1] So lautet die Überschrift des Vortrags, wie ihn Schiller in der *Rheinischen Thalia* 1785 veröffentlicht hat. Seine Mannheimer Rede trug den Titel *Vom Wirken der Schaubühne auf das Volk* und 1801 nahm er den Aufsatz unter der Überschrift *Die Schaubühne als eine moralische Anstalt betrachtet* in die Sammlung seiner *Kleineren prosaischen Schriften* auf.

Aufgaben des Theaters nach Schiller

(Was kann eine gute stehende Schaubühne eigentlich wirken?, 1784)

	Erkenntnis	**Handeln**
Individuum	• Untersuchung von Verhaltensweisen bis in ihre innerste Ursache • anschauliche Darstellung zeitübergreifender Wahrheiten • moralische Bildung • Verspottung von Dummheiten • Übung im Ertragen von Schicksalsschlägen und Leid	• Anreiz zum Handeln • Förderung von Großmut und Barmherzigkeit • Vorbereitung auf den Umgang mit unterschiedlichen Menschentypen
Gesellschaft	• Aufdeckung von Ungerechtigkeiten und Machtmissbrauch • Verbreitung aufgeklärten Denkens (religiöse Toleranz, Erziehungsfehler) • Stärkung nationaler Bindungen	• Verbindung auseinanderstrebender gesellschaftlicher Gruppen

Kontrast zum Alltag
gleichmäßige und harmonische Entfaltung aller Kräfte
Bewusstsein von der eigenen menschlichen Würde

Das Mannheimer Nationaltheater galt, als Schiller in enger Verbindung mit ihm stand, als fortschrittlichste und bedeutendste deutschsprachige Schauspielbühne in der Tradition der Hamburger Entreprise, an der Lessing als Dramaturg gewirkt hatte. Die Nationaltheater in Deutschland verstanden sich als Foren des aufstrebenden Bürgertums und der Aufklärung und stellten damit eine Neuerung gegenüber dem höfischen Theater für den Adel dar. Die Schülerinnen und Schüler erfahren von diesen einschneidenden Veränderungen der Theaterlandschaft, indem sie zwei Lexikonartikel (**Zusatzmaterial 2**, S. 136–138) bearbeiten.

> ■ *Informieren Sie sich in den beiden Lexikonartikeln (Zusatzmaterial 2) über das höfische Theater und das Nationaltheater.*
>
> ■ *Erarbeiten Sie die Unterschiede der beiden Theaterformen. Suchen Sie für die einzelnen Ergebnisse übergeordnete Begriffe.*

Höfisches Theater	und	Nationaltheater
Theater der europäischen Fürstenhöfe	**Begriffserklärung**	Theater für Nation und Bürgertum
höfische Gesellschaft als Darsteller und Zuschauer	**Publikum**	gelehrtes und einfaches Volk
antike Komödien Stücke von Zeitgenossen höfische Feste Oper, Ballett	**bevorzugte Werke**	Sophokles und Shakespeare u. a. Schillers Jugendwerke
allegorische Darstellungen europaweit einheitliche Maßstäbe Verzicht auf nationale Besonderheiten	**Grundsätze**	Ablehnung der französischen Regelhaftigkeit individuelle Charaktere nationalgeschichtliche Stoffe Natürlichkeit stehende Bühne
Zerstreuung Machtdemonstration Verherrlichung der Fürsten	**Ziele**	Ausdruck nationalen Selbstbewusstseins Pflege der nationalen Dramatik und Schauspielkunst Darstellung bürgerlicher Interessen Verbreitung der Aufklärungsideale und einer bürgerlichen Dramatik (in Deutschland) Vergnügen

2.1 Verlauf, Hintergründe und Konfliktpotenziale des Liebesdramas

Nachdem die Schülerinnen und Schüler den Text des Schauspiels gelesen haben, sprechen sie in einer Reaktionsphase über ihre subjektiven Eindrücke von der Lektüre, Schwierigkeiten und Fragen, die sich ergeben, und vorläufige Einschätzungen. Ihre Äußerungen können die Form von kurzen Stellungnahmen annehmen, wenn Meinungen, Behauptungen und Urteile begründet und schriftlich fixiert werden, und so das Verfassen von Rezensionen vorbereiten.

- *Welche Eindrücke hinterlässt das Drama?*
  Welche Einsichten haben Sie gewonnen?
  Welche Schwierigkeiten und Fragen haben sich ergeben?
  Was hat Ihnen gefallen, was nicht?
  Versuchen Sie Ihre Auffassungen zu begründen.

- *Formulieren Sie eine kurze Stellungnahme.*

- *Was wird in dem Drama gezeigt?*
  Was ist sein Inhalt, was sind seine Themen?

Die letzten beiden Fragen bereiten die Unterscheidung zwischen der Vordergrundshandlung und dem ideellen Hintergrund eines Schauspiels vor.[1] Der Lehrer oder die Lehrerin notiert die Antworten der Schülerinnen und Schüler in zwei Spalten an der Tafel und benennt am Ende des Gesprächs die beiden Ebenen.

Inhalt und Themen

Liebe zwischen Luise und Ferdinand	Standesgegensätze zwischen Adel und Bürgertum
Widerstände der Eltern	Beziehung junger Erwachsener zu ihren Eltern
Hinterlist mit tödlichen Folgen	Gewissenlosigkeit und Machtstreben
Lady Milford als Mätresse, Wohltäterin und Liebende	Vielschichtigkeit einflussreicher Personen
Wurm als Ideengeber und Vollstrecker	der Preis einer Karriere, Verantwortung
↓	↓
Vordergrundshandlung	**ideeller Hintergrund**

Die Unterscheidung ermöglicht die Frage nach Dramen oder Filmen, die vor allem auf die Wirkung der Vordergrundshandlung bauen, und solchen, die darauf weitgehend verzichten, weil es ihnen um den ideellen Hintergrund geht.

- *Nennen Sie Dramen oder Dramenformen sowie Filme, in denen die Vordergrundshandlung oder der ideelle Hintergrund überwiegen.*

Boulevard- und traditionelles Volkstheater sind Beispiele des einen Typs, Goethes *Iphigenie*, dokumentarisches oder absurdes Theater sowie die Dramen von Thomas Bernhard vertreten die anderen.
Für die weitere Besprechung von Schillers Trauerspiel ist es wichtig, dass die Schülerinnen und Schüler die tragenden Elemente des komplexen, zuweilen nur angedeuteten und durch rhetorische Ausdruckskraft gesteigerten Geschehens erkennen. Sie befassen sich in dramentheoretischer Hinsicht mit der Einheit der Handlung und lernpsychologisch betrachtet mit dem Skelett, das vor den Details im Bewusstsein verankert werden soll.[2] Der neue Titel des

---

[1] Robert Petsch nach Wolfgang Kayser: Das sprachliche Kunstwerk. Eine Einführung in die Literaturwissenschaft. 16. Aufl. Bern und München: Francke 1973, S. 174.
[2] 5. Regel aus der Lernbiologie bei Frederic Vester: Denken, Lernen, Vergessen. Aktualisierte Neuausgabe. 26. Auflage. München: dtv 1999, S. 190.

Trauerspiels gibt die Leitlinie insofern vor, als er die gegensätzlichen Kräfte benennt, die aufeinanderprallen. Allerdings treten neben die höfische Intrige noch weitere Störfaktoren, die sich aus ihr oder unabhängig davon ergeben. Zunächst geht es nur um die Impulse, die die äußere Handlung in Gang bringen, weitertreiben oder zuspitzen. Sie werden in einer Gruppenarbeitsphase bestimmt, anschließend im Plenum gesammelt, den jeweiligen Akten zugeordnet und auf einem großen Plakat festgehalten, das im Klassenzimmer aufgehängt wird. So sind diese grundlegenden Ergebnisse jederzeit allen gegenwärtig. Natürlich können während der Ergebnissicherung auch darüber hinausgehende inhaltliche Zusammenhänge geklärt und thematische Aspekte angesprochen werden.

> ■ *Verschaffen Sie sich einen Überblick über die Handlung des Dramas, indem Sie untersuchen, welchen Störfaktoren die Liebenden ausgesetzt sind und wie sie darauf reagieren.*

Das Liebesdrama in seinem äußeren Verlauf

Störfaktoren	Reaktionen
Wurm informiert den Präsidenten (I/5). Ferdinands Heirat mit Lady Milford wird in der Residenz bekannt (I/6).	Ferdinand will Lady Milford seine Verachtung zeigen (I/7).
Die Lady erschüttert Ferdinand in seiner ablehnenden Haltung (II/3). Miller verteidigt seine Ehre (II/6) und soll festgenommen werden.	Ferdinand bekennt sich erneut zu Luise (II/5). Ferdinand verhindert die Festnahme mit Drohungen (II/7).
List anstelle von Gewalt (III/1): Miller und seine Frau werden eingesperrt (III/1 und 3). Luise wird zu einem falschen Liebesbrief gezwungen, damit ihre Eltern freikommen (III/1, 2 und 6).	Der getäuschte und verzweifelte Ferdinand fasst den Plan, sich und Luise zu töten (IV/4). Luise verzichtet gegenüber der Lady auf ihren Geliebten und deutet ihren Selbstmord an (IV/7).
Miller erfährt von Luises Absicht, Ferdinand die Wahrheit zu sagen und dann mit ihm zusammen zu sterben (V/1). Er bringt sie von ihrem Entschluss ab (V/1).	

Den Inhalt klassischer Dramen kennzeichnen Konflikte und Spannungen, die durch gegensätzliche Kräfte entstehen (vgl. Freytag: Arbeitsblatt 4 auf Seite 42f.) und die Handlung bestimmen und vorantreiben. So befeuern in Schillers Trauerspiel „Liebe" und „Kabale" die Auseinandersetzungen, die schließlich zum Tod von Luise und Ferdinand führen. Deren individueller Liebesanspruch scheitert an der am Hof gesponnenen Intrige, die der Präsident verantwortet, weil er seine gesellschaftlich einflussreiche Stellung sichern und ausbauen will. Aber auch Miller empört sich von seinen ersten Worten an über die Verbindung und widersetzt sich ihr, weil er um das Ansehen seiner Familie fürchtet: „Meine Tochter kommt mit dem Baron ins Geschrei. Mein Haus wird verrufen." (S. 7, Z. 7f.) Das Konfliktpotenzial des Dramas liegt also in der Gefährdung und Bedrohung der Liebe durch gesellschaftlich verankerte Erwartungshaltungen und kann auch innerhalb einzelner Personen zum Ausbruch kommen. So lehnt es Luise in Szene III/4 ab, mit Ferdinand zu fliehen, weil sie sich für ihren Vater verantwortlich fühlt und den Fluch des Präsidenten fürchtet, und sie unterwirft sich in Szene III/6 dem Zwang zur Lüge, um ihre Eltern zu retten. Der gemeinsame Selbstmord erscheint ihr schließlich als einziger Ausweg für ihre Liebe, doch Miller versperrt ihn in Szene V/1 mit religiösen Argumenten. Auch Lady Milford wird als Mätresse des Herzogs in ihrer Rolle am Hof der Widerspruch zwischen individuellen Bedürfnissen und Bestrebungen und sozialen Zuständen bewusst; sie muss ihren hohen Rang und ihren großen Einfluss durch ein Bürgermädchen in Frage stellen lassen und handelt aufgrund ihrer Einsichten konsequent, indem sie den Hof verlässt. Als der Präsident in Szene II/6 Luise als „Hure" (S. 53, Z. 24) beleidigt, verwahrt sich ihr Vater dagegen, und Ferdinand verhindert im folgenden Auftritt die Festnahme ihrer Eltern. Der Kurs diskutiert, ob es sich auch hier um einen Konflikt zwischen individuellen und gesellschaftlichen Ansprüchen handelt.

Nachdem die Schülerinnen und Schüler den Konflikt zwischen dem Liebespaar und den Vorstellungen und Maßnahmen der Väter als hauptsächliche Ursache des äußeren Handlungsverlaufs festgehalten haben, spüren sie in Partnerarbeit weitere Konflikte auf, die an der Tafel gesammelt werden. Diese überprüfen sie anschließend hinsichtlich der Fragen, inwieweit ihnen der Gegensatz zwischen individuellen Ansprüchen und gesellschaftlichen Bedingungen zugrunde liegt und ob es sich eher um Auseinandersetzungen zwischen mehreren Personen oder um innere Konflikte handelt.

- *Neben dem Grundkonflikt brechen in Schillers Trauerspiel weitere Konflikte auf. Benennen Sie solche und außerdem die Interessen, die dabei aufeinanderprallen.*

- *Überprüfen Sie, inwieweit sich in diesen Konflikten individuelle Ansprüche und gesellschaftliche Bedingungen gegenüberstehen.*

Konfliktursachen und -potenziale

Anlässe	Spannungen	
• Liebesbeziehung zwischen Luise und Ferdinand	Gefühle füreinander	✗ väterliche Vorstellungen
• Flucht als Lösung	Vorschlag Ferdinands	✗ Verantwortung Luises für ihren Vater, Furcht vor dem Fluch des Präsidenten
• erzwungener Brief Luises an den Hofmarschall von Kalb	Aufrichtigkeit gegenüber Ferdinand	✗ Befreiung der Eltern
• Luises Schweigen über die wahren Umstände seines Entstehens	Ferdinands Verzweiflung	✗ Bindung an den Eid
• Luises Selbstmordabsicht	einziger Ausweg für ihre Liebe	✗ Sünde
• Auseinandersetzung in Millers Haus	Schutz der Tochter	✗ Macht der Adligen
• Lady Milfords Rolle am Hof	Rettung aus höchster Not durch den Herzog	✗ Leben im Reichtum auf Kosten des Volks
• Begegnung Lady Milfords mit Luise	Infragestellung durch ein Bürgermädchen	✗ hoher Rang, großer Einfluss am Hof
	individuelle Ansprüche ↔	**gesellschaftliche Bedingungen**

Im Anschluss daran erörtern die Schülerinnen und Schüler die Frage, ob es in der Gegenwart vergleichbare Konfliktursachen und -potenziale gibt. Ihre Antworten können sie auch mit Beispielen aus den Medien, zum Beispiel Presseartikeln, begründen.

> *Erörtern Sie, ob es heute noch vergleichbare Konfliktursachen und -potenziale gibt.*
> *Sie können sich zum Beispiel auf Veröffentlichungen in der Presse oder anderen Medien berufen.*

2.2 Der formale Aufbau des Dramas nach Freytag

Während die Szenen herkömmlicherweise durch die beteiligten Personen geprägt und durch deren Auf- und Abtreten begrenzt sind, gliedern die Akte die Handlung nicht nur äußerlich, sondern bringen die innere dramatische Struktur zum Ausdruck, die ihnen eine bestimmte Aufgabe zuweist. Diese Strukturierung gehört zum Wesen klassischer Dramen und deshalb sollten sie die Schülerinnen und Schüler kennen und mit Beispielen in Verbindung bringen. Aufführungen im Theater verfolgen sie bewusster, wenn ihnen dieses Bauprinzip bekannt ist.

„Die maßgebende Theorie des 19. Jahrhunderts war Gustav Freytags *Technik des Dramas*[1]. Freytag begründete die Fünfaktigkeit mit der sachgegebenen Fünfteiligkeit des Aufbaus: Einleitung, Steigerung, Höhepunkt mit Peripetie, Fallen der Handlung und Lösung (Katastrophe) waren nach ihm die natürlichen Teile der Gliederung. [...] Aber in dem Augenblick, da die Theorie meinte, das endgültige Wort gesprochen zu haben, wurde der Boden schwankend."[2] Nicht nur, um die klassischen Dramen besser zu verstehen, sondern auch, um über den Hintergrund für die einsetzenden Veränderungen und die Vorstellungen, gegen die sich moderne Formen des Theaters wenden, Bescheid zu wissen, ist es wichtig, die Grundzüge der Freytag'schen Theorie zu erarbeiten.

Das **Arbeitsblatt 4**, S. 42f., enthält die Kerngedanken Freytags, sodass der „pyramidale[] Bau" (S. 102) auch in seiner Genese zu verfolgen ist. Diesen Aufbau vollziehen die Schülerinnen und Schüler nach, indem sie die Informationen aus Text C in einem Strukturbild visualisieren. Die anderen Aufgaben und Fragen dienen dem Ziel, die theoretischen Ausführungen auf *Kabale und Liebe* anzuwenden. Damit wird die inhaltliche Erschließung von Schillers Drama unter etwas anspruchsvolleren Gesichtspunkten fortgesetzt.

Lösungshinweise zu Arbeitsblatt 4

A	1.	a) Auseinandersetzungen Ferdinands mit seinem Vater (I/7, II/7, V/8), Lady Milford (II/3), Kalb (IV/3) und Luises mit Wurm (III/6), Lady Milford (IV/7), ihrem Vater (V/1) und auch Ferdinand (I/4, III/4, V/2)
		b) Der Präsident und seine Vertrauten suchen die Verbindung zwischen Ferdinand und Luise zu verhindern – die Liebenden reagieren und handeln aus Verzweiflung.
		c) Ferdinand und Luise ↔ Walter, Kalb, Milford, Wurm/Miller
	2.	a) Macht der Einflussreichen, Verpflichtung gegenüber den Eltern
		b) Luise III/6, V/2; Ferdinands Monologe IV/2, 4, V/2

---

[1] Unveränd. reprografischer Nachdruck der 13. Aufl. Leipzig 1922. Darmstadt: Wiss. Buchges. 1992 (Bibliothek klassischer Texte).
[2] Kayser, a.a.O., S. 172.

B	3.	„die Abfassung des Briefes" (Freytag, S. 112) in Szene III/6
	4.	„So werden in Kabale und Liebe Ferdinand und Luise durch die Intriganten fortgestoßen, erst von der Szene zwischen Ferdinand und dem Präsidenten [IV/5], nach dem tragischen Moment, übernimmt Ferdinand die Führung bis zum Ende." (Freytag, S. 98) Allerdings ergreift er bereits in der Konfrontation mit Kalb (IV/3) die Initiative.
D	6.–9.	**tragisches Moment** mit Vorszene (IV/1: Ferdinand sucht Kalb) und Hauptszene (IV/2: Monolog Ferdinands mit Zweifeln und Rückblick) **erste Stufe der fallenden Handlung (Ferdinands Reaktionen)** mit Vorszene (IV/3: Konfrontation zwischen Ferdinand und Kalb), Hauptszene (IV/4: Ferdinand entschließt sich zur eigenmächtigen Rache), Anschlussszene (IV/5: Versöhnung zwischen Vater und Sohn als Ergebnis der Intrige). In den Szenen IV/1–5 wechseln sich dialogische und monologische Szenen ab. **zweite Stufe (Luise bei Lady Milford)** mit Vorszene (IV/6: Unsicherheit der Lady), Hauptszene (Gespräch zwischen Luise und der Lady) und zwei Anschlussszenen (IV/8: Verzicht auf Ferdinand und Trennung vom Herzog, IV/9: Abschied als Mätresse) **retardierende Momente** in V/I: Miller bringt Luise von ihrem Entschluss zum Selbstmord ab, V/2: Ferdinand befragt Luise. **Katastrophe** ab V/3: Ferdinand führt seinen Entschluss aus und rechtfertigt ihn.
E	10.	erste Stufe der Steigerung im 1. Akt, vierte im 3. Akt

2.3 Die Briefe und ihre Funktion

Briefe spielen in Schillers Dramen eine Schlüsselrolle, so auch zwei von Luises Hand in *Kabale und Liebe*.[1] Den einen erzwingt und diktiert Wurm: Ein fingierter Liebesbrief an den Hofmarschall von Kalb soll das Verhältnis zwischen Millers Tochter und Ferdinand beenden, ihren Vater vor einem als Teil der Intrige angedrohten Prozess „um Leben und Tod" retten (S. 61, Z. 6–21; S. 74, Z. 35) und die Aussichten des Sekretärs bei seinem Werben um Luise verbessern. Diese überwindet sich in Szene III/6 trotz größter Widerstände, die Zeilen an Kalb zu schreiben. Die Umstände ihres Entstehens bilden den Höhepunkt des äußeren Handlungsverlaufs wie des formalen Aufbaus (vgl. Arbeitsblatt 4 auf S. 42 f.): Der Brief ist Dreh- und Angelpunkt der Intrige, auf ihn laufen die Ereignisse des dritten Aktes zu und er bringt die schrecklichen Folgen im weiteren Verlauf des Geschehens hervor, insbesondere Luises erzwungene Verschwiegenheit, die ihren Geliebten in seinem tödlichen Beschluss bestärkt. Die gedrückte Stimmung, die Angst um die Eltern, das zunächst unbemerkte, dann erschreckende Auftreten Wurms, die Spannung zwischen dem herzlosen, gleichwohl Mitleid heuchelnden (S. 78, Z. 35, 37) Diener am Hof und der zwischen der Liebe zu Ferdinand und zu ihren Eltern zerrissenen Luise sowie der ihr trotz dreimaliger Nennung zunächst unbekannte Adressat – Liebhaber und „Henker Ihres Vaters" zugleich – weisen auf den herausgehobenen Rang dieser Szene hin. Den anderen Brief hat Luise an Ferdinand geschrieben, um ihn zum gemeinsamen Selbstmord zu überreden, weil sie nur diesen Ausweg sieht, den Geliebten über ihr Verhalten aufzuklären. Insofern zeigt er die Konsequenzen, die sie daraus zieht, dass sie sich dem Druck Wurms gebeugt hat. Diesen Zusammenhang deutet sie gleich am Anfang des zweiten Briefes selbst an (S. 102, Z. 34 – S. 103, Z. 5). Die Zeilen an Ferdinand sind wie diejenigen an Kalb ein Liebesbrief, der auf Einschränkungen und Vorsichtsmaßnahmen verweist – wegen der Argusaugen des Majors hier (S. 77, Z. 19)

---

[1] Einen dritten, als „Karte" oder „Zettel" bezeichneten, schreibt Lady Milford an den Herzog, um ihm ihren Abschied mitzuteilen (S. 98). Der vierte Brief, in dem Ferdinand gegen Schluss seinen Vater über den Selbstmord informiert (S. 117, Z. 7–10, und S. 125, Z. 5), begründet dagegen nur dessen Anwesenheit in der letzten Szene.

und den „Horcher[n]" seines Vaters dort (S. 103, Z. 2) – und eine Verabredung an einem geheimen Ort trifft. Beide Briefe beziehen sich jedoch auf eine Liebe ohne Realität. Der eine täuscht sie vor, der andere kennt nur noch die Perspektive des Todes.

Die Briefe sind nicht nur inhaltlich aufeinander bezogen, sondern in Szene V/2 auch Auslöser eines theatralischen Spiels, das sich durch ein Missverständnis Millers ergibt. Nachdem er in der Szene V/1 von dem geplanten Selbstmord gelesen hat, von dem er seine Tochter abbringen konnte, muss er in der anschließenden Szene davon ausgehen, dass Ferdinand von diesem Brief spricht, obwohl Luise ihn zerrissen hat. Von ihrem erzwungenen Liebesbrief an Kalb weiß er ja nichts. Ferdinand wiederum hat Luises zweiten Brief nicht erhalten. Der alte und der junge Mann äußern sich also auf der Basis ganz unterschiedlicher, disjunkter Wissensstände – nur Luise überschaut alle Zusammenhänge.

Die Schülerinnen und Schüler bearbeiten, nachdem der Kurs halbiert worden ist, zu zweit jeweils einen Brief. Sie erfassen dessen Inhalt mit eigenen Worten und stellen die Umstände fest, unter denen er entsteht, sowie die Folgen, die sich aus ihm ergeben. Im anschließenden Unterrichtsgespräch werden weitergehende Fragen aufgeworfen. Den Einstieg erleichtert eine Betrachtung der Lithografie von Julius Nisle zur Szene III/6 auf dem **Arbeitsblatt 5** (S. 44).

Im Mittelpunkt des Bildes stehen Wurm und Luise beim Diktieren und Schreiben des fingierten Liebesbriefes an Kalb. Die üppige und detailliert abgebildete Kleidung hebt die Personen gegenüber der räumlichen Umgebung zusätzlich hervor, die im Hintergrund oder am Rande angedeutet ist. Das rechts unten im Vordergrund lehnende und deshalb besonders groß erscheinende Cello vertritt den abwesenden Vater, dessen Leben der Brief retten soll. Luise sitzt gebeugt am Schreibtisch vor dem bereits beschrifteten Blatt, aber ihre Hand mit der Feder ist tief herabgesunken. Sie blickt starr nach unten, gelähmt vor Abscheu oder Für und Wider dessen wägend, was Wurm von ihr verlangt. Der Sekretär lehnt mit überkreuzten Beinen an ihrem Stuhl und blickt von oben auf Luise oder den Brief herab: Er ist Luise überlegen und beherrscht sie, weil er über ein Druckmittel und damit Macht verfügt. Der ausgestreckte Zeigefinger unterstreicht seine Dominanz, während die lässige Haltung Teilnahmslosigkeit verbreitet. Sein Lächeln steht im Gegensatz zu dem schmerzvollen Gesichtsausdruck und dem traurig geformten Mund Luises. Die Lithografie bringt also das Verhältnis zwischen Luise und Wurm angemessen zum Ausdruck, wie es sich in diesem Moment darstellt. Am Ende der Szene allerdings, wenn Luise Wurms Mitleidsbekundung und Heiratsantrag zynisch zurückweist, kehrt sich das auf dem Bild dargestellte Machtverhältnis um.

- *Fassen Sie den Inhalt von Luises Brief an Kalb (S. 77, Z. 4 – S. 78, Z. 25) bzw. an Ferdinand (S. 102, Z. 34 – S. 103, Z. 31) in Stichworten zusammen.*

- *Stellen Sie die Ursachen fest, weshalb Luise den jeweiligen Brief schreibt, und die Folgen, die sich daraus ergeben.*

Luises „Liebesbriefe"

an Kalb	an Ferdinand
Intrige des Hofs: Bruch mit Ferdinand Erpressung durch Wurm Befreiung des Vaters	Auswegslosigkeit Verzweiflung Überwindung des Schweigegebots
↓	↓
Sehnsucht *Überwachung durch Ferdinand* *Abwertung von dessen Widerstand* *Täuschungsmanöver* *Verabredung*	*Aufdeckung der Wahrheit* *Überwachung durch den Präsidenten* *Verabredung zum Selbstmord* *Mut und Liebe als Voraussetzungen* *Appell an die Männlichkeit*
↓	↓
Fassungslosigkeit Ferdinands Entschluss zu Mord und Selbstmord Luise wird zur Lüge gezwungen	Miller bringt Luise vom Selbstmord ab Luise steht zu ihren Pflichten als Tochter

Verwechslung in Szene V/2 (?)
Luise im Zwiespalt ihrer Liebe zu Ferdinand und zu ihrem Vater

- *Wie ist Wurms dreifache Antwort auf Luises Frage nach dem Adressaten zu verstehen: „An den Henker Ihres Vaters" (S. 77, Z. 8, 16, 22)?*
- *Was haben die beiden Briefe gemeinsam und was unterscheidet sie?*
- *Inwiefern ist der zweite Brief eine Folgewirkung des ersten (vgl. S. 102, Z. 34 – S. 103, Z. 5)?*
- *Handelt es sich um Liebesbriefe?*
- *Welche Missverständnisse entwickeln sich in Szene V/2 aus den beiden Briefen?*

Die Formel „An den Henker Ihres Vaters", mit der Wurm den Adressaten des Briefes raffiniert nennt und verschweigt, markiert die äußerste Steigerung des Drucks, den Wurm auf Luise ausüben kann. Denn mit der Entscheidung, ob sie den fingierten Liebesbrief schreibt oder nicht, fällt sie auch, so muss sie glauben, das Urteil über das Leben ihres Vaters. Wurm drängt sie also in die Rolle eines Richters über den nächsten Angehörigen, mit dem sie gefühlsmäßig wie mit keinem anderen verbunden ist. Die stereotype Wiederholung des Empfängers bringt gleichzeitig die kalte Mechanik zum Ausdruck, mit der die Intrige ins Werk gesetzt wird.

Luises Brief an Kalb markiert auch den Wendepunkt, ab dem die Liebenden das Geschehen bestimmen und nicht mehr ihre Gegner. Ihr Brief an Ferdinand zeigt, dass auch sie zu eigenständigem Handeln in der Lage ist. Beide Briefe stoßen Luise in neue heftige und ausweglose Zerreißproben zwischen Ferdinand und ihrem Vater und steigern ihren Schmerz. Deshalb verdichtet sich in ihnen der zentrale Konflikt des Dramas – selbstbestimmte Liebe (vgl.

Baustein 4) oder Vaterbindung (vgl. Baustein 5). In Szene V/2, in der die Folgen beider Briefe aufeinanderprallen, ohne dass Ferdinand und Miller wissen, welcher gemeint ist, treibt dieser Konflikt einer nochmaligen Zuspitzung zu, in deren Verlauf sich Ferdinand den Folgen seiner Tat für Miller stellt und diesen schließlich mit Geld beschwichtigt (Szenen V/3–5, S. 111–116).

■ *Bestimmen Sie den Stellenwert und die Funktion der Briefszenen III/6, V/1 und V/2*
a) für den Handlungsverlauf
b) für die Thematik des Dramas.

Nachdem mit den Briefen wichtige Teile der Szenen III/6, V/1 und auch V/2 behandelt worden sind, können sich die Schülerinnen und Schüler an einer von ihnen mit einer ersten schriftlichen Interpretation versuchen. Die Aufgabe überfordert sie in diesem frühen Stadium der Besprechung auch deshalb nicht, weil diese Szenen eher die Handlung vorantreiben – es fallen weitreichende Entscheidungen und Beziehungen zwischen Personen klären sich –, als gesellschaftliche oder weltanschauliche Gegensätze aufzuwerfen. Es liegt nahe, diese Interpretationsübung als Hausaufgabe anzufertigen. Die Tipps und Techniken zur Szenenanalyse im Anhang der Textausgabe (S. 173–175) sowie die Liste rhetorischer Figuren (**Zusatzmaterial 8**, S. 152–154) sind dabei Grundlage und Ratgeber.

■ *Analysieren Sie eine der Szenen III/6, V/1 oder V/2 in einem schriftlichen Interpretationsaufsatz.*

■ *Informieren Sie sich über den Inhalt und den Aufbau eines derartigen Aufsatzes sowie über die Vorgehensweise im Anhang der Textausgabe (S. 173–175), wo Sie „Tipps und Techniken" zur Szenenanalyse finden.*

Die Szenen III/6 und V/1 eignen sich nicht nur zur Analyse, sondern auch als Ausgangspunkt für gestaltende Interpretationsaufgaben. In beiden Situationen steht Luise vor schweren Entscheidungen über Tod und Leben; die eine betrifft ihren Vater, die andere sie selbst. Sie „hält" während Wurms Diktat „inne, steht auf, geht auf und nieder, den Kopf gesenkt, als suchte sie was auf dem Boden" (S. 78, Z. 16f.), und als der Brief fertig ist, „steht [sie] auf und betrachtet eine große Pause lang mit starrem Blick das Geschriebene" (S. 78, Z. 27–29). Die Vorhaltungen ihres Vaters, nachdem er von dem beabsichtigten Selbstmord erfahren hat, stürzen sie in einen „qualvollen Kampf" (S .106, Z. 10). Was ihr in den Pausen und während des inneren Ringens durch den Kopf geht, schreiben die Schülerinnen und Schüler auf. Je nachdem, ob die emotionale Erschütterung oder das abwägende Überdenken im Vordergrund steht, ergeben sich eruptive, expressive oder zerrissene innere Monologe oder rationale Auseinandersetzungen, die beide Seiten im Blick haben. Wesentlich ist, dass die entstehenden Monologe sich in den Rahmen von Luises Gedanken und Empfindungen, wie sie der Dramentext vorgibt, einfügen, auf das vorgegebene Ergebnis zulaufen und gleichwohl die gestisch angedeuteten Schlüsselstellen sprachlich kreativ und schlüssig füllen.

■ *In den Szenen III/6 und V/1 gibt es Sprechpausen, in denen Luise sich in einer extremen Gefühlslage befindet oder ihr innerer Konflikt einen Höhepunkt erreicht (S. 78, Z. 16f., 27–29; S. 106, Z. 10).*
Verfassen Sie an einer dieser drei Stellen einen inneren Monolog, der zum Ausdruck bringt, was Luise in der Sprechpause durch den Kopf geht.
Der Monolog kann entweder die emotionale Aufwühlung oder das rationale Abwägen des Für und Wider betonen.

Durch diese Unterscheidung, die sich in der Schreibhaltung niederschlägt, wird den Schülerinnen und Schülern der Anteil des Gefühls und des Verstandes bei Auseinandersetzungen und Konflikten bewusst, auch wenn sie nicht das Ausmaß wie in Schillers Trauerspiel erreichen.

Die Korrektur der analytischen oder gestaltenden Schülertexte erfolgt in Gruppen, die sich aufgrund der bearbeiteten Aufgabe bilden, mithilfe einer sog. Textlupe. Jede Gruppe wählt eine Arbeit zum Vortrag aus und begründet ihre Entscheidung gegenüber dem Kurs, wenn dieser den Text kennt. Daraus entwickelt sich ein Unterrichtsgespräch, das über die Auswahlentscheidung hinaus auf inhaltliche, sprachliche und formale Aspekte einzelner Arbeiten eingeht und Vergleiche anstellt.

■ *Bilden Sie Dreier- oder Vierergruppen mit Schülerinnen und Schülern, die dieselbe Aufgabe bearbeitet haben. Korrigieren und überarbeiten Sie Ihre Texte gegenseitig.*
Unterstützen Sie sich mit Verbesserungs- und Formulierungsvorschlägen.
Verwenden Sie bei der Korrektur der fremden Arbeiten eine sog. Textlupe, eine Tabelle mit folgenden Spalten, in die Sie Ihre Bemerkungen eintragen:

Das ist besonders gut gelungen.	Das fällt mir auf, stört mich, ist falsch, verstehe ich nicht.	Meine Tipps und Vorschläge

■ *Wählen Sie aus Ihrer Gruppe eine Arbeit aus, die Sie dem Kurs vorlesen.*
Begründen Sie Ihre Entscheidung im Anschluss an den Vortrag.

■ *Erfüllt die Arbeit die Auswahlkriterien?*
Auf welche Gesichtspunkte legt sie großen Wert, welche vernachlässigt sie?

■ *Welche Gemeinsamkeiten, Besonderheiten und Unterschiede stellen Sie beim Vergleich mit anderen Arbeiten fest?*

Der Vortrag der inneren Monologe lässt sich auch in ein kurzes szenisches Spiel einbetten, das an der Stelle der Sprechpausen „eingefroren" wird.

■ *Spielen Sie einen Szenenausschnitt mit der Stelle, an der Ihr innerer Monolog eingefügt wird:*
  ● *Grenzen Sie den Szenenausschnitt sinnvoll ab.*
  ● *Finden Sie beim lauten Vorlesen zunächst die geeignete Sprechweise. Notieren Sie die Ergebnisse möglichst knapp und aussagekräftig in Ihrem Text.*
  ● *Ergänzen Sie den gesprochenen Text durch Gesten, Mimik, Körperhaltung und Bewegung. Beraten und korrigieren Sie sich gegenseitig.*
  ● *Erstarren Sie an der Stelle, an der der innere Monolog gesprochen werden soll. Eine weitere Schülerin trägt vor, was Luise durch den Kopf geht.*

Der Aufbau des klassischen Dramas nach Freytag

Der Literaturwissenschaftler, Journalist, Politiker und Schriftsteller Gustav Freytag (1816–1895), der in dem Roman *Soll und Haben* ein klischeehaftes Bild der Kaufleute zeichnet, beschreibt in seinem 1863 erstmals erschienenen Buch *Die Technik des Dramas*[1] unter anderem einige Grundsätze des Aufbaus.
Den kurzen Auszügen schließen sich Fragen oder Aufgaben an, welche die Dramentheorie auf *Kabale und Liebe* anwenden.

A „In jeder Stelle des Dramas kommen beide Richtungen des dramatischen Lebens [gegensätzliche Interessen, Einstellungen, Beweggründe, Verhaltensweisen] in Spiel und Gegenspiel zur Geltung; aber auch im Ganzen wird die Handlung des Dramas und die Gruppierung seiner Charaktere dadurch zweiteilig. Der Inhalt des Dramas ist immer ein Kampf mit starken Seelenbewegungen, welchen der Held gegen widerstrebende Gewalten führt. [...] Auch dieses Stück [Kabale und Liebe] hat die Eigentümlichkeit, zwei Haupthelden zu haben, die beiden Liebenden." (S. 93, 112)

1. Zeigen Sie, wie Spiel und Gegenspiel
  a) an einzelnen Stellen zur Geltung kommen,
  b) das Drama insgesamt in zwei Hälften teilen,
  c) die Charaktere gruppieren.

2. a) Gegen welche Gewalten haben die Haupthelden zu kämpfen?
  b) In welchen Szenen sind ihre Seelenbewegungen am stärksten?

B „Diese zwei Hauptteile des Dramas [Spiel und Gegenspiel] sind durch einen Punkt der Handlung, welcher in der Mitte derselben liegt, fest verbunden. Diese Mitte, der Höhenpunkt des Dramas, ist die wichtigste Stelle des Aufbaues, bis zu ihm steigt, von ihm ab fällt die Handlung. Es ist nun entscheidend für die Beschaffenheit des Dramas, [...] ob [...] das Spiel [der Haupthelden] oder das Gegenspiel [ihrer Kontrahenten] den ersten Teil [ent]hält." (S. 94)

3. Wo befindet sich der Höhepunkt von „Kabale und Liebe"?

4. Enthält der erste Teil des Dramas Spiel oder Gegenspiel? Begründen Sie Ihre Antworten.

C „Durch die beiden Hälften der Handlung, welche in einem Punkte zusammenschließen, erhält das Drama [...] einen pyramidalen Bau" mit fünf Teilen – Einleitung mit Exposition (Ausgangssituation, Vorgeschichte, örtliche, zeitliche und Lebensverhältnisse des Helden), Konfliktandeutung; Steigerung von Leidenschaften und Verwicklungen; Höhepunkt mit einer kunstvoll gestalteten Szene als Ergebnis des vorhergehenden und Voraussetzung des folgenden Geschehens; Umkehr und fallende Handlung; Katastrophe als notwendige Folge der Handlung und Charaktere – und drei „wichtige[n] szenische[n] Wirkungen", die Freytag auch „dramatische Momente [ ]" nennt: dem erregenden Moment zwischen Einleitung und Steigerung, mit dem das Spiel und Gegenspiel beginnen; dem tragischen Moment zwischen Höhepunkt und Umkehr, mit dem die Gegenwirkung (Gegenspiel oder Spiel) einsetzt, und dem Moment der letzten Spannung (retardierendes Moment) vor dem Eintritt der Katastrophe, in dem sich noch einmal ein Ausweg andeutet. (S. 102)

5. Visualisieren Sie diese Informationen in einem übersichtlichen, optisch ansprechend gestalteten Strukturbild.
  Verwenden Sie geeignete grafische Elemente, etwa unterschiedliche Schriftgrößen und Farben oder geometrische Formen.

---

[1] unverän. reprografischer Nachdruck der 13. Aufl. Leipzig 1922. Darmstadt: Wiss. Buchges. 1922 (Bibliothek klassischer Texte).

D „In Kabale und Liebe z. B. ist das aufregende Moment des Stückes der Bericht des Wurm an den Vater, dass sein Ferdinand die Tochter des Musikus liebe. Von da steigt das Stück im Gegenspiel durch vier Stufen. Erste Stufe (der Vater fordert die Heirat mit der Milford) in zwei Szenen: Vorszene (er lässt durch Kalb die Verlobung bekannt machen), Hauptszene (er zwingt den Sohn, die Milford zu besuchen). – Zweite Stufe (Ferdinand und die Milford): zwei Vorszenen, große Hauptszene (die Lady besteht darauf, ihn zu heiraten). – Dritte Stufe: zwei Vorszenen, große Hauptszene (der Präsident will Luise in Haft nehmen, Ferdinand widersteht). – Vierte Stufe: zwei Szenen (Plan des Präsidenten mit dem Briefe und die Verschwörung der Schurken). Darauf folgt der Höhenpunkt: Hauptszene: die Abfassung des Briefes." (S. 112)

6. Bestimmen Sie Haupt- und Nebenszenen (Vor- und Anschlussszenen) der fallenden Handlung nach dem Höhepunkt.

7. In wie vielen Stufen vollzieht sich die fallende Handlung?

8. Suchen Sie das tragische und das retardierende Moment (der letzten Spannung).

9. Schreiben Sie den Verlauf der fallenden Handlung in ähnlicher Weise wie Freytag den der Steigerung auf.

E „In dem modernen Drama [d.h. für Freytag das des 18. und 19. Jahrhunderts] umschließt, im Ganzen betrachtet, jeder Akt einen der fünf Teile des Dramas [...]. Aber die Notwendigkeit, die großen Teile des Stückes auch in dem äußeren Umfange einander gleichartig zu bilden, bewirkte, dass die einzelnen Akte nicht ganz den fünf Hauptteilen der Handlung entsprechen konnten. Von der steigenden Handlung wurde gewöhnlich die erste Stufe noch in den ersten Akt, die letzte zuweilen in den dritten, von der sinkenden Handlung ebenso Beginn und Ende bisweilen in den dritten und fünften Akt genommen [...]" (S. 172).

10. Untersuchen Sie, wo in „Kabale und Liebe" die Teile des Dramas nicht mit der Akteinteilung übereinstimmen.

Ein gezeichneter Szenenausschnitt

1. Welche Szene aus „Kabale und Liebe" stellt die Lithografie (Steinzeichnung) dar?
2. Beschreiben und interpretieren Sie die Lithografie.
   Achten Sie insbesondere auf die Komposition des Bildes sowie auf Körperhaltungen, Mimik und Gestik.
3. Überprüfen Sie, ob die Lithografie die Dramenszene angemessen abbildet.

Illustration zu Schillers „Kabale und Liebe" (1840). Federlithografie von Julius Nisle.
(bpk-Bildagentur/Dietmar Katz)

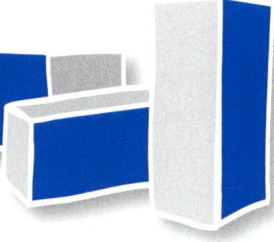

Baustein 3

Höfische und bürgerliche Welt

Der Gegensatz der Stände zeigt sich schon in der Ankündigung der handelnden Personen und an den Orten, an denen Schillers Drama spielt, er bildet die Basis des bürgerlichen Trauerspiels im 18. Jahrhundert und er gibt Anlass zu heftiger Gesellschaftskritik, die auch Schiller zu üben scheint.[1] Vor dem Hintergrund dieses gesellschaftlichen Gegensatzes erleben Luise und Ferdinand, die jugendlichen Vertreter der beiden Stände, ihre Liebe, suchen Räume für sie und werden schließlich Opfer der höfischen Machenschaften. Die Bindung an den Stand, dem sie angehören, empfinden sie jedoch ganz unterschiedlich, und die Konsequenzen, die ihre Liebe verlangt, sehen sie ganz anders. Daraus entwickelt sich eine Konfliktlinie zwischen den Liebenden, die quer zu den Standesgegensätzen verläuft und die in den beiden folgenden Bausteinen näher untersucht wird.

Die Schülerinnen und Schüler erarbeiten die Teile dieses Bausteins weitgehend selbstständig in Gruppen und stellen ihre Ergebnisse anschließend dem Kurs vor. Über die Art und Weise der Präsentation bestimmen die Gruppen, sie wählen zwischen traditionellen Formen wie Vortrag, Tafelbild, Folie oder Plakat, dem Einsatz moderner Medien wie Powerpoint oder mischen auch die unterschiedlichen Möglichkeiten sinnvoll und funktional. Jedes Mitglied des Kurses soll die wichtigsten Ergebnisse später nachlesen können. Diese Dokumentation ist nicht nur durch Kopien zu erreichen, sondern auch durch das Abschreiben, bei dem sich die Informationen tiefer einprägen. Den Aufgaben, die den Gruppenmitgliedern als Kopien zur Verfügung stehen, folgen jeweils Lösungsvorschläge in Form von Tafelbildern, die mögliche Ergebnisse enthalten, der Orientierung des Lehrers oder der Lehrerin dienen und deren Nachfragen erleichtern sollen. Selbstverständlich können die einzelnen Themen auch sukzessive im Kurs erarbeitet werden.

Zunächst werden Bürgertum und Hofadel miteinander verglichen, wie sie sich in Schillers Drama darstellen. Die Kammerdienerszene veranschaulicht dann die konkreten Auswirkungen der Machtverhältnisse, bevor mit Wurm die Person näher beleuchtet wird, die sich zwischen den Ständen bewegt. Weitere Gruppen befassen sich mit den sprachlichen Unterschieden zwischen der adligen und der bürgerlichen Gesellschaft, den geschichtlichen Hintergründen, wie sie sich in Augenzeugenberichten und sozialgeschichtlichen Beschreibungen darstellen, und mit den Menschenrechtsverletzungen in *Kabale und Liebe*.

Vor Beginn der inhaltlichen Arbeit informiert der Lehrer oder die Lehrerin den Kurs über das beabsichtigte Vorhaben in einem Brief, der neben den Themen, Hinweisen zur Gruppeneinteilung und zu Formen der Ergebnissicherung auch Terminvorgaben enthält (**Arbeitsblatt 6**, S. 57). Außerdem werden einige Regeln und organisatorische Hilfen für die Gruppenarbeit besprochen (**Arbeitsblatt 7**, S. 58), um die Schülerinnen und Schüler zur Teamfähigkeit zu erziehen. Sie könnten dieses Instrumentarium zwar auch selber entwickeln, am besten ebenfalls in Gruppenarbeit, aber um ein konzentriertes Ergebnis zu erreichen und um die Wiederholung des Gruppenbildungs- und -arbeitsprozesses zu vermeiden, werden die Regeln vorgegeben und möglicherweise im Unterrichtsgespräch ergänzt.

---

[1] Vgl. zur gesellschaftskritischen Dimension von *Kabale und Liebe* Guthke, S. 114–116.

3.1 Bürgertum und Hofadel in *Kabale und Liebe*

Schiller steigert die sozialen Gegensätze aus dramaturgischen Gründen ins Extreme und verbindet sie zudem mit einem moralischen Anliegen: „[S]o steht mit dem Bürgertum zugleich die Tugend gegen die Hofwelt und das Laster" (Michelsen, S. 219). Die drastische Kontrastierung erleichtert es den Schülerinnen und Schülern, beide Stände anhand ihrer typischen Vertreter im Drama – Miller und Luise auf der einen Seite, der Präsident und Kalb auf der anderen – gegenüberstellend zu unterscheiden. Hinweise auf aussagekräftige Textstellen helfen zusätzlich, die Merkmale von Bürgertum und höfischem Adel zu benennen. Nach Möglichkeit sollen gegensätzliche Begriffspaare gefunden werden.

■ *Erarbeiten Sie die kennzeichnenden Merkmale des Bürgertums und des höfischen Adels, wie sie Schiller an typischen Vertretern – Miller und seiner Tochter sowie dem Präsidenten und dem Hofmarschall – in seinem Drama zeigt.*
Sie können die folgenden Textstellen heranziehen, sich aber auch auf weitere beziehen:
Szene I/1: S. 7, Z. 6 – S. 8, Z. 15; S. 9, Z. 13 – S. 10, Z. 25. Szene I/2: S. 14, Z. 18 – S. 15, Z. 7. Szene I/3: S. 16, Z. 1–23. Szene I/5: S. 21, Z. 5 – S. 23, Z. 22. Szene I/6. Szene II/2: S. 36, Z. 1 – S. 37, Z. 22. Szene II/6: S. 52–55. Szene III/1: S. 59, Z. 20–34; S. 62, Z. 6–22. Szene III/2: S. 63, Z. 1 – S. 64, Z. 2. Szene IV/3: S. 82, Z. 1 – S. 83, Z. 15.
Suchen Sie nach Möglichkeit gegensätzliche Begriffspaare.

■ *Welche moralische Wertung ergibt sich aus der Gegenüberstellung?*

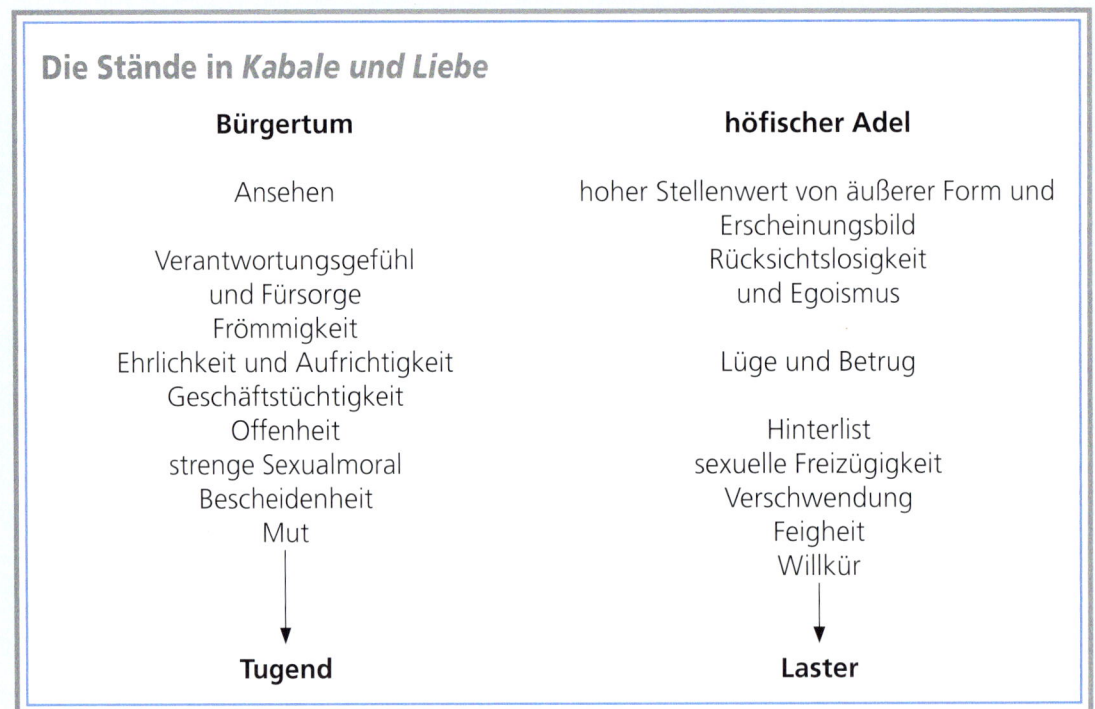

3.2 Die Kammerdienerszene

Mit dieser Szene greift Schiller die absolutistischen Herrschaftsverhältnisse am massivsten an. Sie ist von heftigen Gemütsbewegungen geprägt, die auch die Zuschauer erfassen. Im Mittelpunkt steht das Schmuckmotiv, das zunehmend über die konkrete Dinglichkeit hinausgeht und den Rang eines Symbols erhält: Beim Öffnen des Kästchens wird die Lady nicht nur mit Brillanten überrascht, sondern ihr gehen auch „schrecklich" die Augen auf (S. 38, Z. 13f.) über die Ausbeutung im Land, die sie weitaus mehr erschreckt als der Schmuck selbst. Sie hat ein wertvolles Geschenk erhalten und die Wahrheit erfahren (S. 38, Z. 17). Sie weist die Brillanten schließlich empört zurück (S. 38, Z. 1f.) und verwendet den Schmuck dazu, die Not Unglücklicher zu lindern. Im Rahmen ihrer Möglichkeiten leistet sie so Widerstand gegen die Unterdrückung. In ihrer Entgegnung auf die Bedenken der Kammerjungfer sind Schmuck und Elend miteinander verschmolzen: „Soll ich den Fluch seines Landes in meinen Haaren tragen?" (S. 39, Z. 1f.) Und als Sophie sich weiter dafür einsetzt, die Brillanten zu behalten, reagiert die Milford ungehalten und stolz: „Närrisches Mädchen! Dafür werden in *einem* Augenblick mehr Brillanten und Perlen für mich fallen, als zehen Könige in ihren Diademen getragen, und schönere –" (S. 39, Z. 10–12).

Die Schülerinnen und Schüler verfolgen das Schmuckmotiv, wie es sich vom konkreten Geschenk zum entlarvenden Symbol entfaltet, erläutern, welche Wahrheiten die Lady durch dieses Geschenk erfährt, verdeutlichen in diesem Zusammenhang die gegensätzlichen Lebensverhältnisse und bestimmen schließlich die Funktion der Kammerdienerszene in Schillers Drama.

- *Untersuchen Sie das Schmuckmotiv in der Kammerdienerszene II/2 (S. 36–39) und verdeutlichen Sie seine zentrale Bedeutung.*
  Gehen Sie insbesondere auf den Symbolgehalt des Schmuckes in dieser Szene ein.
  Hinweis:
  <u>Motiv</u>: *Eine typische Grundfigur (Person, Situation, Ding, Ort) kehrt in Literatur und Kunst in jeweils besonderer Ausprägung wieder.*
  <u>Symbol</u>: *Ein konkreter Gegenstand verweist als Sinnbild auf einen allgemeinen Bedeutungszusammenhang.*

- *Zeigen Sie, wie über das Schmuckmotiv die Lebensbedingungen und Herrschaftsverhältnisse ans Licht kommen und wie sich diese darstellen.*

- *Erschließen Sie die Worte der Lady Milford auf S. 39, Z. 10–12.*

- *Beleuchten Sie die Empfindungen, Sprechweisen und Reaktionen der Lady und des Kammerdieners.*

- *Bestimmen Sie den Stellenwert der Kammerdienerszene im Gefüge des Dramas.*

Das Schmuckmotiv in der Kammerdienerszene

Reaktionen der Lady:
Überraschung, Erschrecken, Mitleid, Empörung

Wirkungen auf die Lady:
Konfrontation mit dem Elend
Aufdeckung der Wahrheit

Reaktionen des Kammerdieners:
Bitterkeit, Schmerz, Sarkasmus, Vorwürfe

Lebensbedingungen des Adels:
Großzügigkeit
Reichtum
Vergnügungen auf Kosten der Untertanen

(stock.adobe.com/vilisov)

Herrschaftsverhältnisse und ihre Folgen:
Verkauf von Soldaten
Unterdrückung
militärische Gewalt
Not und Verzweiflung

Entschlüsse der Lady:
Hilfe als Widerstand
Vermeidung einer Mitschuld
moralische Aufrichtigkeit anstelle materieller Schönheit

Stellenwert:
➜ massivster Angriff auf das absolutistische Herrschaftssystem
➜ Kontrast zu Ferdinands Bild, das er sich von der Lady macht
➜ Demütigung der Einflussreichen durch das Leid und den Stolz eines Untertanen

---

Die Umstände des Soldatenverkaufs, wie sie der Kammerdiener schildert, und das Aufsehen, das sie erregten, schlagen sich in der Presse nieder, die damals natürlich der Zensur unterlag. Vorstellbar ist jedoch, dass illegale Flugblätter zirkulieren, in denen die Ereignisse aus oppositioneller Sicht dargestellt werden. Die Schülerinnen und Schüler können einen kurzen Bericht vom einen oder anderen Standpunkt aus verfassen und anschließend vortragen. Dabei lernen sie, dass auch sachbezogene Texte ein- und dasselbe Geschehen ganz unterschiedlich, ja gegensätzlich wiedergeben können, je nachdem, auf welcher Seite die Verfasser stehen, welche Interessen sie vertreten und was sie deshalb hervorheben oder verschweigen. Diese Schreibaufgabe kann auch als Reserve dienen, um unterschiedliche Arbeitszeiten der einzelnen Gruppen auszugleichen.

Verfassen Sie einen kurzen Bericht von den Ereignissen bei der „Verabschiedung" der Soldaten, wie sie der Kammerdiener Lady Milford mitteilt. Die Nachricht kann einerseits für eine Zeitung bestimmt sein, die die herzogliche Sichtweise wiedergibt und der Zensur unterliegt, und andererseits für ein oppositionelles Flugblatt.

3.3 Wurm

Der Sekretär des Präsidenten mit dem sprechenden Namen eines unansehnlichen und Abscheu erregenden Tiers, das oft Schaden anrichtet und deshalb bekämpft wird, verkörpert den Schurken des Stücks. Er stammt wie der Kammerdiener aus dem Bürgertum und bekennt sich auch zu den Grundsätzen seiner Herkunft, die im Gegensatz zu denjenigen des Adels stehen: „Ich mache hier [bei der Jungfräulichkeit seiner künftigen Gattin] gern den Bürgersmann, gnädiger Herr." (S. 23, Z. 6f.) Gleichwohl fungiert er in seinem höfischen Amt als Ideengeber und Vollstrecker, der die Intrige gegen die Beziehung zwischen Luise und Ferdinand plant und ins Werk setzt – in Szene III/6 tritt er Luise gegenüber wie ein Scharfrichter bei einer Hinrichtung auf. Er beruft sich bei seinen Empfehlungen auf seine psychologischen Kenntnisse (S. 60, Z. 9f., 33f.) und verblüfft mit seinen Vorschlägen mehrfach seinen Herrn (S. 24, Z. 13; S. 62, Z. 20f.), der schließlich feststellen muss: „Der Schüler übertrifft seinen Meister –" (S. 62, Z. 21f.). Bei seiner erfolglosen Werbung um Luise agiert er dagegen weniger eigenständig: Vergeblich sucht er die Unterstützung Millers und des Präsidenten (S. 13, Z. 15 – S. 15, Z. 7; S. 62, Z. 17–22). Der Musiker empört sich über dieses Ansinnen und lehnt den Sekretär als Schwiegersohn deswegen offen ab (S. 14, Z. 23 – S. 15, Z. 7). Einen weiteren Grund, den jener zunächst spaßhaft andeutet (S. 14, Z. 19f.), führt er näher aus, nachdem Wurm weggegangen ist: sein hässliches Äußeres, das – wie bei Franz Moor (vgl. dessen Monolog am Ende der Szene I/1 in den *Räubern)* – mit der Bösartigkeit seines Charakters korrespondiert. Obwohl eine derart drastische Häufung von schurkischen Merkmalen – Name, Aussehen, Persönlichkeit – der theatralischen Wirkung dient, ermöglicht die Figur auch Betrachtungen über elementare psychologische Zusammenhänge. Wurm wird wegen seines äußeren Erscheinungsbildes abgelehnt oder von anderen bloß als Instrument für eigennützige Zwecke benutzt; als Mensch findet er nirgends Verständnis oder Zuwendung. Die entstehenden Minderwertigkeitskomplexe sucht er durch Eifer zu kompensieren, um Anerkennung, Einfluss und Erfolg um jeden Preis zu finden; deshalb verzichtet er darauf, moralische Maßstäbe an sein Handeln anzulegen. Dadurch vergrößert sich die Abneigung, die ihm entgegenschlägt, und so entsteht ein zirkelhaftes Kausalitätsgefüge, dessen Kräfte sich gegenseitig verstärken. Ersetzt man die Hässlichkeit Wurms durch andere Ursachen – Tadel, Misserfolg, fehlendes Selbstwertgefühl –, so lassen sich solche psychologische Erklärungen auch auf gegenwartsnähere Problemkonstellationen anwenden.

Die Schülerinnen und Schüler dieser Gruppe beginnen ihre Arbeit mit der Beschreibung und Deutung zweier Fotografien von der Karlsruher Aufführung, die sie mit ihren Aufgaben auf dem **Arbeitsblatt 8**, S. 59 finden. Die Bildbetrachtung leitet anschaulich und daher motivierend die weiteren analytischen Überlegungen ein, die sich mit der Person des Sekretärs befassen.

Auf dem ersten Bild, das vermutlich einen Moment aus der Szene III/3 wiedergibt, trocknet Wurm ein Schriftstück, möglicherweise das Konzept des Briefes, den Luise an Kalb schreiben soll. Der Sekretär steht an der Seite des Schreibtisches und blickt konzentriert auf das Papier, das er bearbeitet. Der Präsident sitzt in der Mitte des Tisches und beherrscht die Szene, indem er etwas anordnet oder kommentiert und durch eine Geste seiner erhobenen linken Hand unterstreicht. Auf dem zweiten Bild aus der Szene III/2 erklärt der mitteilungsfreudige Präsident mit einer großen Geste seiner erhobenen rechten Hand dem Hofmarschall etwas, das diesen zu verunsichern oder zu irritieren scheint, denn er steht marionettenhaft mit angewinkelten Unterarmen da. Rechts schreitet Wurm durch den Raum, ohne das Gespräch der Höflinge zu beachten. Seine volle Konzentration gilt vielmehr einem Schriftstück, über dessen Inhalt kaum ein Zweifel besteht. Die Rolle des Sekretärs erscheint auf beiden Bildern als die eines Bediensteten in untergeordneter Stellung, die seine beherrschende Funktion als Ideengeber nicht zum Ausdruck bringt. Allerdings lässt sich das zweite Bild so verstehen, dass Wurm im Hintergrund die Fäden der Kabale zieht, während Walter und Kalb im Vordergrund mit großen, aber substanzlosen Gesten auftreten.

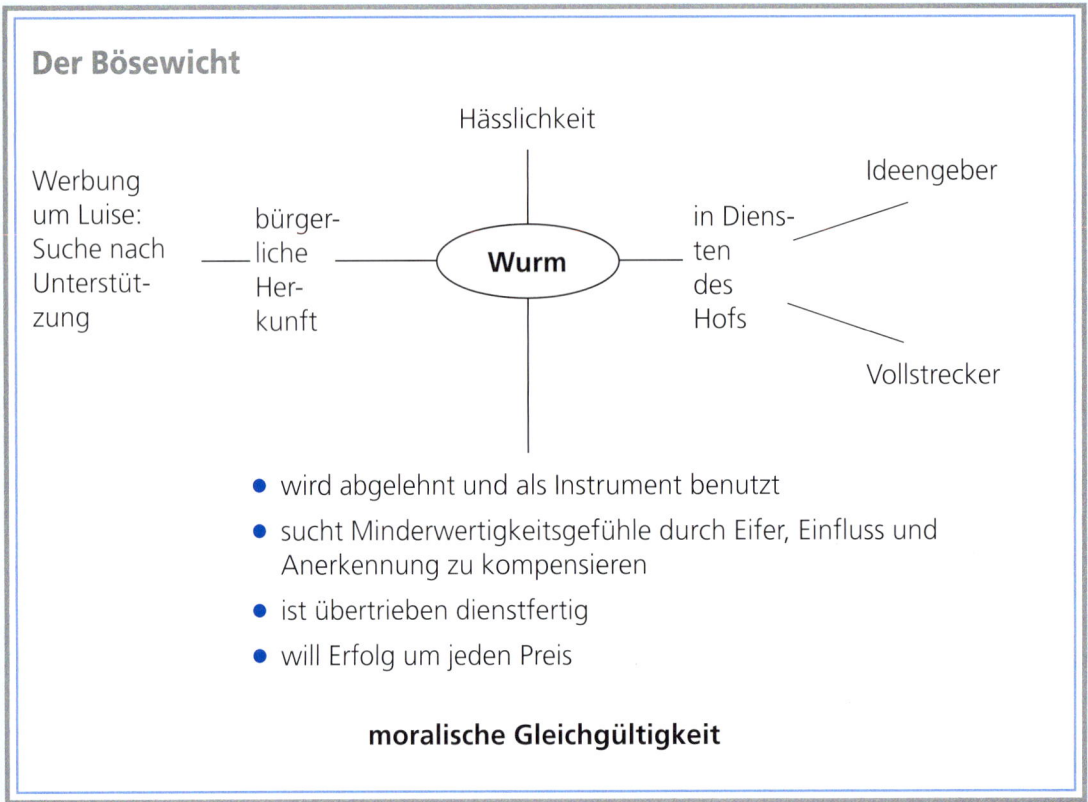

Rolle und Verhalten Wurms am Hof erhellen sich zusätzlich bei einem Vergleich mit dem Kammerdiener, dem anderen Bediensteten bürgerlicher Herkunft. Dieser kann seine Verbitterung und seinen Schmerz nicht unterdrücken und er schildert offen die Folgen der Gewaltherrschaft auch in den schrecklichen Details. Er kritisiert die Lady, dass sie von solchen Zuständen nichts weiß, und lehnt das Geldgeschenk ab. Mit seiner aufrichtigen Darstellung der Ereignisse schockiert er die Milford und bewirkt damit, dass sie ihre Rolle kritisch überdenkt und sich schließlich vom Hof abwendet. Wurm dagegen unterstützt die skrupellosen Machthaber nicht nur als williger Handlanger, sondern er hat den Ehrgeiz, sich als treibende Kraft des höfischen Herrschaftssystems zu bewähren. Beide Bedienstete verhalten sich damit gegenüber den Vertretern der Macht, von denen sie abhängig sind, ganz unterschiedlich. Der alte Kammerdiener führt vor, wie auch Untergebene durch aufrichtige Stellungnahmen, die mit einem Risiko verbunden sind, bei den Mächtigen Veränderungen erreichen können, während Wurm, sich ganz in ihren Dienst stellend und sich völlig ihren Interessen unterordnend, die Katastrophe herbeiführt.

- *Vergleichen Sie, wie sich Wurm und der alte Kammerdiener gegenüber Mächtigen verhalten.*
  Was bewirken sie?
- *Teilen Sie Ihre Erkenntnisse dem Kurs mit.*

Unterschiedliche Verhaltensweisen im Dienst von Gewaltherrschern

Kammerdiener
- nimmt aufrichtig Stellung
- tadelt brutale Maßnahmen
- kritisiert die Lady
- lehnt Geldgeschenke ab

↓
Veränderungen

Wurm
- erfindet hinterlistige Pläne
- geht rücksichtslos gegen Nahestehende vor
- unterstützt seine Herren kritiklos
- bewährt sich als Handlanger und treibende Kraft

↓
Katastrophe

Die Überlegungen, zu denen Wurm Anlass gibt, werden mit einem Unterrichtsgespräch abgeschlossen, in dem nach Bereichen gesucht wird, in denen sich eine ähnliche psychologische Mechanik wie bei dem Sekretär vermuten lässt.

▪ *Kennen Sie andere Ursachen als vermeintliche Hässlichkeit – wie bei Wurm –, die Minderwertigkeitsgefühle erzeugen können?*

▪ *Untersuchen Sie, ob diese sich ähnlich auswirken können wie bei Wurm.*

3.4 Die Sprache von Bürgertum und Adel

Das Selbstverständnis der Stände spiegelt sich in der Sprache ihrer Vertreter. Die gekünstelte Hofsprache, die Form, Witz und Galanterie über alles stellt, wahre Empfindungen oder Einstellungen aber eher verbirgt, entspricht dem strengen höfischen Zeremoniell, in das alles Inhaltlich-Sachliche eingebunden sein muss. Die Sprache der Bürger, wie sie Schiller in *Kabale und Liebe* gestaltet, ist von diesem strengen Formkorsett befreit, was sich unter anderem daran zeigt, dass sich Miller und seine Frau gegenseitig zur Mäßigung anhalten müssen (Szenen I/2, S. 12, und II/6, S. 54). Der Musiker schleudert in seiner Erregung üble Schimpfworte gegen seine Frau und nennt sie „alberne Gans" (S. 13, Z. 2), „Rabenaas" oder „blaues Donnermaul" (S. 48, Z. 3, 6). Die bürgerliche Sprache gibt Emotionen ungefiltert wieder. Während Miller volkstümliche, bildhafte und derbe Kraftausdrücke gebraucht, möchte der Hofadel durch eine Bildungssprache glänzen, die freilich oft in Formeln erstarrt. Die Anleihen beim Französischen sollen den Anspruch, in der Tradition der von Ludwig XIV. begründeten Hofkultur zu stehen, verdeutlichen. Innerhalb der Stände gibt es aber durchaus Unterschiede im Sprachverhalten. So bemüht sich Millers Frau um eine gebildete Sprache mit französischen Einsprengseln, die sie jedoch fehlerhaft verwendet, sodass sie eher Eitelkeit und falschen Ehrgeiz entlarven. Der Präsident wiederum übertrifft in seiner Vorliebe für sexuelle Anspielungen sogar noch Miller (vgl. zum drastischen Sprachstil im Bereich des Sexuellen den Anhang in der Textausgabe auf S. 134–138), obwohl er seine Sätze rhetorisch kunst- und wirkungsvoll baut. Der Hofmarschall dagegen spricht in kurzen Hauptsätzen oder Ellipsen, Übertreibungen kommen ihm leicht über die Lippen. Dadurch wirkt seine Rede aber auch formelhaft bis zur Karikatur. In ihr zeigt sich die Unnatürlichkeit der Hofsprache ebenso wie seine geistige Beschränktheit, die es ihm nicht erlaubt, komplexere Gedanken- und Satzgebäude zu konstruieren.

Baustein 3: Höfische und bürgerliche Welt

Die Gruppe untersucht das Sprachverhalten Millers, seiner Frau, des Präsidenten und Kalbs, indem sie diese Personen zunächst intuitiv zwischen der bürgerlichen und der höfischen Sprache einordnet. Dann stellt sie die Besonderheiten des jeweiligen Sprachgebrauchs fest und leitet daraus Charaktermerkmale ab.

- *Zeichnen Sie eine Linie, deren Enden auf der einen Seite die Sprache des Bürgertums und auf der anderen die Sprache des Adels bezeichnet. Ordnen Sie Miller, seine Frau, Kalb und den Präsidenten auf dieser Linie ein.*
- *Untersuchen Sie die Sprache der angegebenen Personen und notieren Sie die Merkmale samt kurzer, aussagekräftiger Beispiele unter dem jeweiligen Namen. Beziehen Sie sich auf die Szenen I/1 (S. 7–11), I/5 (S. 21–25), I/6 (S. 25–27), II/4 (S. 47–49), III/2 (S. 63–68).*
- *Verwenden Sie die Übersicht mit rhetorischen Figuren (Zusatzmaterial 8).*
- *Leiten Sie aus der sprachlichen Analyse Charaktermerkmale ab.*
- *Versuchen Sie die Sprache des Bürgertums und des Adels kurz zu kennzeichnen.*

Bürgertum und Adel im Spiegel ihrer Sprache

bürgerliche Sprache	Miller	seine Frau	Präsident	Kalb	Sprache des Adels
natürlich	Umgangssprache (so ein Windfuß, S. 8, Z. 17), parataktischer Satzbau, Ausrufe, rhetorische Fragen, Schimpfwörter (Rabenaas, S. 48, Z. 3), derbe Ausdrucksweise, Sprichwörter (S. 9, Z. 5 f.), Metaphern (S. 8, Z. 19 f.), Vorwürfe gegen sich (S. 7, Z. 15–18) und andere (S. 48, Z. 4)	fehlerhaft gebrauchte französische Wörter (disguschtüren, S. 11, Z. 1)	Anrede in der 3. Person (S. 21, Z. 19 f.), rhetorische Kunstfertigkeit (z. B. Klimax, S. 22, Z. 5–12, Chiasmus, S. 22, Z. 17 f.), hypotaktischer Satzbau, wechselnde Sprachebenen (dummer Teufel, S. 22, Z. 32 f.), Satzreihungen (S. 23, Z. 17–20), sexuelle Anspielungen	Übertreibungen (Mein Bester, S. 25, Z. 7 f.), Hauptsatzreihen, Ellipsen, Fehler (Durchleucht, S. 67, Z. 23), französische Begriffe (Antichambre, S. 26, Z. 12), Euphemismen (Teurer, Goldner, S. 67, Z. 26), Wiederholungen	künstlich
gefühlsecht					formelhaft
derb					gebildet
	offen direkt emotional	**eitel ehrgeizig**	**sprachgewandt souverän**	**geistig beschränkt marionettenhaft**	

52

3.5 Geschichtliche Hintergründe

Die Schülerinnen und Schüler sichten die Augenzeugenberichte und historischen Darstellungen im Anhang der Textausgabe (S. 128 f., 139–149, 157–162) und stellen fest, welche der dort beschriebenen Aspekte sich in Schillers Drama wiederfinden. Einige Bezüge wie der Soldatenhandel[1] und das Mätressenwesen sind so offensichtlich, dass sie sich geradezu aufdrängen, andere verlangen ein intensiveres Vergleichen. Doch gerade an den nahe liegenden Einflüssen der damaligen Machtverhältnisse und Lebensbedingungen auf das bürgerliche Trauerspiel erkennen die Schülerinnen und Schüler, wie diese literarische Form auf politische Missstände und gesellschaftliche Veränderungen reagiert und auf sie zurückwirkt, und damit die Wechselwirkung von Literatur und Wirklichkeit.

- Lesen Sie die geschichtlichen Darstellungen und Augenzeugenberichte auf den Seiten 128 f., 139–149, 157–162 im Anhang der Textausgabe.

- Untersuchen Sie, welche Entsprechungen dieser Schilderungen sich in Schillers Drama finden.

- Auf welche Seiten des höfischen und bürgerlichen Lebens geht Schillers Drama nicht ein?

- Dokumentieren Sie Ihre Ergebnisse in geeigneter Weise.
  Empfehlenswert ist ein Linienkreuz mit den vier Feldern „+/–" bzw. „Adel/Bürgertum".

Schillers Drama als Spiegel politisch-gesellschaftlicher Verhältnisse

Adel	+	Bürgertum
• Standesdünkel (S. 66, Z. 37 – S. 67, Z. 9)	vgl. Kapitel 3.1	• Selbstbewusstsein (S. 53, Z. 34 – S. 54, Z. 24)
• Laster		• Tugend
• widernatürliche Zwänge (Verpflichtungen des Hofmarschalls)		• Familie als Wirtschaftsgemeinschaft (S. 10, Z. 1–6; S. 104, Z. 35 – S. 105, Z. 5; S. 115, Z. 8–11)
• Opern, Bälle, Jagden (S. 37, Z. 26; Szene III/2: S. 63, Z. 1 – S. 64, Z. 2; S. 65, Z. 12 – S. 66, Z. 13)		• Mann als natürliches Familienoberhaupt einschließlich seiner geistlichen Verantwortung (S. 104, Z. 7 – S. 106, Z. 4)
• Versailles als Vorbild (französische Wörter)		
• Frauen als Sexualobjekte		• ungebildete Hausmutter
• Mätressenwesen (Lady Milford)		• Gefährdung durch Streben nach sozialem Aufstieg (Millers Frau)
• Soldatenhandel mit Amerika (Kammerdienerszene)		
• großartige Feste		• bürgerliche Hausgemeinschaft
• üppige Mahlzeiten		• Strenge
• Freude und Genuss als Lebensinhalt		
• Rangordnungen	–	

---

[1] Carl Eugen von Württemberg hat sich am Soldatenhandel mit Amerika nicht beteiligt und sich sogar gegen diese in anderen Fürstentümern gepflegte Praxis ausgesprochen (vgl. Michelsen, S. 213 f., Anm. 13).

Angesichts der Tatsache, dass der Adel sein Selbstwertgefühl aus Privilegien ableitet, die er „durch Herkunft und Geblüt" ererbt, während das bürgerliche Selbstbewusstsein auf individuellen Fähigkeiten und Selbstbestimmung beruht, fällt auf, dass der Präsident, der die monarchisch-absolutistische Regierungsgewalt ausübt, gar nicht auf standesgemäße Weise in sein Amt gelangt ist (vgl. Michelsen, S. 212). Er hat sich vielmehr durch Lügen und Verbrechen an den Platz seines Vorgängers gedrängt (S. 28, Z. 3–10; S. 59, Z. 22–28; S. 64, Z. 28–31). In seinen individuellen Fähigkeiten und seinem Bestreben, mit ihrer Hilfe seinen Rang selbst zu bestimmen, sind bürgerliche Werte zu erkennen – allerdings in pervertierter Form, weil er nicht eine Gesamtheit, sondern nur seine eigene Größe im Blick hat. Es ist bemerkenswert, dass Schillers Kritik an den Herrschaftsverhältnissen, wie sie der Präsident personifiziert, den Herzog selbst nicht trifft, dessen Autorität das Trauerspiel nicht angreift, sogar nicht einmal in Zweifel zieht. Solche Fragen können in einem Unterrichtsgespräch im Anschluss an die Ergebnispräsentation der Arbeitsgruppe aufgeworfen werden.

- *Lesen Sie den Satz auf S. 129, Z. 8–13 im Anhang der Textausgabe und stellen Sie fest, wie Adel und Bürgertum ihr Selbstwertgefühl begründen.*

- *Überprüfen Sie, durch welche der dort genannten Grundsätze der Präsident in seine mächtige Position gekommen ist.*

- *Welche Rolle spielt der Herzog?*
  Wie erklären Sie sich Ihre Beobachtung?

3.6 Menschenrechte

Höfischer und bürgerlicher Welt liegen grundverschiedene Vorstellungen vom Menschen, seinem Zusammenleben und damit vom Staat zugrunde, die im letzten Viertel des 18. Jahrhunderts im amerikanischen Unabhängigkeitskrieg und in der Französischen Revolution aufeinanderprallen. Die bürgerlichen Überzeugungen haben in der Philosophie der Aufklärung längst ihren Niederschlag gefunden, als herausragender politischer Ertrag kristallisieren sich die Menschenrechte heraus, wie sie in der Unabhängigkeitserklärung der USA vom 4. Juli 1776 und von der französischen Nationalversammlung am 26. August 1789 formuliert wurden. Mit ihnen bekommt der Staat eine neue Grundlage, die sich mit der überkommenen absolutistischen Herrschaftsform des Adels nicht mehr verträgt und bis in die Gegenwart Gültigkeit und Zukunftsperspektive hat. Allein der Wortlaut der beiden Menschenrechtserklärungen dokumentiert offensichtlich, dass sie sich gegen das alte System richten.

Da sich die absolutistische Macht in *Kabale und Liebe* noch uneingeschränkt entfaltet, können die Schülerinnen und Schüler verfolgen, welche Menschenrechte verletzt werden. Sie wenden die 16 möglichst allgemeingültig und damit abstrakt formulierten Artikel (**Arbeitsblatt 9**, S. 60f.), wie sie 1789 in Paris verkündet wurden, auf Verhaltensweisen und Machtstrukturen an, die ihnen widersprechen, erkennen die Staats- und Herrschaftsform als Ursache von Überlegenheit und Ohnmacht und werden sich bewusst, dass die ihnen selbstverständlich erscheinende staatliche Verfassung aus teils revolutionären, teils allmählichen Veränderungen hervorgegangen ist, die mit großem Einsatz und Hartnäckigkeit gegen Widerstände erkämpft werden mussten.

Baustein 3: Höfische und bürgerliche Welt

Nach der überwiegend analytisch angelegten Gruppenarbeit schließt ein eher auf Gestaltung und schauspielerische Aktion ausgerichtetes Menschenrechtstribunal, in das die bisher erarbeiteten Ergebnisse, aber auch weiteres Material aus dem Anhang der Textausgabe und darüber hinaus einfließen können, den Baustein ab. Auf dem fiktiven Forum, das im Rahmen eines historischen Szenarios zwischen 1785 und 1790 stattfindet, wollen – nach damaligen Begriffen – oppositionelle Gruppen Menschenrechtsverletzungen nachweisen, anprangern und bekannt machen, wie sie in Schillers Drama geschehen. Zu diesem Zweck verfassen die Schülerinnen und Schüler Anklageschriften gegen den Präsidenten, Kalb und Wurm, sie malen Bilder, die die Zustände im Herzogtum in drastischer Weise veranschaulichen, und entwerfen Flugblätter an die Bevölkerung in der Art von Büchners Hessischem Landboten, den dieser als Mitglied der „Gesellschaft der Menschenrechte" 1834 entworfen hat (**Zusatzmaterial 3**, S. 139–143). Sie setzen Szenenausschnitte oder Sachverhalte, wie sie im Anhang der Textausgabe beschrieben sind, optisch um, damit die Informationen und Beweise leichter zu vermitteln sind. Möglicherweise werden Miller und seine Frau sowie der Kammerdiener als Zeugen geladen und befragt – die Veranstalter überlegen sich für diese Vernehmungen Fragen und die Zeugen bereiten sich schriftlich darauf vor. Denkbar ist auch, dass eine Frau oder Braut die Vorgänge beim Abschied der Soldaten, die Folgen für sie oder ihre Empfindungen schildert. Manche Schülerinnen und Schüler recherchieren vielleicht in Bibliotheken oder im Internet, um Belege für Menschenrechtsverletzungen in deutschen Herzogtümern während des genannten Zeitraums zu finden, und bearbeiten ihre Funde für das Tribunal. Die Dokumente, die die Schülerinnen und Schüler erstellen – Texte, Bilder, Übersichten, Schaubilder –, werden auf dem Forum vorgelesen, gezeigt und erläutert und bleiben anschließend einige Zeit im Klassenzimmer präsent.

- *Veranstalten Sie als oppositionelle Gruppe im Herzogtum zwischen 1785 und 1790 ein Tribunal, auf dem die Menschenrechtsverletzungen untersucht, nachgewiesen und bekannt gemacht werden. Als Ort für die Veranstaltung, die natürlich im Untergrund stattfinden muss, wurde Ihr Klassenzimmer bestimmt. Sie beteiligen sich daran in einer der folgenden Möglichkeiten. Deuten Sie die Rolle, die Sie spielen, durch Kleidungsstücke oder Gegenstände an.*

- *Bei einer Leitungsgruppe laufen alle Fäden zusammen. Sie organisiert das Tribunal, bereitet den Raum vor, bestimmt über die Reihenfolge der Beiträge, eröffnet, moderiert und beschließt die Veranstaltung.*

- *Miller, seine Frau und der Kammerdiener werden als Zeugen befragt. Bereiten Sie sich in deren Rolle und als Beauftragter für die Zeugenvernehmung schriftlich auf die Befragung vor und führen Sie diese auf dem Tribunal durch.*

- *Verfassen Sie Anklageschriften gegen den Präsidenten, Kalb und Wurm, in denen Sie Verstöße gegen die Menschenrechte nachweisen.*
  Tragen Sie die Anklageschriften auf dem Tribunal vor.

- *Entwerfen Sie ein Flugblatt an die Bevölkerung, in dem Sie über die Missstände, wie sie sich in Schillers Drama darstellen, aufklären.*
  Sie können sich an dem Anfang einer späteren Flugschrift, Georg Büchners „Hessischem Landboten" (vgl. Zusatzmaterial 3), orientieren.

- *Suchen Sie in Bibliotheken oder im Internet nach Belegen für Menschenrechtsverletzungen in deutschen Herzogtümern zwischen 1785 und 1790.*
  Erstellen Sie aus Ihren Funden einen informativen Text, den Sie auf dem Tribunal vortragen.

- *Schildern Sie als Frau oder Braut eines Soldaten, der nach Amerika verkauft worden ist, die Ereignisse beim Abschied aus Ihrer Sicht, die Folgen, die sich daraus für Sie ergeben, oder Ihre Empfindungen.*
  Verfassen Sie den Text und tragen Sie ihn auf dem Forum vor.

- *Malen oder zeichnen Sie Bilder, die die Zustände im Herzogtum, wie sie sich im Drama zeigen, veranschaulichen.*

- *Entwerfen Sie für Szenenausschnitte oder Sachverhalte, die im Anhang genannt oder beschrieben sind, optisch eindringliche Darstellungen, die die Informationen und Beweise übersichtlich mitteilen.*

Ein Brief zur Vorbereitung der Gruppenarbeit

Liebe Schülerinnen und Schüler,

Sie überschauen jetzt den Inhalt von Schillers Trauerspiel und haben seine Bauform kennengelernt. Dabei hat sich gezeigt, dass die Dramatik wesentlich durch den Konflikt zweier gesellschaftlicher Gruppen, den höfischen Adel und das Bürgertum, entsteht und gesteigert wird. Beide Lebensformen prägten den jungen Schiller nachhaltig: die bürgerliche in seinem Elternhaus, die höfische in der Karlsschule des württembergischen Herzogs Karl Eugen.

Die Bearbeitung des Themas *Höfische und bürgerliche Welt* sollen nun weitgehend Gruppen übernehmen, die folgende Gesichtspunkte näher untersuchen:
- Vergleich zwischen Bürgertum und Hofadel in *Kabale und Liebe*
- Kammerdienerszene II/2
- Wurm
- Sprache der adligen und der bürgerlichen Gesellschaft
- geschichtliche Hintergründe, soweit sie sich aus dem Anhang Ihrer Textausgabe ergeben
- Menschenrechtsverletzungen in *Kabale und Liebe*

Die Gruppen arbeiten möglichst selbstständig, halten sich an Regeln und tragen die Verantwortung für die Qualität der Ergebnisse. Sie präsentieren ihre Einsichten dem Kurs und legen fest, welche Informationen den Mitschülerinnen und Mitschülern schriftlich vorliegen sollen und in welcher Weise dies zu erreichen ist. Außerdem stellen sich die Gruppenmitglieder nach der Präsentation Fragen aus dem Kurs und geben weitere Erläuterungen.

Ich bitte Sie nun, sich bis zur nächsten Stunde für eines der genannten Themen zu entscheiden und sechs Gruppen zu bilden.

Bearbeiten Sie dann den jeweiligen Arbeitsauftrag zunächst einzeln bis _____ .

Am _____ kommen die Gruppen zusammen, die Mitglieder tauschen ihre Ergebnisse aus, sichten, besprechen und diskutieren sie. Für die weitere Arbeit in den Gruppen einschließlich der Vorbereitung der Präsentationen stehen Ihnen folgende Unterrichtsstunden zur Verfügung:

_____

Die Präsentationen finden in der Reihenfolge der Themen am _____ statt.

Selbstverständlich stehe ich Ihnen mit Rat und Tat zur Seite.

Ich wünschen Ihnen Freude bei der Arbeit und gutes Gelingen.

Ihr Deutschlehrer/Ihre Deutschlehrerin

Regeln für die Gruppenarbeit

1. Lesen Sie die Regeln für die Gruppenarbeit sorgfältig.

2. Fehlen wichtige Regeln oder organisatorische Bemerkungen?
Halten Sie einzelne Hinweise für entbehrlich?

3. Begründen Sie die Notwendigkeit der einzelnen Regeln.
Erläutern Sie die Folgen, wenn die Regeln nicht eingehalten werden.

Ermuntern Sie sich gegenseitig zur Mitarbeit.

Achten Sie auf eine gleichmäßige Beteiligung.

Betrachten Sie Ihre Erkenntnisse als Vorschläge für die anderen.

Fragen Sie die anderen, was sie von Ihren Überlegungen halten.

Beziehen Sie sich auf die Beiträge der anderen.

Werten Sie ungewöhnliche und überraschende Ideen nicht vorschnell ab.

Vergleichen Sie Ihre Arbeit immer wieder mit der Aufgabenstellung.

Denken Sie über sich und andere positiv.

Fühlen Sie sich für die Gruppe und deren Ergebnis verantwortlich.

Bemühen Sie sich um eine gute Gruppenatmosphäre.

Verteilen Sie anfallende Arbeiten auf alle Gruppenmitglieder.

Zum Beispiel:

a) Eine/r notiert die Beiträge während der Diskussion stichwortartig.

b) Zwei oder drei tragen die Ergebnisse im Wechsel und Zusammenspiel miteinander vor.

c) Zwei beantworten Fragen aus dem Kurs oder geben zusätzliche Erläuterungen, evtl. durch andere unterstützt.

Rolle und Verhalten des Sekretärs Wurm

1. Ordnen Sie die Bilder in den Handlungszusammenhang ein.

2. Beschreiben Sie die Bilder.
   Beobachten Sie insbesondere Mimik, Gestik und Körperhaltung der Personen.
   Wie sind die Personen einander zugeordnet?

3. Leiten Sie Schlüsse aus Ihren Beobachtungen ab. Was drückt die Körpersprache aus?

4. Untersuchen Sie die Rolle und das Verhalten Wurms.
   Beziehen Sie sich insbesondere auf die Szenen I/2 (S. 11–16), I/5 (S. 21–25), III/1 (S. 58–63) und III/6 (S. 72–79).
   - Welche Aufgabe hat er in dem Theaterstück?
   - Welchem Stand ist er zuzuordnen?
   - Welche Einflüsse und Antriebskräfte bestimmen sein Verhalten?
   - Auf welche Art und mit welchem Erfolg handelt er?
   - Welche psychologischen Zusammenhänge erkennen Sie?

Szenenbilder der Inszenierung am Badischen Staatstheater Karlsruhe 1998. Fotografien: Bettina Strauss

Menschenrechtsverletzungen

1. *Lesen Sie die Präambel und die Artikel der Erklärung, in der die französische Nationalversammlung am 26. August 1789 die Menschenrechte formuliert hat.*

2. *Untersuchen Sie anhand dieser Erklärung, gegen welche Menschenrechte und Grundsätze der Staatsverfassung in „Kabale und Liebe" verstoßen wird.
Stellen Sie die Beziehungen zwischen Schillers Drama und dem Inhalt der Menschenrechtserklärung in einer Übersicht dar.*

Präambel

Nachdem die Repräsentanten des Volkes, eingesetzt als *Nationalversammlung*, erwogen haben, dass die Unkenntnis, das Vergessen oder die Missachtung der Menschenrechte die alleinigen Ursachen des öffentlichen Unglücks und der Verderbtheit der Regierungen sind, so haben sie beschlossen, in einer feierlichen Erklärung die natürlichen, unveräußerlichen und heiligen Rechte des Menschen darzulegen, damit diese Erklärung allen Gliedern der Gesellschaft stets gegenwärtig sei und sie unablässig an ihre Rechte und Pflichten erinnern möge; damit die Handlungen der *gesetzgebenden* und der *ausübenden* Gewalt zu jeder Zeit mit dem Endzweck jeder politischen Einrichtung verglichen werden können und dadurch entsprechend beachtet werden; damit die Ansprüche der Bürger, von nun an auf einfache und unbestreitbare Grundsätze gegründet, immer auf die Wahrung der Verfassung und das Wohl aller gerichtet sein mögen.
Demzufolge anerkennt und erklärt die Nationalversammlung in Gegenwart und unter dem Schutz des Höchsten Wesens folgende Rechte des Menschen und des Bürgers:

Erster Artikel

Die Menschen werden frei und an Rechten gleich geboren und bleiben es für immer. Soziale Unterschiede dürfen nur im allgemeinen Nutzen begründet sein.

II.

Das Ziel einer jeden politischen Vereinigung besteht in der Erhaltung der natürlichen und unveräußerlichen Menschenrechte. Diese Rechte sind die Freiheit, das Eigentum, die Sicherheit und der Widerstand gegen Unterdrückung.

III.

Der Ursprung aller Souveränität liegt seinem Wesen nach beim Volk. Keine Körperschaft, kein Einzelner kann eine Gewalt ausüben, die nicht ausdrücklich vom Volk ausgeht.

IV.

Die Freiheit besteht darin, alles tun zu können, was einem anderen nicht schadet. Somit hat die Ausübung der natürlichen Rechte des Menschen keine anderen Grenzen als jene, die anderen Mitgliedern der Gesellschaft den Genuss derselben Rechte garantieren. Diese Grenzen können nur durch das Gesetz festgelegt werden.

V.

Das Gesetz hat nur das Recht, Handlungen zu verbieten, die der Gesellschaft schädlich sind. Alles, was das Gesetz nicht verbietet, kann nicht verhindert werden, und niemand kann gezwungen werden, etwas zu tun, was das Gesetz nicht befiehlt.

VI.

Das Gesetz ist der Ausdruck des allgemeinen Willens. Alle Bürger haben das Recht, entweder persönlich oder durch ihre Vertreter an seiner Gestaltung mitzuwirken. Es soll für alle gleich sein, mag es beschützen, mag es bestrafen. Da alle Bürger vor seinen Augen gleich sind, haben sie auch, gemäß ihren Fähigkeiten, den gleichen Zugang zu allen Würden, Stellungen oder öffentlichen Ämtern, ohne dass es einen anderen Unterschied zwischen ihnen gibt als den ihrer Tugend oder ihrer Talente.

VII.

Kein Mensch kann auf andere Weise angeklagt, verhaftet oder gefangen gehalten werden als in den durch das Gesetz bestimmten Fällen und in den von ihm festgelegten Formen. Wer willkürlich Befehle veranlasst, ausfertigt, ausführt oder ausführen lässt, muss bestraft werden; jeder Bürger indes, der kraft Gesetz vorgeladen oder festgenommen wird, muss sogleich gehorchen; durch Widerstand macht er sich schuldig.

VIII.

Das Gesetz soll nur Strafen festlegen, die unbedingt und offensichtlich notwendig sind. Niemand kann aufgrund eines Gesetzes bestraft werden, das nicht vor der Tat erlassen, verkündet und rechtmäßig angewendet worden ist.

IX.
Da jeder Mensch so lange für unschuldig gilt, wie er nicht schuldig gesprochen ist, so soll, wenn seine Verhaftung unumgänglich ist, alle Härte, die nicht notwendig wäre, um sich seiner Person zu versichern, durch das Gesetz unterbunden werden.

X.
Niemand darf wegen seiner Meinung, selbst religiöser Art, belangt werden, solange ihre Äußerung nicht die durch das Gesetz festgelegte öffentliche Ordnung stört.

XI.
Der freie Austausch von Gedanken und Meinungen ist eines der kostbarsten Menschenrechte; jeder Bürger kann frei schreiben, reden und drucken; trägt aber die Verantwortung in Fällen, in denen das Gesetz einen Missbrauch dieser Freiheit erkennt.

XII.
Die Sicherung der Menschen- und Bürgerrechte erfordert Ordnungskräfte; diese werden zum Vorteil aller eingesetzt und nicht zum besonderen Nutzen derer, denen sie anvertraut sind.

XIII.
Für den Unterhalt der Ordnungskräfte und für die Kosten der Verwaltung ist eine allgemeine Abgabe unumgänglich; diese muss, unter Berücksichtigung der Vermögensverhältnisse, gleichmäßig auf alle Bürger verteilt werden.

XIV.
Die Bürger haben das Recht, entweder selber oder durch ihre Vertreter die Notwendigkeit von öffentlichen Ausgaben zu überprüfen, sie in freier Entscheidung zu bewilligen, ihre Verwendung zu kontrollieren sowie den Steuersatz, die Veranlagung, Eintreibung und Dauer zu bestimmen.

XV.
Die Gesellschaft hat das Recht, von jedem öffentlichen Beamten Rechenschaft über seine Amtsführung zu fordern.

XVI.
Jede Gesellschaft, in der weder diese Rechte garantiert sind noch die Trennung der Gewalten festgeschrieben ist, hat keine Verfassung.

Baustein 4

Handlungsräume der Liebe

4.1 Grenzüberschreitungen

Die Liebe zwischen Luise und Ferdinand durchbricht die Standesschranken, setzt ein neues, irritierendes Faktum außerhalb der bestehenden gesellschaftlichen Ordnung und löst gewaltige Verwerfungen derselben aus. Gleich die ersten Worte Luises nach dem Morgengruß für ihren Vater bringen das zum Ausdruck: „O ich bin eine schwere Sünderin, Vater" (S. 16, Z. 7). „Von jener Liebe ‚weiß' diese [die höfische Welt] ebensowenig wie die bürgerliche Welt, aber sie versteht sich auf sie, und damit bringt sie den tragischen Ablauf ins Rollen". (Guthke, S. 128) Allerdings ziehen Wurm und der Präsident die Radikalität der Liebe zwischen Luise und Ferdinand nicht in das Kalkül ihrer Kabale. Sie durchschauen nur die psychologischen Dispositionen und Abläufe und nutzen sie zu zerstörerischen Eingriffen für eigennützige Zwecke aus.

Die Liebe der beiden jungen Angehörigen unterschiedlicher Stände ist von Anfang an deutlich als Bindung ausgewiesen, die dem Herzen entspringt und dort auch weiterhin ihr Zentrum hat (Szenen I/3, 4 und 7: S. 17, Z. 25 f., 28–30; S. 19, Z. 2 f.; S. 20, Z. 4 f.; S. 21, Z. 3–6; S. 29, Z. 19 f.). Als aufeinander ausgerichtetes Gefühl zweier Individuen strebt sie über Einschränkungen hinaus, die ihr entgegenstehen, und macht so die Ansprüche des Menschen in seiner natürlichen Existenz als empfindendes Wesen, seine „Menschheit", geltend. Ferdinand appelliert an die Geliebte: „Du bist meine Luise! Wer sagt dir, dass du noch etwas sein solltest?" (S. 19, Z. 18 f.) Und Luise verlagert ihre Wünsche in eine jenseitige Zukunft: „dann, wenn die Schranken des Unterschieds einstürzen – wenn von uns abspringen all die verhasste Hülsen des Standes – Menschen nur Menschen sind –" (S. 18, Z. 8–10). Sowohl aus dieser Projektion wie auch aus Ferdinands Appell folgt, dass der erste Artikel der Menschenrechtserklärung von 1789 die Rahmenbedingungen dieser Liebe garantiert, die bis heute durch vielfältige Vorbehalte und Vorurteile bedroht sind: „Die Menschen werden frei und an Rechten gleich geboren und bleiben es für immer." Insofern steht die von Beginn des Dramas an gefährdete Liebe zwischen Luise und Ferdinand auch als Sinnbild für das elementare Menschenrecht, dessen Verweigerung in die Katastrophe führt (S. 21, Z. 4–6).

Die von Standesordnungen oder anderen Einschränkungen unabhängige Liebe erscheint als Attribut der Geschöpflichkeit des Menschen und damit als Anspruch der Natur, in deren Raum sie sich entfaltet. Sie gleicht in ihrem Entstehen dem Wachstum der Pflanzen: „Tausend junge Gefühle schossen aus meinem Herzen, wie die Blumen aus dem Erdreich, wenn's Frühling wird" (S. 17, Z. 28–30) – so erlebt Luise die erste Begegnung mit Ferdinand, der seinerseits die Naturerscheinungen des Himmels zu beständigen und verlässlichen Begleitern seiner Liebe erklärt (S. 69, Z. 25–34), die im Gegensatz zur Künstlichkeit menschlicher Werke stehen und das Paar als Teil der Schöpfung zu erkennen geben. Luise wiederum konfrontiert ihren Vater mit einem gewagten Vergleich, der den Wert des Geliebten als Geschöpf hervorhebt und den Schöpfer mit einem Künstler vergleicht: „Wenn meine Freude über sein Meisterstück mich ihn selbst übersehen macht, Vater, muss das Gott nicht ergötzen?" (S. 16, Z. 21–23)

Die Schülerinnen und Schüler nähern sich dem Thema dieses Bausteins durch die Betrachtung zweier weiterer Szenenbilder aus der Karlsruher Aufführung, die sie in die Handlung einordnen und zu denen sie vier kurze Äußerungen aus dem Drama suchen, die sie jeweils den beiden Personen in den Mund legen (**Arbeitsblatt 10**, S. 77). Sie stellen dabei fest, dass die Liebenden dreimal allein zusammentreffen (Szenen I/4, III/4 und V/7). Aus den unterschiedlichen Vorschlägen, was Ferdinand und Luise im abgebildeten Moment sagen könnten, entwickelt sich ein Unterrichtsgespräch, in dessen Verlauf Grundlagen, Perspektiven und Probleme der Beziehung anklingen.

In einem ersten Schritt gehen die Schülerinnen und Schüler dann in Einzelarbeit Wesen und Wirkung der Liebe zwischen Luise und Ferdinand vor dem Hintergrund der Standesunterschiede nach.

> *Bestimmen Sie Basis und Wirkung der Liebe zwischen Ferdinand und Luise. In welchem Verhältnis steht ihre Liebe zur gesellschaftlichen Realität?*
> *Mit welchen Bildern beschreiben die Liebenden das Wesen ihrer Liebe? Beziehen Sie sich auf folgende Textstellen: Szene I/3: S. 16, Z. 19–23; S. 17, Z. 25f., 28–30; S. 18, Z. 7–10. Szene I/4: S. 19, Z. 2f., S. 20, Z. 4–6; S. 21, Z. 3–6. Szene I/7: S. 29, Z. 19f. Szene III/4: S. 69, Z. 25–34.*

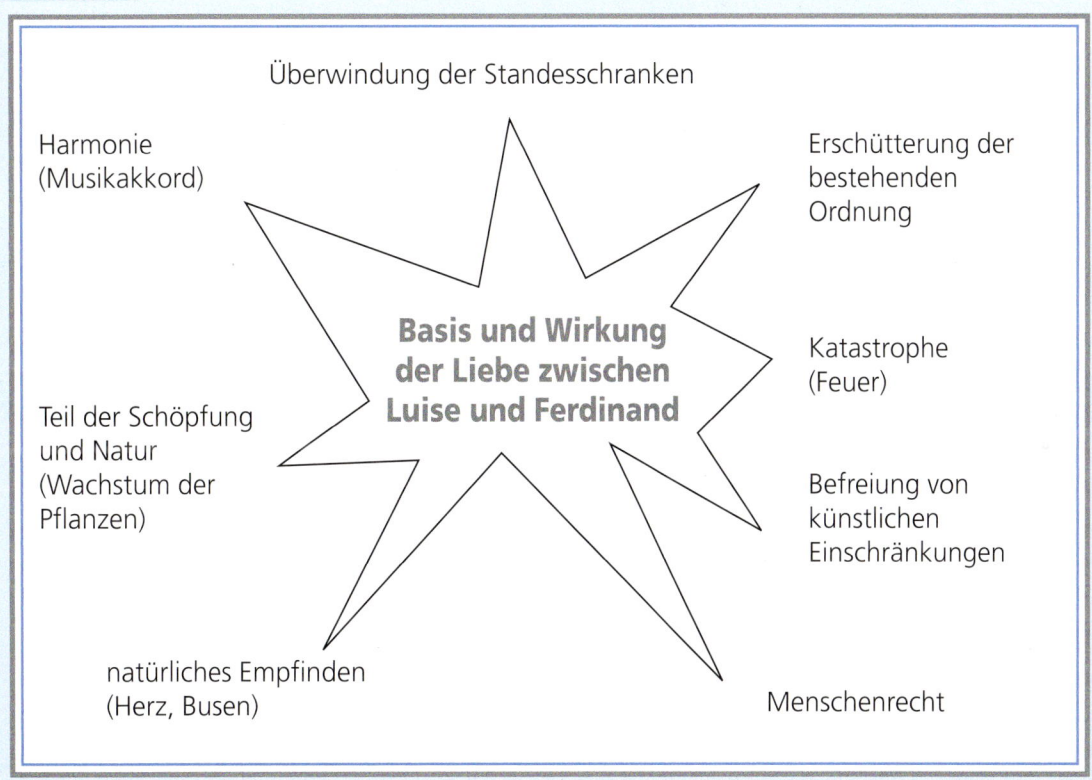

4.2 Erfüllung und Entsagung

„Ich will mich zwischen dich und das Schicksal werfen – [...] An diesem Arm soll meine Luise durchs Leben hüpfen", entgegnet Ferdinand auf die dunklen Ahnungen seiner Geliebten, die sich ihm jedoch entzieht und ihre körperliche Distanzierung von seinen enthusiastischen Vorstellungen auch begründet: „du weißt nicht, dass deine Hoffnungen mein Herz wie Furien anfallen" (S. 20, Z. 22f., 26f., 30, 32f.). Schon am Ende der vorhergehenden Szene entschließt sich die Tochter gegenüber ihren Eltern: „Ich entsag ihm für dieses Leben." (S. 18, Z. 7) Luise und Ferdinand reagieren in der Lage, in die sie ihre Liebe gebracht hat, also ganz unterschiedlich, ja gegensätzlich. Diese Spannungen bestehen von Anfang an, spitzen sich zu und führen am Ende der Szene III/4, noch bevor die Kabale in das Liebesverhältnis eingreift, zum Zerwürfnis.

Die Schülerinnen und Schüler verfolgen in Partnerarbeit die gegensätzlichen Verhaltensmuster der Liebenden angesichts der realen Macht- und Gesellschaftsverhältnisse. Sie erkennen dabei auch einige Charakterzüge der Hauptpersonen, soweit sich diese bis zum Höhe- und Wendepunkt erschließen. Da Ferdinands grenzenlose Liebe danach in gleichermaßen extreme Rachegedanken und -gefühle umschlägt, beschränken sich die Betrachtungen auf die erste Dramenhälfte. Luise bleibt dagegen ihrer Haltung bis zum Ende treu.

- *Untersuchen Sie, wie sich Luise und Ferdinand angesichts ihrer Liebe und der damit verbundenen Widerstände verhalten.*
  Beziehen Sie sich auf die Szenen I/3: S. 17, Z. 7–15; S. 18, Z. 7–17; I/4: S. 19, Z. 27 – S. 20, Z. 2; I/7; II/5: ab S. 51, Z. 10; II/6, II/7 und III/4.
- *Welche Charakterzüge treten in diesen Verhaltensweisen hervor?*
- *Wie wirken diese Verhaltensweisen auf das Liebesverhältnis zurück?*
- *Ändert sich das Verhalten im weiteren Verlauf des Dramas?*

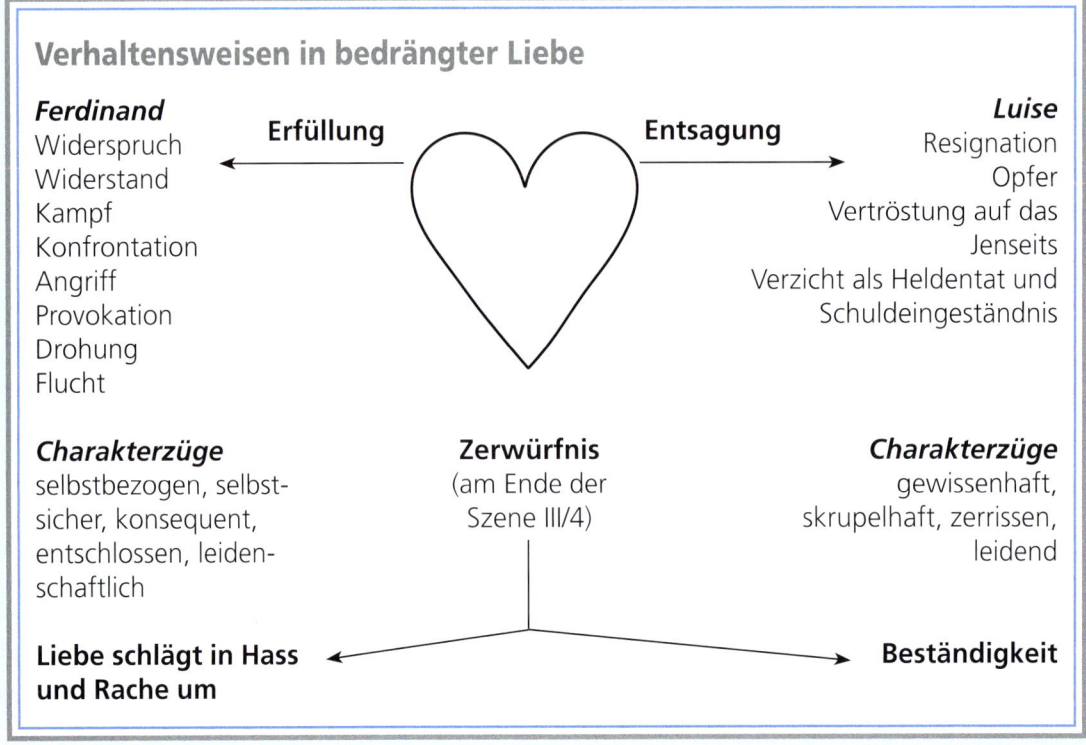

Die unterschiedlichen Reaktionen geben zu Diskussionen Anlass, die im Rahmen eines Unterrichtsgesprächs stattfinden. Zunächst geht es um die Berechtigung des Verhaltens in einer historischen Situation, die aber durchaus eine Reihe von Gegenwartsbezügen aufweist. Unerwünschte Liebesverhältnisse stoßen zu allen Zeiten auf Widerstände, auch wenn diese auf andere Ursachen zurückgehen als in Schillers Drama. Eltern setzen sich mit ihrer ganzen Kraft für die Karriere ihrer Kinder ein, die sich dann für einen anderen Weg entscheiden und das bereitete Feld brachliegen lassen. Schließlich führen Luise und Ferdinand grundlegende Verhaltensmuster in Konfliktfällen vor, die die Schülerinnen und Schüler auch an sich selbst beobachten können. Es liegt nahe, nach weiteren, insbesondere deeskalierenden Lösungen zu suchen.

- *Beurteilen Sie die Verhaltensweisen von Luise und Ferdinand.*
- *Sehen Sie andere Möglichkeiten, wie Luise und Ferdinand reagieren könnten?*
- *Lassen sich vergleichbare Konfliktursachen in der Gegenwart finden?*
- *Beobachten Sie ähnliche Verhaltensmuster in Konfliktfällen?*
- *Sehen Sie andere Reaktionsmöglichkeiten, die eher eine Lösung versprechen?*

4.3 Wahrheit und Täuschung

4.3.1 Der Gegensatz in der Dramenhandlung

Wahrheit und Täuschung spielen in der äußeren Handlung des Dramas wie in der inneren Einstellung der Personen so vielschichtig und kunstvoll ineinander – wie in anderen Werken Schillers auch –, dass sie den Charakter eines Leitmotivs und Schwerpunktthemas annehmen. Wahrheit und Täuschung – Letztere eine Folge von Lüge und Fälschung –, Sein und Schein überlagern sich, lassen sich nicht mehr unterscheiden, verwirren die Protagonisten, führen sie in die Irre und letztendlich in den Untergang. Schiller wirft damit die für ihn existenzielle Frage auf, was in der Wirklichkeit Bestand hat und Vertrauen verdient. Dieses Kernproblem des Dichters gewinnt in Zeiten virtueller Welten noch an Brisanz, Wahrheit und Täuschung vermischen sich in vielen Bereichen und sind oft kaum noch auseinanderzuhalten. Die Beispiele im Sport, in der Wissenschaft, in der Politik, in der Wirtschaft, in der Schule sind zahlreich, in denen falsche Tatsachen vorgegaukelt werden, und die Werbung legt es geradezu darauf an, die Erfüllung von Wünschen wider besseres Wissen zu versprechen, um den Warenabsatz zu steigern.

Wurm und der Präsident setzen bedenkenlos und mit großer Selbstverständlichkeit auf das Mittel der Täuschung, um Luise und Ferdinand zu trennen. Sie gelingt aber nur, weil auch der Sohn des Präsidenten sich leichtfertig täuschen lässt und der Urheber der Intrige auf die Wahrscheinlichkeit seiner Maßnahmen nicht achten muss (vgl. S. 60, Z. 9–14). Der einfältige und lächerliche Hofmarschall kommt als ernsthafter Rivale kaum in Frage und er gesteht die Wahrheit dem wütenden Ferdinand schließlich auch, als dieser ihn bedroht (Szene IV/3, S. 84, Z. 34 – S. 85, Z. 15). Kalbs dreimalige Verneinung jeder Bekanntschaft mit Luise – „Ich sah sie nie. Ich kenne sie nicht. Ich weiß gar nichts von ihr." (S. 85, Z. 10 f.) –, die Ferdinand fragend wiederholt, interpretiert dieser jedoch als Verleugnung. Er verkennt in diesem Moment erneut den wahren Sachverhalt – auch im sprachlichen Detail, denn das Possessivpronomen „Ihr" (S. 85, Z. 5) bezieht sich auf seinen, nicht auf Luises Vater – nicht nur deshalb, weil er glaubt, der Hofmarschall wolle sein Leben retten, sondern vor allem deswegen, weil er ausschließlich auf Luise, seine Liebe und sein eigenes Subjekt fixiert und deshalb seine Eifersucht leicht zu entfachen ist. „[I]ndem er den falschen Liebesbrief Luises an den Hofmarschall für bare Münze nimmt, wird er im Grunde mehr durch sich selbst getäuscht als durch die vorgespiegelte Realität." (Guthke, S. 138)

Ferdinands „gestörtes Wirklichkeitsverhältnis"(Guthke, S. 138) zeigt sich auch an einer anderen Stelle, die für das Verständnis des Dramas kaum zu überschätzen ist. Am Ende der Szene III/4, in der Luise das Liebesverhältnis eher beenden als übergeordnete Pflichten vernachlässigen will, fährt Ferdinand sie an: „Schlange, du lügst." (S. 71, Z. 29) Und er nennt den vermuteten Grund: „Ein Liebhaber fesselt dich" (S. 71, Z. 33). Was Wurm ersonnen hat, aber erst in der übernächsten Szene durch Zwang von Luise verlangen wird, nämlich einen Liebhaber zu fingieren, stellt Ferdinand bereits vorher aus sich heraus in eigenmächtiger Deutung als Tatsache hin. Keiner anderen Überlegung ist der Eigensinnige (vgl. Michelsen) und Eifersüchtige mehr zugänglich: „Und mich soll das Märchen blenden!" (S. 71,

Z. 32f.). „Ferdinand glaubt eine Blendung zu durchschauen, wo keine ist, und erweist sich eben dadurch als der Verblendete." (Guthke, S. 138) Sein gestörtes Verhältnis zur Wirklichkeit „[lässt] ihn dann in der Krise umso leichter in gewohntes, ‚höfisches' Denken und Handeln zurückfallen [...]" (Guthke, S. 135). Den Höhepunkt dieser Verblendung bildet sein Monolog in Szene IV/2, in dem er die Ausdrucksformen der Liebe im Rückblick als Täuschung zu entlarven glaubt. Daraus leitet er in Szene V/4 das Recht ab, Luise, die er zum wiederholten Mal mit dem Tiersymbol der Falschheit belegt (vgl. S. 71, Z. 29), trotz seiner Gewissensbisse gegenüber ihrem Vater zu töten: „Das Mädchen, dem die heiligsten Gefühle der Liebe nur Puppen waren, wird es den Vater glücklich machen können? – Es wird nicht! Es wird nicht! Und ich verdiene noch Dank, dass ich die Natter zertrete, ehe sie auch noch den Vater verwundet." (S. 113, Z. 2–6)

Ferdinand täuscht sich auch in Lady Milford, sowohl in ihrem moralischen Anspruch als auch in der Ernsthaftigkeit ihrer Liebe, die sein Verhältnis zu Luise erschüttert. Nach der Begegnung mit ihr spricht er von „[e]ine[r] Stunde, [...] wo meine Luise aufhörte, ihrem Ferdinand *alles* zu sein –" (S. 50, Z. 7f., 10f.). Und seine überheblichen Einwürfe der Ehre (S. 40, Z. 27f.) erweisen sich in Szene II/3 (vgl. auch Szene I/7, S. 30, Z. 1 – S. 31, Z. 9) als oberflächliche Vorurteile, die sich angesichts der wahren Motive und der „stille[n] Tugend" (S. 44, Z. 31) der Lady, die zu retten er jetzt gefordert wäre, ins Gegenteil verkehren: „Sie sollten sich von Anklagen reinigen und machen mich zu einem Verbrecher." (S. 45, Z. 11–13) „Ich habe mich in Ihnen betrogen, Mylady." (S. 46, Z. 5f.) Sie wiederum muss durch die Schilderung des Kammerdieners in Szene II/2 mit Entsetzen erkennen, dass sie sich über die Wirkung ihres Tuns getäuscht hat: „*Mich* beredete man, ich habe sie alle getrocknet, die Tränen des Landes – Schrecklich, schrecklich gehen mir die Augen auf" (S. 38, Z. 12–14), als sie die „Wahrheit" (S. 38, Z. 17) erfährt. Doch die Lady ist schon Objekt eines neuen Täuschungsmanövers, das der Präsident eingefädelt hat, um Stellung und Einfluss auch in veränderten Konstellationen zu erhalten: Sie soll wegen der Heirat des Herzogs „zum Schein den Abschied erhalten und, den Betrug vollkommen zu machen, eine Verbindung eingehen" (S. 23, Z. 12f.). Dieser Plan einer Scheinehe bringt dann allerdings die wahren Empfindungen eines liebenden Subjekts ans Tageslicht. Der Präsident folgt den Gesetzen des Hofes, baut auf den „langsamen, krummen Gang der Kabale" (S. 58, Z. 21–25) und stellt Fallen, indem er seinem Sohn mit der Gräfin von Ostheim die „beste [] Frau im Herzogtum" anträgt (S. 31, Z. 11–33). Mit wirklichen Gefühlen kalkuliert er in seinen Plänen aber nicht – in diesem Metier ist er auf die Hilfe Wurms angewiesen (S. 59, Z. 28 – S. 62, Z. 22); deshalb täuscht er sich auch über die Art der Beziehung zwischen Ferdinand und Luise (S. 21, Z. 19 – S. 22, Z. 12; S. 53, Z. 11–25) und über die Konsequenz seines Sohnes. So nennt er den ganz und gar von seiner Liebe Beherrschten einen „listige[n] Heuchler" (S. 31, Z. 32f.). Die Schülerinnen und Schüler nähern sich der Thematik, indem sie in Partnerarbeit der Frage nach der Glaubwürdigkeit des erpressten Liebesbriefes nachgehen. Da vermutlich die Gründe für eine Verneinung überwiegen, stellen sich die Anschlussfragen, weshalb Ferdinand auf ihn hereinfällt und welche Wirkung er in ihm hervorruft.

- *Lesen Sie noch einmal den Schluss der Szene III/6 und die ersten drei Szenen des 4. Akts (S. 77, Z. 11 – S. 85, Z. 17).*

- *Erscheint der erzwungene Liebesbrief Luises an den Hofmarschall Kalb glaubwürdig?*

- *Warum nimmt Ferdinand den Brief ernst?*

- *Was bewirkt der Brief in Ferdinand?*

Falls niemand die bereits am Ende der Szene III/4 ausbrechende Eifersucht bemerkt, geben Arbeitsfragen den Anstoß zu dieser Einsicht.

Baustein 4: Handlungsräume der Liebe

- Wie verhält sich Ferdinand am Ende der Szene III/4 gegenüber Luise?
- Welcher Zusammenhang besteht zwischen dieser Stelle und den ersten Szenen des 4. Aktes?

Ferdinands Reaktion auf die Intrige

Der Inhalt von Luises Brief ist unglaubwürdig, weil	Ferdinand nimmt den Brief trotzdem ernst, weil	Folgen
• Kalb ein unattraktiver Liebhaber ist, • der Hofmarschall die Wahrheit sagt (Ende der Szene IV/3), • Ferdinand Hofintrigen in Erwägung ziehen müsste, • er Luises Bekenntnissen glauben sollte.	• seine Eifersucht bereits vorher geweckt wurde, • er glaubt, Kalb lüge, um sein Leben zu retten, • er ausschließlich auf Luise fixiert ist, • er in seiner maßlosen Eifersucht keinen klaren Kopf mehr hat.	Ferdinand • ist außer sich, • handelt irrational, • empfindet nicht mehr Liebe, sondern Hass • beschuldigt Luise der Lüge, • schwingt sich zum Richter über Leben und Tod auf.

Die Ursache der Täuschung liegt mehr in Ferdinand selbst als in den Machenschaften des Hofes.

Damit den Schülerinnen und Schülern die Fülle der Täuschungen und somit ein in Schillers Drama aufgeworfenes Kernproblem bewusst wird, sammeln sie die Fälle in Einzelarbeit anhand der angegebenen Textstellen, die der Lehrer oder die Lehrerin an der Tafel oder auf Folie notiert. Anschließend beschäftigt sich der Kurs damit, wo im Drama eigentlich die Wahrheit angesiedelt ist.

- Stellen Sie fest, welche Täuschungen in dem Drama vorkommen oder von welchen die Rede ist.
Gehen Sie von folgenden Textstellen aus: S. 23, Z. 10–22; S. 31, Z. 11–33; S. 38, Z. 12–17; S. 44, Z. 28 – S. 45, Z. 9; S. 53, Z. 13–17; S. 59, Z. 20–28; S. 60, Z. 26–30; Szene IV/2.

Täuschung als Leitmotiv

- Luises „Liebesbrief" an Kalb
- Lady Milford als Heiratsobjekt
- Gräfin Ostheim als Falle für Ferdinand
- Aufstieg des Präsidenten
- Ferdinands Vorurteile gegen Lady Milford
- Lady Milford verkennt die Zustände im Herzogtum
- Einschätzung von Ferdinands Liebe durch seinen Vater und Reaktionen des Präsidenten im Hause Millers

- *Wo zeigt sich in Schillers Drama die Wahrheit? Gibt es Hinweise auf sie?*
- *Welche Gemeinsamkeiten entdecken Sie zwischen Luise und Lady Milford? Wie reagieren sie als Liebende?*

Die Lady erfährt durch den Kammerdiener die wahren Verhältnisse im Land, und ihre Liebe und Zerrissenheit sind ebenso unverfälscht wie die Luises. Beide Frauen ringen sich zu Verzicht und Entsagung durch und deuten damit eine Wirkung an, die auf die Kraft der Wahrheit zurückweist. Ferdinand dagegen nimmt nicht einmal das Geständnis Kalbs am Ende der Szene IV/3 ernst, weil er sich in seinem Eigensinn völlig verrannt hat.

Die Ergebnisse legen ein Gespräch über Wahrheit und Täuschung im Erfahrungshorizont der Gegenwart und insbesondere Jugendlicher nahe, in dem sowohl Beispiele genannt und analysiert als auch grundsätzliche Erwägungen über Absichten und Wirkungen von Täuschungsversuchen und -handlungen angestellt werden. (vgl. S. 65)

- *Wie stellt sich das Verhältnis zwischen Wahrheit und Täuschung in der Gegenwart dar?*
- *Nennen Sie Beispiele für Täuschungsversuche und -handlungen aus unterschiedlichen Bereichen.*
  Worauf führen Sie diese zurück?
  Was bewirken sie?

4.3.2 Ferdinands Monolog in Szene IV/2

Den gefühlsgeladenen Monolog (S. 80f.), in dem sich Ferdinands ganze Fassungslosigkeit nach Auffinden des Briefs entlädt, analysieren die Schülerinnen und Schüler als Vorbereitung auf eine weitere schriftliche Interpretation (vgl. S. 40 des Modells) inhaltlich und sprachlich. Insbesondere sollen sie im gesamten Monolog wie in einzelnen Details die tragische Ironie erkennen, die denjenigen, der eine unglaubliche Täuschung zu entdecken glaubt, selbst als Getäuschten entlarvt. Der „unerhörte[ ], ungeheure[ ] Betrug, wie die Menschheit noch keinen erlebte" (S. 80, Z. 8f.), stellt sich als doppeldeutig dar, und die folgenden scheinbaren Belege – Verweigerung der Flucht und Verzicht auf Ferdinand – missdeuten Luises wahre Gründe. Im weiteren Verlauf blickt Ferdinand auf einzelne Momente der Liebesbeziehung zurück, um sich über das Ausmaß und die Perfektion an Berechnung, Grimasse, Lüge, Täuschung, Falschheit, Heuchelei und Betrug zu empören.

- *Lesen Sie Ferdinands Monolog in Szene IV/2 und unterstreichen Sie alle Wörter des Wortfeldes „Betrug".*
- *Erklären Sie die Doppeldeutigkeit des „Betrugs".*
  Wer betrügt? Wer wird betrogen?
- *Erläutern Sie die tragische Ironie in dieser Szene.*
  Hinweis:
  Die <u>tragische Ironie</u> ist eine Form der objektiven Ironie oder der „Ironie des Schicksals", die den Betroffenen durch scheinbare Erfolge in den Übermut treibt, der ihn dann vernichtet. Sie verstärkt die erschütternde Wirkung einer Tragödie, indem der Zuschauer bereits das Verhängnis sieht, während sich der Held noch in Sicherheit wiegt.

  (nach Wieland Zirbs [Hrsg.]: Literaturlexikon. Daten, Fakten und Zusammenhänge. Berlin: Cornelsen 1998, S. 192, und Gero von Wilpert: Sachwörterbuch der Literatur. Stuttgart: Kröner 1969, S. 361)

- *Bestimmen Sie den inhaltlichen Aufbau des Monologs.*

Die tragische Ironie in Ferdinands Monolog (Szene IV/2)

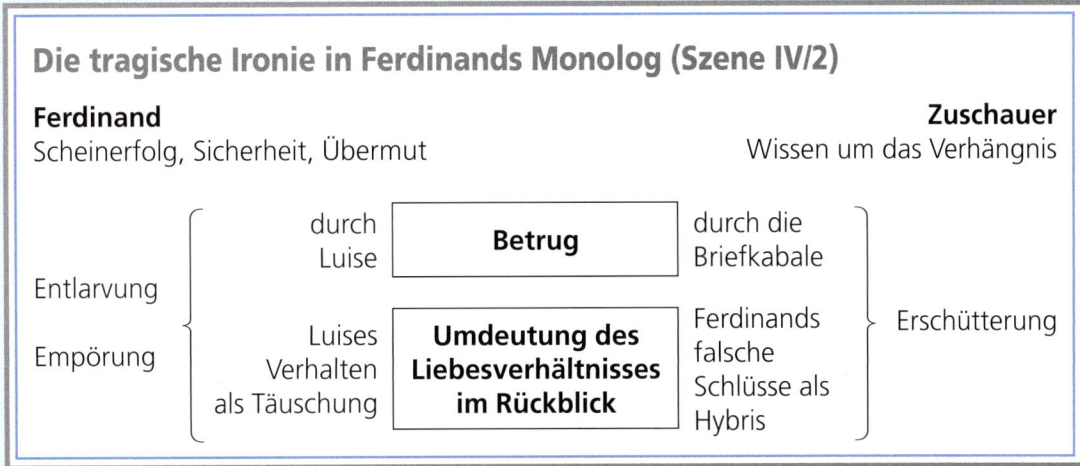

Bei der sprachlichen Analyse konzentrieren sich die Schülerinnen und Schüler auf Satzgefüge und rhetorische Mittel, die Ferdinands Fassungslosigkeit und Empörung zum Ausdruck bringen.

- *Untersuchen Sie die sprachliche Form des Monologs, insbesondere den Satzbau und die rhetorischen Mittel (vgl. Zusatzmaterial 8: Rhetorische Figuren in „Kabale und Liebe").*
- *Welche Wörter verwendet Ferdinand anstelle Luises Namen?*
- *Welche Schlüsse auf die Verfassung des Sprechers erlaubt die sprachliche Form?*

Die Sprachform von Ferdinands Monolog (Szene IV/2)

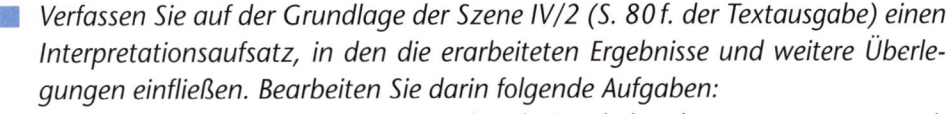

Auf der Grundlage der Ergebnisse der inhaltlichen und sprachlichen Analyse fertigen die Schülerinnen und Schüler einen Interpretationsaufsatz an, der auch die Vorgeschichte der Szene und Ferdinands Verhalten gegenüber Luise, wie es sich im gesamten Trauerspiel darstellt, einbezieht.

- *Verfassen Sie auf der Grundlage der Szene IV/2 (S. 80 f. der Textausgabe) einen Interpretationsaufsatz, in den die erarbeiteten Ergebnisse und weitere Überlegungen einfließen. Bearbeiten Sie darin folgende Aufgaben:*
  - *Fassen Sie das der Szene vorausgehende Geschehen kurz zusammen, soweit es zu ihrem Verständnis nötig ist.*
  - *Interpretieren Sie die Szene. Beziehen Sie die sprachliche, szenische und dramentechnische Gestaltung ein.*

- *Untersuchen und beurteilen Sie über die Szene hinaus Ferdinands Verhalten gegenüber Luise.*
  Ziehen Sie die Tipps und Techniken im Anhang der Textausgabe (S. 173–175) zu Rate.

Die drei Aufgabenteile bieten die Möglichkeit, dass die Schülerinnen und Schüler nur einen nach ihrer Wahl bearbeiten. Dadurch können sie Lernschwerpunkte setzen, die Hausaufgabe bleibt überschaubar, die Besprechung im Kurs konzentriert sich auf kürzere Texte und mehr Beispiele mit unterschiedlichen Stil- und Ausdrucksvarianten werden einbezogen.
Zusatzmaterial 4 auf S. 144 f. enthält einen Beispielaufsatz, mit dem die Schülerinnen und Schüler ihre eigenen Texte zunächst allein vergleichen können. Dann besprechen sie ihre Beobachtungen und Erkenntnisse mit ihrem Sitznachbarn und schließlich bringen sie ihre Einsichten in ein Unterrichtsgespräch ein.

■ *Lesen Sie den Beispielaufsatz zu der vorausgehenden Interpretationsaufgabe in Zusatzmaterial 4. Vergleichen Sie ihn zunächst allein mit ihrem eigenen Text oder dem Teil, den Sie bearbeitet haben.*
Besprechen Sie anschließend Ihre Einschätzungen und Ergebnisse mit Ihrem Sitznachbarn und bringen Sie die wichtigsten Punkte in ein Unterrichtsgespräch mit dem ganzen Kurs ein.

4.4 Säkularisation als Sakralisierung der Liebe

Schillers Drama erkunde „die Möglichkeiten und Grenzen, die Erfüllungen und Gefahren des Anspruchs auf Absolutheit der Liebe und Autonomie des Menschen" (Guthke, S. 113). Weil dieser Anspruch scheitert, bezeichnet es Guthke als „Tragödie der Säkularisation"; unter dieser Kennzeichnung ließen sich die gegensätzlichen Deutungen und Wertungen – als Standeskonflikt oder als Drama der unbedingten Liebe, als reißerisches Stück oder als reine Tragödie, zeitbedingt oder zeitlos – zusammenführen (Guthke, S. 114, 123). Luise und Ferdinand begründen ihre Liebe nicht nur im Göttlichen, sondern erleben den Geliebten als einzige Möglichkeit des Zugangs und der Teilhabe daran (vgl. Michelsen, S. 204). Guthke (S. 150) schreibt dem Wort „Himmel" eine „Schlüsselbedeutung" zu „für die Deutung der inneren Handlung und des Gehalts von *Kabale und Liebe*", und die „Engel" veranschaulichen diese Dimension. Mehrfach spricht Luise in Szene I/3 aus, dass Ferdinand an die Stelle Gottes getreten ist (S. 16, Z. 21–23; S. 17, Z. 25 f., 32 f.), und obwohl sie eine Brücke zwischen ihrer Liebe und dem Glauben, wie ihn ihr Vater vermittelt hat, sucht, ist ihr doch klar, dass eine solche nicht existiert: „der Himmel und Ferdinand reißen an meiner blutenden Seele" (S. 16, Z. 17 f.). Miller muss seine Tochter nicht erst darauf bringen, dass ihre Haltung Sünde ist (vgl. S. 16, Z. 7), weil sie den „zerbrechliche[n] Gott [ihres] Gehirns" anbetet (S. 105, Z. 28). Während Luise unter der Zerrissenheit leidet, entzündet die Liebesreligion (vgl. S. 20, Z. 21 f.; S. 69, Z. 15–17, 25–27, 30–34) Ferdinands ungehemmten Tatendrang. Im Moment der Krise schlägt der religiöse Enthusiasmus allerdings ins Gegenteil um und Bilder der Hölle ersetzen die des Himmels: „Ich einst ihr Gott, jetzt ihr Teufel!" (Szene IV/4) Ferdinand reißt die göttliche Richtergewalt nicht nur über Leben und Tod, sondern auch über Erlösung und Verdammung eigenmächtig an sich (Szenen IV/4 und V/4). Am Ende jedoch, nach der Aufdeckung des Betrugs und nach dem Tod der Geliebten, wendet auch er sich dem „Gott meiner Luise" (S. 124, Z. 29), dem „Erlöser" (S. 124, Z. 22), „dem Erbarmenden" (S. 127, Z. 21) zu, indem er zunächst nur die Tragweite von Luises Worten versteht und schließlich ebenfalls mit der letzten Geste seinem Vater vergibt (S. 124, Z. 30; S. 127, Z. 25).

Baustein 4: Handlungsräume der Liebe

Die Schülerinnen und Schüler verschaffen sich mithilfe von Fragen zu kurzen Textstellen einen Einblick in den Sinn und die Hintergründe der religiösen Sprache sowie die damit verbundenen literatur- und geistesgeschichtlichen Dimensionen, die ihnen schwer zugänglich, für das Verständnis des Dramas aber unverzichtbar sind. Die Antworten werden in einem Tafelbild komprimiert.

- *Lesen Sie die Textstellen auf S. 16, Z. 21–23; S. 17, Z. 25 f., 32 f., und erläutern Sie, was Luise in ihren Worten zum Ausdruck bringt.*

- *Beziehen Sie sich bei den folgenden Fragen und Aufgaben auf die Szene I/3 von S. 16, Z. 4 – S. 17, Z. 33.*
  Wie reagiert Miller auf Luises Auffassungen? Begründen Sie sein Verhalten.
  Wie wirken seine Einstellungen und Reaktionen auf Luise?

- *Lesen Sie die Textstellen auf S. 20, Z. 21 f.; S. 69, Z. 15–17, 25–27, 30–34.*
  Was möchte Ferdinand mit seinen religiösen Formulierungen ausdrücken?

- *Was bewirkt die Liebe zu Luise in Ferdinand?*

- *Wie reagiert Ferdinand, als seine Liebesbeziehung in eine Krise gerät?*
  Lesen Sie in diesem Zusammenhang die Szene IV/4 (S. 85 f.) und den Schluss der Szene V/4 (S. 113, Z. 2–6) und erschließen Sie den Sinn der religiösen Sprache.

- *Ferdinand gebraucht mehrfach das Bild der Schlange (S. 71, Z. 29; S. 113, Z. 6; S. 120, Z. 28 – S. 121, Z. 2).*
  Worauf verweist dieses Bild?

- *Mit welcher religiösen Haltung sterben Luise und Ferdinand?*
  Lesen Sie jeweils den Schluss der beiden letzten Szenen auf S. 124, Z. 17–31, und S. 127, Z. 17–27.

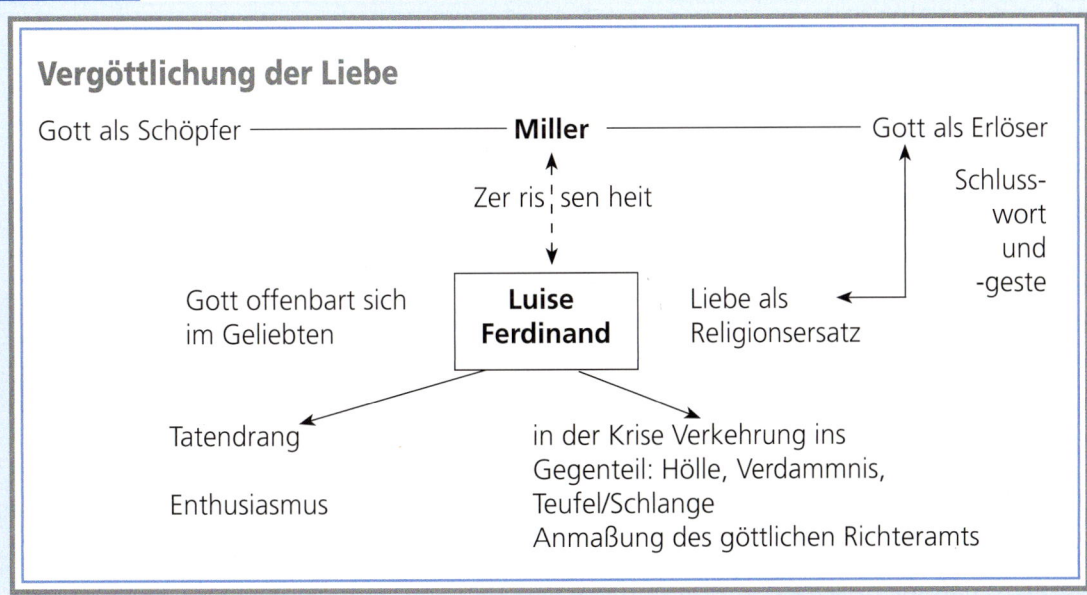

71

4.5 Lady Milford

4.5.1 Schein und Sein

Die Lady ist die vielschichtigste Person und eine zentrale Gestalt in Schillers Drama, obwohl sie eher am Rande der Hauptkonflikte agiert. Als Mätresse des Herzogs nimmt sie einerseits eine herausragende Stellung am Hof ein und verfügt über mehr Einfluss als der Präsident (S. 23, Z. 13–22), andererseits offenbart sie in Szene II/1 Sophie nicht nur ihr liebendes Herz für Ferdinand, sondern auch sich selbst als Drahtzieherin der Kabale, die die Verbindung mit ihm zum Ziel hat (S. 36, Z. 10–12). Die höfischen Vergnügungen verdecken nur ihr wahres Gesicht (S. 35, Z. 27–30) und sie spielt eine Rolle, in die sie tragische Lebensumstände gedrängt haben. Die Begegnungen der Lady mit Ferdinand in Szene II/3 und Luise in Szene IV/7 korrespondieren offensichtlich miteinander und führen schließlich zu einem doppelten Verzicht – auf Ferdinand und ihre bevorzugte Stellung am Hof –, mit dem sie ihre Überzeugungen in die Tat umsetzt.

Die Schülerinnen und Schüler nähern sich der außergewöhnlichen Frau, indem sie deren Verfassung und Einstellungen in Szene II/1 in einem Unterrichtsgespräch erkunden. Anschließend beschreiben sie die Zerrissenheit der herzoglichen Favoritin in Gegensatzpaaren.

■ *Lesen Sie die Szene II/1 und finden Sie dabei heraus, in welcher Verfassung Lady Milford sich befindet und welche Einstellungen sie hat.*

■ *Benennen Sie die Spannungen in der Persönlichkeit Lady Milfords, wie sie in Szene II/1 deutlich werden, in Gegensatzpaaren.*

Die Zerrissenheit Lady Milfords

- Ehrgeiz ↔ • liebendes Herz
- Selbstbewusstsein ↔ • Unsicherheit
- herausragende Stellung am Hof ↔ • Abneigung gegen Hofgesellschaft
- beneidet ↔ • beklagenswert
- äußere Pracht ↔ • innere Leere
- Herrschen ↔ • Dienen
- „launische[r] Flattersinn", „wilde[ ] Ergötzungen" ↔ • geheime Wünsche

Schein ↔ Sein

4.5.2 Szenenvergleich

Besondere Aufmerksamkeit müssen die Szenen II/3 und IV/7 finden, in denen Lady Milford mit dem von ihr Geliebten und dessen Geliebter zusammentrifft und die zu den umfangreichsten des Trauerspiels gehören. Nach der nochmaligen Lektüre der Szenen, aber noch vor dem Vergleich der jeweiligen Gespräche, versuchen die Schülerinnen und Schüler die Fotografien auf dem **Arbeitsblatt 11** (S. 78) einzuordnen und ihre Entscheidung mit der Körpersprache, Gestik und Mimik zu begründen. Sie entdecken oder werden daran erinnert, dass sich Ferdinand und die Lady, anders als auf dem mittleren Bild, im Text nicht küssen. Deshalb sollen sie die Schlüssigkeit dieser Szene überprüfen. Wenn Ferdinand am

Anfang der Szene II/5 tief erschüttert davon spricht, dass die Begegnung mit der Lady seine Liebe zu Luise in Frage gestellt habe, so verdeutlicht die Kussszene diese Ursache. Offen bleibt allerdings, ob er gegenüber der Lady wirklich Liebe empfindet oder vielmehr Mitleid und Hochachtung nach dem Zusammenbruch seiner Vorurteile. Auf dem oberen Bild spricht Ferdinand mit bestimmter, selbstsicherer Geste, während ihm die Lady mit erzwungener Ruhe, die ihre innere Bewegung nur verdeckt, zuhört. Vermutlich greift er sie mit Vorwürfen an. Auf dem dritten Bild wendet sie sich herablassend von Luise ab und flieht so gleichsam vor der Rivalin, die unsicher eine Hand mit der anderen hält und kaum etwas zu sagen wagt, sich aber der Situation stellt und ihre Auffassung vertritt.

Der Vergleich der beiden Szenen in Partnerarbeit sollte ergeben, dass die anfänglich Dominierenden am Schluss erschüttert und verunsichert sind. Lady Milford konfrontiert Ferdinand mit ihrem Lebensschicksal und ihrem wohltätigen Wirken hinter den Kulissen, während Luise alle Angebote ihrer Konkurrentin zurückweist und ihrer Herkunft, ihren Grundsätzen und sich selbst treu bleibt.

> ■ *Stellen Sie Inhalt und Verlauf der Gespräche in den Szenen II/3 und IV/7 gegenüber. Vergleichen Sie insbesondere das Verhältnis der beiden Personen am Anfang und am Schluss der Szenen. Berücksichtigen Sie in diesem Zusammenhang die Verteilung der Redeanteile.*

Die Begegnungen Lady Milfords

mit Ferdinand

Er
- lehnt aus **Ehrgefühl** die Heirat ab
- greift sie persönlich wegen ihrer Tugendlosigkeit an

Lady Milford
- erzählt ihre tragische Lebensgeschichte
- mildert die Willkürherrschaft
- fleht ihn um Rettung an

- offenbart seine Liebe zu Luise
- und seine Verantwortung

- besteht aus **Ehrgefühl** auf der Hochzeit

mit Luise

Lady Milford
- mustert sie insgeheim
- unterschätzt die Ernsthaftigkeit der Liebesbeziehung
- bietet ihr eine Stelle an

Sie
- lehnt das Angebot ab
- entlarvt die Eitelkeit der Lady
- fürchtet um ihre Tugend
- bekennt sich zu ihrer Herkunft
- und zu ihrem Unglück

- will das Liebespaar trennen: zuerst mit Gewalt, dann mit Geschenken

- verzichtet, erhebt Vorwürfe, droht mit Selbstmord

**Redeanteile verlagern sich
Über-/Unterlegenheit kehren sich um
Erschütterung**

4.5.3 Analytische und gestaltende Interpretationsübungen

Die beiden Szenen eignen sich nicht nur als ganze zum Vergleich, sondern in Einzelaspekten auch für analytische und gestaltende Interpretationsübungen in Gruppen. So hält die Lady Ferdinands Vorwürfen ihr Lebensschicksal und ihr Eintreten für die geschundene Bevölkerung entgegen (Szene II/3, S. 42, Z. 21 – S. 44, Z. 16), und Luise verdeutlicht ihre Vorbehalte gegenüber deren Angebot mit dem Bild des Insekts im Wassertropfen im Meer (Szene IV/7, S. 93, Z. 6–9). Die Schülerinnen und Schüler erschließen die Zielrichtung der beiden indirekten Äußerungen; sie können sich dabei auf die vier Seiten einer Nachricht, wie sie Schulz von Thun beschreibt, beziehen. Beide Szenen enden mit der nachhaltigen Erschütterung einer Person, die zu unterschiedlichen Konsequenzen führt: Ferdinand überwindet den Schock bei der Begegnung mit Luise, Lady Milford verlässt den Herzog. Wie sich das Verhältnis der beiden Personen am Schluss der Szenen jeweils darstellt – im Unterschied zum Anfang und im Verlauf, wie es die Fotografien auf dem Arbeitsblatt 11 abbilden –, bringen die Gruppen in einem Standbild zum Ausdruck. Schließlich befasst sich eine weitere Gruppe mit dem Monolog der Lady Milford in Szene IV/8, nachdem Luise sie verlassen hat. Sie bereiten die Lesung einer Schülerin vor und begründen die Art und Weise des Vortrags.

- Lesen Sie noch einmal, was Lady Milford Ferdinand auf S. 42, Z. 21– S. 44, Z. 16 erwidert.

- Bestimmen Sie, welches Ziel sie mit ihrer Schilderung verfolgt.

- Stellen Sie fest,
  - über welchen Sachinhalt sie informiert,
  - was sie über sich selbst offenbart,
  - was sie über ihre Beziehung zu Ferdinand zum Ausdruck bringt,
  - welchen Appell sie an ihn richtet.

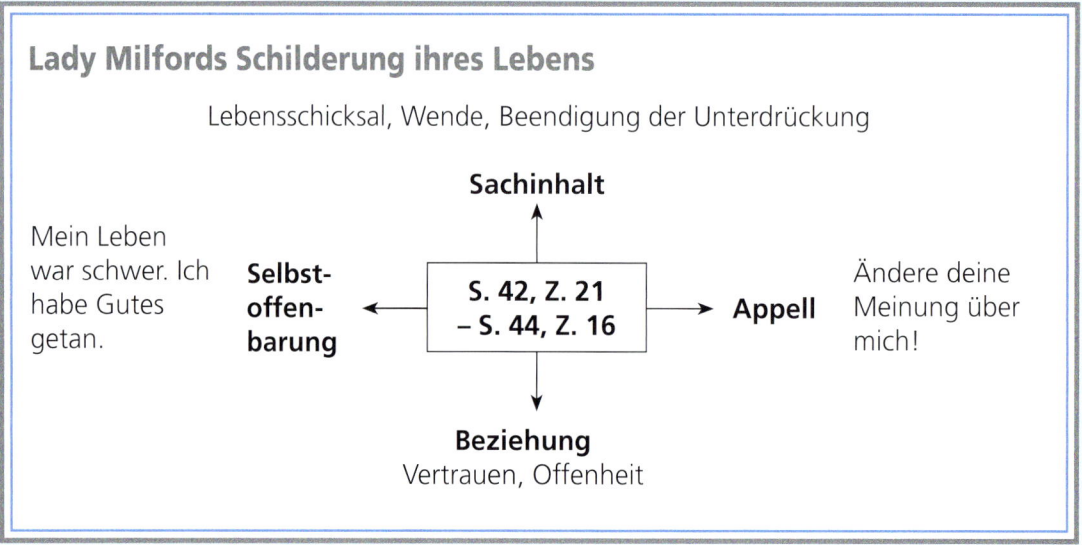

- Lesen Sie die Zeilen 6–9 auf S. 93 und erklären Sie die Bedeutung des Bildes.

- Erläutern Sie, was Luise damit sagen möchte.
  Bestimmen Sie den Sachinhalt, die Selbstoffenbarung, den Appell und die Beziehung zu der Gesprächspartnerin in Luises Äußerung.

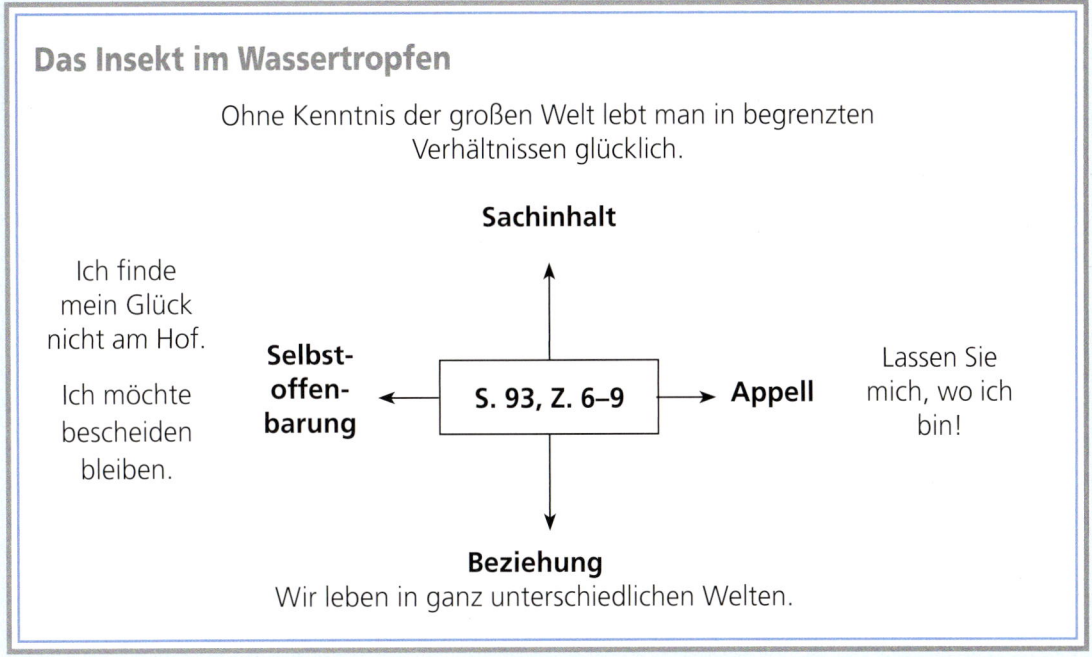

- Bauen und formen Sie ein Standbild, welches das Verhältnis der beiden Gesprächspartner am Ende von Szene II/3 oder IV/7 darstellt.
  - Beraten Sie sich kurz, wie Sie die einzelnen Personen und ihr Verhältnis zueinander sehen. Wie könnte das in der Position der Figuren, der Körperhaltung, der Gestik und Mimik sowie in der Stellung abgebildet werden?
  - Suchen Sie in Ihrer Gruppe diejenigen Mitglieder aus, welche die Personen am besten darstellen können.
  - Die Darsteller gehen in Position und lassen sich von den anderen Gruppenmitgliedern formen.
  - Die Darsteller erstarren in der Haltung und prägen sich die Schlussfassung genau ein, sodass sie das Standbild für das Plenum zügig aufbauen können.

Die anderen Schülerinnen und Schüler beschreiben das Standbild und erklären, was es ausdrückt. Anschließend erläutert die Gruppe ihre Vorstellungen.

- Bereiten Sie eine Lesung des Monologs in Szene IV/8 vor, welche die wechselnden Stimmungen der Lady berücksichtigt.
  Erläutern Sie anschließend die Art und Weise des Vortrags.
  - Markieren Sie im Text die Stellen, an denen sich die Stimmung ändert.
  - Wie lassen sich die unterschiedlichen Stimmungen durch die Sprechweise verdeutlichen?
  - Markieren Sie die Sprechweisen am Rand und probieren Sie sie aus.
  - Wählen Sie in Ihrer Gruppe die Schülerin aus, die den Monolog am besten vortragen kann.
  - Die anderen Mitglieder begründen die Vortragsweise.

4.6 Liebe ist nicht nur ein Wort

Am Ende dieses Bausteins begegnen die Schülerinnen und Schüler einigen Zitaten, die das Wesen und die Wirkungen der Liebe zum Ausdruck bringen (**Arbeitsblatt 12**, S. 79). Manchen Aussagen werden sie zustimmen, andere so nicht erwarten. Um den Gehalt der Textausschnitte zu verstehen, sollen sie die Schülerinnen und Schüler mit den Liebenden des Dramas, Luise, Ferdinand und Lady Milford, in den unterschiedlichen Stadien ihrer Beziehung in Verbindung bringen. Solche textbezogenen Überlegungen stoßen eigene Auseinandersetzungen mit diesem großen Thema des Lebens und der Literatur an. Es können auch weitere Zitate gesucht oder kurze Texte verfasst werden.

Notizen

Szenenbilder des Liebespaars

1. Ordnen Sie die Bilder in das Geschehen des Dramas ein. Begründen Sie Ihre Zuordnung.

2. Suchen Sie im Dramentext Äußerungen, die Luise und Ferdinand in den abgebildeten Momenten sprechen könnten.
Lesen Sie die Textstellen vor, für die Sie sich entschieden haben, und begründen Sie Ihre Auswahl.

Szenenbilder der Inszenierung am Badischen Staatstheater Karlsruhe 1998. Fotografien: Bettina Strauss

Lady Milfords Zusammentreffen mit Ferdinand und Luise

1. Lesen Sie die Szenen II/3 und IV/7 nochmals durch.

2. Ordnen Sie die Szenenfotografien ein.
   Begründen Sie Ihre Entscheidung mit der Körpersprache, Gestik und Mimik.

Szenenbilder der Inszenierung am Badischen Staatstheater Karlsruhe 1998.
Fotografien: Bettina Strauss

Liebe ist nicht nur ein Wort

1. Erläutern Sie den Inhalt der Zitate.

2. Untersuchen Sie, welche Zitate für Luise, Ferdinand oder Lady Milford zutreffen. Berücksichtigen Sie dabei die unterschiedlichen Stadien der Beziehungen.

3. Suchen Sie weitere ähnliche Zitate oder verfassen Sie selbst einen kurzen Text.

4. Überprüfen Sie auch bei diesen Texten, ob sie sich auf die drei Personen anwenden lassen.

5. Setzen Sie sich mit dem Inhalt der Zitate zu einem großen Thema des Lebens und der Literatur auseinander.

Und doch, welch Glück, geliebt zu werden!
Und lieben, Götter, welch ein Glück!

J. W. Goethe: Willkommen und Abschied

Wer am meisten liebt, ist der Unterlegene und muss leiden –

Thomas Mann, Tonio Kröger, 12. Absatz

Ich will mit dem gehen, den ich liebe.
Ich will nicht ausrechnen, was es kostet.
Ich will nicht nachdenken, ob es gut ist.
Ich will nicht wissen, ob er mich liebt.
5 Ich will mit ihm gehen, den ich liebe.

Bertolt Brecht: Der gute Mensch von Sezuan. Shen Te zum Publikum am Schluss des 5. Bildes (Der Tabakladen)

Wenige wissen
Das Geheimnis der Liebe,
Fühlen Unersättlichkeit
Und ewigen Durst.
5 Des Abendmahls
Göttliche Bedeutung
Ist den irdischen Sinnen Rätsel;
Aber wer jemals
Von heißen, geliebten Lippen
10 Atem des Lebens sog,
Wem heilige Glut
In zitternde Wellen das Herz schmolz,
Wem das Auge aufging,
Dass er des Himmels
15 Unergründliche Tiefe maß,
Wird essen von seinem Leibe
Und trinken von seinem Blute
Ewiglich.

Novalis (Friedrich von Hardenberg): Hymne

Und an diesem Zauberfädchen,
Das sich nicht zerreißen lässt,
Hält das liebe lose Mädchen
Mich so wider Willen fest;
5 Muss in ihrem Zauberkreise
Leben nun auf ihre Weise.
Die Veränderung, ach, wie groß!
Liebe! Liebe! lass mich los!

J. W. Goethe: Neue Liebe, neues Leben

Sie saßen und tranken am Teetisch,
Und sprachen von Liebe viel.
Die Herren, die waren ästhetisch,
Die Damen von zartem Gefühl.

5 ‚Die Liebe muss sein platonisch‘,
Der dürre Hofrat sprach.
Die Hofrätin lächelt ironisch,
Und dennoch seufzet sie: ‚Ach!‘

Der Domherr öffnet den Mund weit:
10 ‚Die Liebe sei nicht zu roh,
Sie schadet sonst der Gesundheit.‘
Das Fräulein lispelt: ‚Wieso?‘

Die Gräfin spricht wehmütig:
‚Die Liebe ist eine Passion!‘
15 Und präsentieret gütig
Die Tasse dem Herren Baron.

Am Tische war noch ein Plätzchen
Mein Liebchen, da hast du gefehlt.
Du hättest so hübsch, mein Schätzchen,
20 Von deiner Liebe erzählt.

Heinrich Heine: Lyrisches Intermezzo, Nr. 50

Baustein 5

Die väterliche Ordnung als Konfliktursache

Jenseits des sozialen Konflikts zwischen Adel und Bürgertum, gegen den Luise und Ferdinand ihre Liebe zu behaupten suchen, wurde bereits ein weiterer sichtbar, der zwischen den Liebenden aufbricht, noch bevor die Kabale sie erreicht. Ferdinand formuliert ihn am Ende von Szene III/4 schroff, aber prägnant: „Kalte Pflicht gegen feurige Liebe!" (S. 71, Z. 32) Luise bezieht ihre Verpflichtung zunächst auf ihren und Ferdinands Vater, aber darüber hinaus auf die „allgemeine ewige Ordnung", die eine Verbindung mit dem Sohn des Präsidenten „zugrund stürzen würde" (S. 70, Z. 36 – S. 71, Z. 1). Das folgende szenische Experiment soll die Schülerinnen und Schüler auf diese Problematik aufmerksam machen.

5.1 Ein szenisches Experiment[1]

Am Ende der ersten Szene entschließt sich Miller, den Präsidenten aufzusuchen und ihm die Trennung des Liebespaars mitzuteilen. Er setzt seine Absicht aber nicht in die Tat um, ohne dass ein Grund dafür zu erkennen wäre. Die Schülerinnen und Schüler stellen sich deshalb vor, dass der Musikus seinen Vorsatz ausführt, und notieren stichwortartig, wie diese Begegnung verlaufen könnte und was die Väter einander sagen. Die Notizen lassen sich zu Dialogen mit Szenenanweisungen ausbauen, die dem Kurs vorgespielt werden. Dieses Zusammentreffen wird im Kontrast zu demjenigen in Szene II/6 (S. 52–55) stehen, das in einem Fiasko endet. Denn Miller und der Präsident werden sich schnell verständigen und sich Gedanken machen, wie sie ihr gemeinsames Anliegen umsetzen: durch Appelle an die „Vernunft", mithilfe eines Gesprächs, durch ein Verbot oder die räumliche Trennung der Liebenden. Dieses Experiment rückt die Väter ins Rampenlicht und soll die Schülerinnen und Schüler dazu motivieren, sich mit deren Einfluss auf Sohn und Tochter, aber auch den unterschiedlichen Beweggründen zu befassen. Umgekehrt wird sich bei der Frage nach den Reaktionen herausstellen, dass Ferdinand und Luise die Bindung zu ihren Vätern ganz unterschiedlich einschätzen.

- *Am Ende der ersten Szene will Miller zum Präsidenten gehen, führt seinen Entschluss aber nicht aus.*
  Notieren Sie stichwortartig, wie die Begegnung zwischen Miller und dem Präsidenten verlaufen könnte und was sie einander sagen würden.

- *Vergleichen Sie Ihre Notizen und entwerfen Sie auf dieser Grundlage eine kurze Szene mit der Begegnung zwischen dem Präsidenten und Miller.*

---

[1] Michelsen, S. 200f., regt es an.

Baustein 5: Die väterliche Ordnung als Konfliktursache

■ *Schreiben Sie die Szene als Dialog zwischen dem Präsidenten und Miller auf. Sinnvoll ist es, wenn jeder oder jede von Ihnen die Gestaltung einer Rolle übernimmt. Ergänzen Sie auch Szenenanweisungen und Sprechweisen. Verwenden Sie folgendes Muster:*

Sprecher	Text	Szenenanweisungen, Sprechweisen

■ *Jeweils drei Paare bilden eine Gruppe und tragen sich gegenseitig ihre Szenen vor. Besprechen Sie die Szenen, indem Sie Gelungenes hervorheben oder Verbesserungen vorschlagen.*

■ *Wählen Sie in Ihrer Gruppe eine Szene aus, die dem Kurs vorgespielt wird.*

■ *Üben Sie den Vortrag der Szene und ergänzen Sie Ihre Anmerkungen zu Sprechweisen in der dafür vorgesehenen Spalte.*

5.2 Vaterbilder

Auf den Szenenfotografien des **Arbeitsblattes 13** (S. 89) tritt der Präsident gegenüber seinem Sohn ganz unterschiedlich auf, um den eigenen Willen durchzusetzen, während Ferdinand die Versuche bewegungs- und teilnahmslos, distanziert und widerwillig über sich ergehen lässt. Nur auf einem Bild beugt er sich seinem Vater, der am Tisch sitzt, von oben entgegen und teilt ihm seine Beobachtungen und Wünsche mit. Auf den beiden rechten Bildern spricht der Präsident stehend, die Geste der rechten Hand und der Degen auf Ferdinands Brust unterstreichen, dass seine Worte nachdrücklicher und fordernder werden. Er verlangt, dass der Sohn sich in die Pläne des Vaters fügt, und erzwingt unter Drohungen, dass er um Lady Milford wirbt. Insofern illustrieren die Bilder die zunehmende Dramatik in Szene I/7. Die Fotografie, auf der der Präsident seine Hand erfreut, großmütig oder ermunternd auf Ferdinands Arm legt, zeigt einen Moment der Szene IV/5, in der der Heuchler und der Getäuschte versöhnungsbereit aufeinander zugehen. Das Bild könnte aber auch den Augenblick in Szene I/7 erfassen, in dem der Vater mit einer Finte die wahren Gründe seines Sohnes herauszufinden sucht, sich der Heirat mit Lady Milford zu widersetzen (S. 31, Z. 10–12).

Ein Vergleich der Szenen I/7 und IV/5 dient dazu, die Ergebnisse der Bildbetrachtung anhand des Dramentextes zu überprüfen und zu vertiefen. Deshalb stehen die sprachlichen Aktionsformen – Sprechakte – des Präsidenten im Vordergrund. Mit den Reaktionen seines Sohnes befassen sich vorhergehende oder noch folgende Kapitel (4.2 Erfüllung und Entsagung, S. 63–65, insbesondere Verhaltensweisen in bedrängter Liebe, S. 64, und 5.5 Pflicht und Neigung, S. 86–88).

■ *Überprüfen Sie Ihre Zuordnung der Bilder aus Aufgabe 3 des Arbeitsblattes 13, indem Sie die Szenen I/7 und IV/5 vergleichen.*

■ *Stellen Sie fest, wie der Präsident sprachlich auf seinen Sohn einzuwirken versucht.*

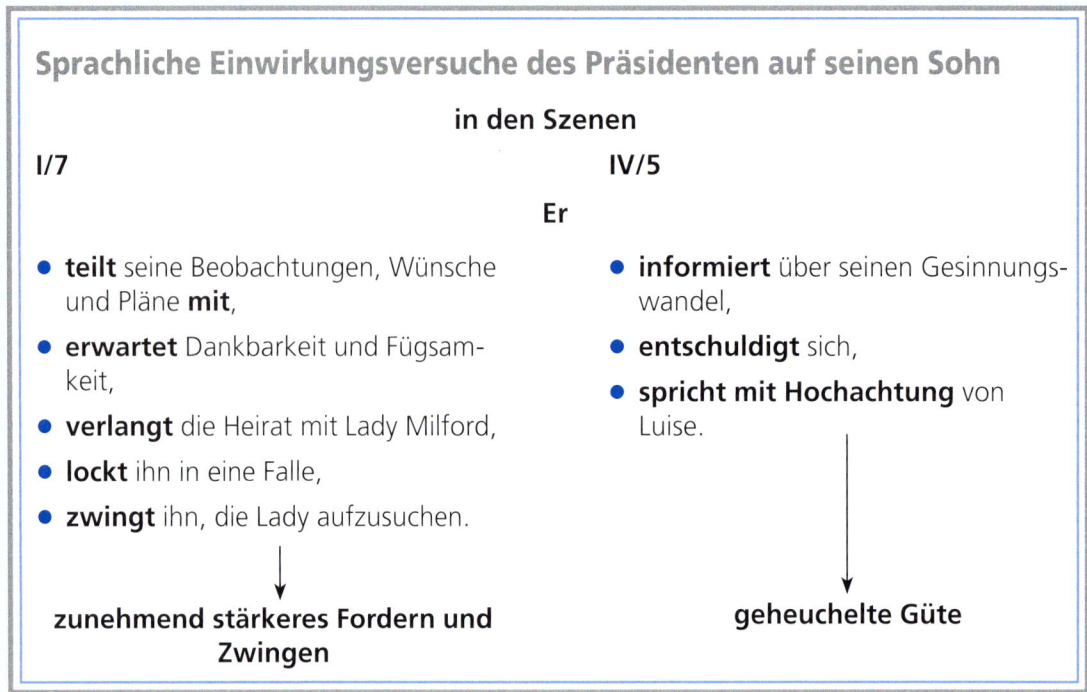

Die Bilder und der Szenenvergleich lenken die Aufmerksamkeit auf die tragende Rolle der Väter, deren Vorstellungen von der Zukunft ihrer Kinder und von der Ordnung in der Familie (vgl. S. 7, Z. 14f.), in der Gesellschaft und in der Welt (vgl. S. 15, Z. 15f.), die der Liebe zwischen Luise und Ferdinand entgegenstehen.

5.3 Millers und von Walters Rolle im Vergleich

Als am Anfang des dritten Akts dem Präsidenten die Lage aussichtslos erscheint, rät ihm Wurm, sich als Vater derselben Mittel wie bei seinem Aufstieg am Hof zu bedienen und der offenen Konfrontation auszuweichen (S. 59, Z. 20–34); dadurch kommt die zerstörerische Intrige in Gang. Auch das Ziel, das er für seinen Sohn anstrebt, ist auf Rang, Ansehen und Einfluss in der adligen Hofgesellschaft ausgerichtet (S. 28, Z. 33 – S. 29, Z. 9). Millers Vaterrolle prägen dagegen bürgerliche Vorstellungen: Er setzt sich dafür ein, dass seine Tochter ihren Gatten innerhalb der Standesgrenzen frei wählen kann (S. 13, Z. 28f.), verteidigt mutig ihren guten Ruf (Szene II/6, S. 53, Z. 31 – S. 54, Z. 24) und versteht sich als Vertreter der göttlichen Ordnung, der weit über die diesseitige Fürsorge hinaus eine in seinem Glauben begründete Verantwortung für seine Tochter trägt, weil im Verhältnis des Vaters zu seinem Kind das Verhältnis des Schöpfers zu seinen menschlichen Geschöpfen abgebildet ist. Dafür schuldet er dem Schöpfer Rechenschaft: „Ich hab sie von Gott." (S. 113, Z. 21). Am deutlichsten zeigt sich diese Seite der Vaterrolle in Szene V/1, wenn Miller mit seinem „ernsthafte[n] Vaterwort" (S. 105, Z. 18) Luise vor dem Selbstmord warnt, ihren „zerbrechliche[n] Gott deines Gehirns" (S. 105, Z. 28) mit dem Allwissenden und Richter konfrontiert und schließlich seinen Auftrag erfüllt glaubt: „Jetzt weiß ich nichts mehr – [...] stehe dir, Gott Richter! für diese Seele nicht mehr." (S. 105, Z. 36f.). Sollte sich Luise seinen Appellen verweigern, zerstört sie sein „Vaterherz" (S. 106, Z. 3f., auch S. 109, Z. 1 und S. 112, Z. 12) und damit eine emotionale Bindung, die derjenigen mit Ferdinand gleichwertig ist (vgl. S. 62 des Modells).

Trotz dieser mit dem jeweiligen Stand zu erklärenden Unterschiede haben die beiden Väter auch weitreichende Gemeinsamkeiten, die sich schon im ersten Kapitel dieses Bausteins

Baustein 5: Die väterliche Ordnung als Konfliktursache

abgezeichnet haben: Sie kümmern sich zwar um eine sichere und aussichtsreiche Zukunft ihrer Kinder, orientieren sich dabei aber an ihren eigenen Plänen und Interessen, sodass sie ihre eigentliche Aufgabe verfehlen und ihrer Vaterrolle nicht gerecht werden. Walter denkt ausschließlich an die Karriere seines Sohnes am Fürstenhof, deren höchste Stufe er selbst rücksichtslos erklommen hat, und Miller bringt Luise nicht nur aus religiösen, sondern auch aus eigennützigen Gründen vom Selbstmord ab. Sie war sogar sein ganzer und ausschließlicher Lebensinhalt: „Du warst mein Abgott. [...] Du warst mein Alles. [...] Auch *ich* hab alles zu verlieren." (S. 104, Z. 33 – S. 105, Z. 5) Miller erhebt also – wie Ferdinand – absolutistische Besitzansprüche auf seine Tochter (vgl. Koopmann, Schiller-Handbuch, S. 376f.). Diese hat er schon am Anfang des 5. Aktes als Verfehlung erkannt, die der „himmlische Vater" bestraft (S. 101, Z. 16–20). Ferdinand hält sie ihm ebenfalls vor und spricht in zwei sprachlichen Bildern eine Warnung vor den daraus entstehenden Gefahren aus, die sich ironischerweise ebenso an ihn selbst richten müsste: „Nur ein verzweifelter Spieler setzt alles auf einen einzigen Wurf. Einen Waghals nennt man den Kaufmann, der auf *ein* Schiff sein ganzes Vermögen ladet." (S. 113, Z. 23–27). Angesichts des Goldes, das Miller in derselben Szene von Ferdinand erhält, verliert er nach anfänglichen Vorbehalten (S. 114, Z. 23–26) Fassung und Überblick: Er springt „wie ein Halbnarr in die Höhe" (S. 114, Z. 31) und macht demjenigen Komplimente (S. 115, Z. 8–11), den er kurz vorher noch als Ursprung seines Elends, als Unglücksboten wegschicken wollte (in Szene V/2, S. 107, Z. 21 – S. 108, Z. 11). Er versteht keine der zahlreichen Andeutungen auf die bevorstehende Katastrophe und verliert sich in der Vorstellung vom Glanz seiner Tochter, der auf ihn selbst zurückstrahlt (S. 116, Z. 6–11). In dem Moment, in dem Luise Beistand und Schutz am dringendsten bräuchte, lässt er sich leichtfertig als Bote wegschicken.

Die Schülerinnen und Schüler vergleichen und beurteilen zunächst die Einstellungen und Verhaltensweisen der beiden Väter, um sie anschließend vor dem Hintergrund eigener Erfahrungen zu diskutieren.

- *Untersuchen Sie, inwieweit sich der Präsident und Miller als Väter gleichen oder unterscheiden.*
  Beziehen Sie neben bereits bekannten Textstellen insbesondere folgende in Ihre Überlegungen ein: S. 53, Z. 31 – S. 54, Z. 24; S. 59, Z. 20–34; S. 104, Z. 7 – S. 106, Z. 37; S. 107, Z. 21 – S. 108, Z. 11 und die Szenen V/5 und 6, S. 113–117.

- *Beurteilen Sie, ob die beiden Väter ihrer Aufgabe und Rolle gerecht werden.*

- *Erläutern Sie die beiden Bilder in Ferdinands Warnung auf S. 113, Z. 25–27. Welche Aufgabe haben sie in seiner Äußerung?*
  Inwiefern richten sich die Worte (S. 113, Z. 22–28) auch an ihn selbst?

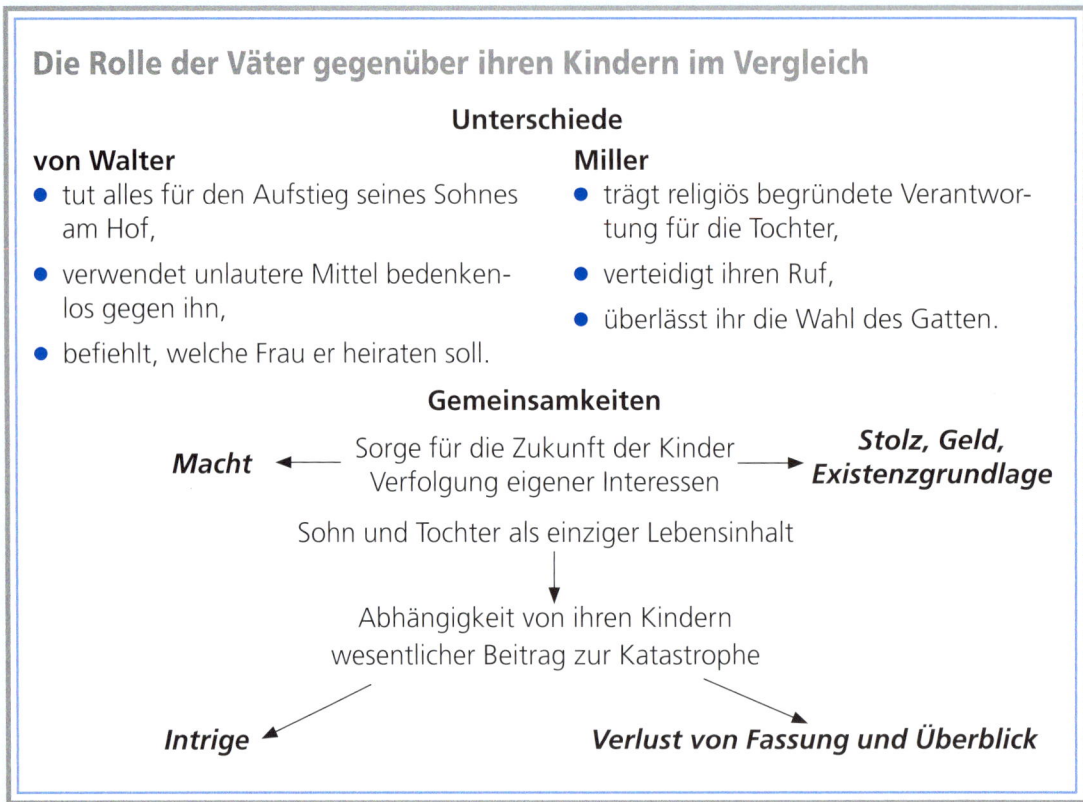

5.4 Beherrschende, fehlende und moderne Väter

Die Vaterfiguren in *Kabale und Liebe,* die durch Johann Kaspar Schiller, Herzog Karl Eugen und andere „Schwabenväter" inspiriert sein mögen,[1] bieten sich zum Vergleich mit weiteren literarischen Beispielen und der gegenwärtigen Rolle der Väter an (**Zusatzmaterial 5** auf S. 146–148). In seinem berühmten *Brief an den Vater* versucht Franz Kafka Klarheit über eine Macht zu gewinnen, von der er sein Leben lang nicht loskommt. „[D]er Konflikt zwischen Vater und Sohn erscheint wie eine dunkle Folie hinter den meisten seiner Texte: als Ursituation, deren Einfluss fast überall gegenwärtig ist."[2] In Birgit Vanderbekes Erzählung *Das Muschelessen* (Frankfurt am Main: Fischer 2001, Taschenbuch Nr. 13783) schildert die Tochter, wie sie, ihr Bruder und ihre Mutter allmählich den Mut finden, sich der Dominanz des Vaters zu widersetzen, als sie auf dessen Rückkehr von einer Geschäftsreise warten, die mit der Beförderung enden sollte. Im Verlauf ihres Wartens dekonstruieren sie das Ideal einer „richtigen Familie" mit dem Vater als Zentrum, das dieser zur Kompensation eigener Defizite entworfen und rücksichtslos durchgesetzt hat. Alexander Mitscherlich erklärt in seinen sozialpsychologischen Studien *Auf dem Weg zur vaterlosen Gesellschaft* von 1963 (München: Piper 1967, S. 191f.) die zunehmende Abwesenheit der Väter und die Verzerrung des Vaterbildes zu einem „Schreckgespenst" unter anderem mit Veränderungen der Arbeitswelt. Der Kinder- und Jugendpsychiater Horst Petri geht in seinem Buch *Das Drama der Vaterentbehrung* schließlich den Ursachen und Folgen „traumatischer Vaterverluste" nach und gibt gleichzeitig Hinweise, wie sie vermieden, gelindert oder geheilt werden können.

---

[1] Vgl. Benno von Wiese: Friedrich Schiller. 4. durchges. Auflage. Stuttgart: Metzler 1978, Kap. 1: Das Vaterbild, S. 1–19.

[2] Joachim Pfeiffer: Ausweitung der Kampfzone. Kafkas Brief an den Vater. In: Der Deutschunterricht Nr. 5/2000, S. 36.

- *Lesen Sie die vier Textauszüge in Zusatzmaterial 5.*
- *Erarbeiten Sie, wie das Verhältnis zwischen Vätern und Kindern jeweils dargestellt ist, und notieren Sie Ihre Ergebnisse in Stichworten.*

Beherrschende Väter

**Franz Kafka:
Brief an den Vater (1919)**

- fehlende Aufmunterung
- körperliche Überlegenheit
- Beharren auf der eigenen Meinung
- tyrannisches Wesen
- Erniedrigung der Freunde
- „Maß aller Dinge"

↓

Sohn empfindet sich als Schande

**Birgit Vanderbeke:
Das Muschelessen (1990)**

- festgefügte Erwartungen, die sich an den eigenen Fähigkeiten orientieren
- Enttäuschung, Ablehnung des Sohnes
- traditionelle Vorstellungen von Männlichkeit und Weiblichkeit
- Ehrgeiz

↓

Tochter passt sich zum Schein an, um sich Freiräume zu schaffen

Fehlende Väter

**Alexander Mitscherlich:
Auf dem Weg zur vaterlosen Gesellschaft (1963)**

- Wegen der Trennung von Arbeitswelt und Familie erleben Kinder die Berufstätigkeit des Vaters nicht mehr unmittelbar mit.
- Unanschauliche Bürotätigkeiten reduzieren den Beruf des Vaters auf „Ärger und Büroklatsch."
- Vater als „Schreckgespenst"

**Horst Petri:
Das Drama der Vaterentbehrung (2011)**

- Abhängigkeit der kindlichen Entwicklung von der Beziehung zum Vater
- Vaterentbehrung als traumatische Erfahrung, die den psychischen Reifungsprozess beeinträchtigt
- Heilung durch neuen Geschlechtervertrag, Veränderungen der Arbeitswelt, Revision des Scheidungsrechts sowie ein „Neues Kindschaftsrecht"

- *Vergleichen Sie die Rollen der Väter in den vier Texten mit denen in „Kabale und Liebe" (Tafelbild auf S. 84).*
- *Wie beurteilen Sie das Verhältnis zwischen Vätern und Kindern in der Gegenwart?
Was hat sich verändert? Was ist gleich geblieben?
Teilen Sie die Einschätzung Mitscherlichs und Petris?*
- *Bringen Sie in einem kurzen Text oder in einem Bild zum Ausdruck, was Sie von einem Vater erwarten.*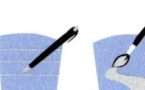

Ihre Erwartungen und Einschätzungen vergleichen die Schülerinnen und Schüler mit Ausschnitten aus einem Artikel von Matthias Kalle und Ratschlägen mehrerer Personen zu der Frage, was gute Väter heutzutage können sollten, im ZEIT-Magazin Nr. 39 vom 22. September 2011 (**Zusatzmaterial 6** auf Seite 149 f.). Diese Aufgabe nehmen sie zunächst allein in Angriff, dann sprechen sie mit ihrem Sitznachbarn über ihre Ergebnisse, von denen sie die wichtigsten in ein Unterrichtsgespräch einbringen. Kalle schildert, wie sich die Rolle der Väter verändert hat, stellt hinter ihrem scheinbaren Glück aber auch Selbstzweifel und Unsicherheit fest und beantwortet die aufgeworfene Frage unter Berufung auf die Entwicklungspsychologin Lieselotte Ahnert damit, dass gute Väter Einfühlungsvermögen und Verständnis für ihre Kinder hätten. Die Aufforderungen des Paartherapeuten Wolfgang Schmidbauer und des ZEIT-Redakteurs Hanns-Bruno Kammertöns, die Partner der Kinder zu akzeptieren und sie loszulassen, stehen im Gegensatz zum Verhalten der Väter in *Kabale und Liebe* und verdeutlichen das neben den Standesunterschieden zentrale Problem des Trauerspiels. Auch der Rat der ehemaligen Familienministerin und Bundestagspräsidentin Rita Süssmuth, Kinder in schwierigen Situationen oder Konflikten teilnehmend zu begleiten, ohne sie in Gespräche zu verwickeln, und ein weiteres Statement von Schmidbauer, Kindern bei Liebeskummer Sicherheit zu geben, Appelle an ihren Stolz zu unterlassen und die Person, mit der sie bisher in Liebe verbunden waren, nicht herabzusetzen, machen darauf aufmerksam, was Luise und Ferdinand fehlt. Tillmann Prüfer und Harald Martenstein verweisen über Schillers Drama hinaus auf den „ästhetischen Erziehungsauftrag" der Väter, den sie beim Kauf von Kleidern klug erfüllen könnten, und die Notwendigkeit des schweigenden Zusammenseins.

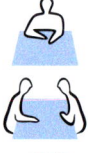

> ■ *Vergleichen Sie Ihre Einschätzungen des Verhältnisses zwischen Vätern und Kindern in der Gegenwart und Ihre Erwartungen an einen Vater mit den Ausschnitten aus dem Artikel von Matthias Kalle und den Ratschlägen verschiedener Personen in Zusatzmaterial 6. Leiten Sie daraus Schlussfolgerungen für das Verhalten zwischen Vätern und Kindern in „Kabale und Liebe" ab.*

5.5 Pflicht und Neigung

Wenn Luise und Ferdinand als Liebende unterschiedlich, ja gegensätzlich reagieren (vgl. Kap. 4.2 auf S. 63 f.), so ist ihr Verhalten Ausdruck und Ergebnis einer Auseinandersetzung mit Vorstellungen und Ansprüchen ihrer Väter. Besonders deutlich zeigt sich dieser Zusammenhang in Szene III/4, in der die bereits vorher von der Tochter des Musikers und dem Präsidentensohn entworfenen konträren Perspektiven (vgl. Szene I/3: S. 18, Z. 7; Szene I/7: S. 28, Z. 25–27, S. 30, Z. 13–15; Szene II/6: S. 53, Z. 28–30) direkt aufeinanderprallen und der Konflikt zwischen ihnen seinen Höhepunkt erreicht: Luises Pflichtbewusstsein (S. 70, Z. 1 und S. 71, Z. 27 f.) gegenüber ihrem Vater und der gesellschaftlichen Ordnung weist Ferdinand empört zurück: „Kalte Pflicht gegen feurige Liebe!" (S. 71, Z. 32). Obwohl auch er seine „kindliche Pflicht" erwähnt (S. 69, Z. 8), von der er sich allerdings entbunden fühlt, erfasst er Luises Anliegen überhaupt nicht, weil es für ihn neben seiner Liebe nichts anderes mehr gibt (vgl. S. 69, Z. 15–17). Er wehrt als übersteigert, schwärmerisch, eigensinnig, egoistisch Liebender alle Verpflichtungen und Ansprüche ab, die nicht aus diesen Empfindungen entstehen. So bleibt ihm nur die Vermutung eines weiteren Liebhabers (S. 71, Z. 29, 32–35), die, es muss wiederholt werden, das Vertrauen und damit die Liebe zerstört, bevor die Kabale zu wirken beginnt. Deshalb leitet bereits diese Szene die Wende des Dramas ein.

Der Konflikt zwischen den Liebenden hat freilich ganz andere Ursachen als Standesunterschiede, die Luise nicht nur akzeptiert, sondern vertritt: „Mein Anspruch war Kirchenraub" (S. 70, Z. 27). Sie ermisst die ungeheure Dimension des Liebesverhältnisses, indem sie „einem Bündnis entsag[t], das die Fugen der Bürgerwelt auseinandertreiben, und die allgemeine ewige Ordnung zugrund stürzen würde", und sich selbst als „Verbrecherin" bezeichnet (S. 70, Z. 35 – S. 71, Z. 2). Sie möchte diese Ordnung bewahren, indem sie „einem Vater den entflohenen Sohn wiederschenk[t]" (S. 70, Z. 34 f.) und für ihren eigenen sorgt und eintritt (S. 70, Z. 3–6). Selbst Verbrechen entkräften einen väterlichen Fluch nicht. Für Luise verkörpert wie für Miller der irdische Vater die göttliche Schöpfungsordnung des himmlischen Vaters. Dieser transzendenten Begründung steht Ferdinand verständnislos gegenüber, der alles sich selbst und seiner Liebe zutraut und sich radikal am Diesseits orientiert (vgl. Kap. 4.4 auf S. 70 f.). Während Luise sich zu Beginn des Dramas (Szene I/3) unter dem Einfluss ihres Geliebten vorübergehend aus der väterlichen Ordnung gelöst hat, öffnet sich Ferdinand erst ganz am Schluss ihren Überzeugungen (vgl. S. 124, Z. 19–23), indem er seinem Vater die sterbende Hand reicht und damit die bis zuletzt negierte Bindung schließlich doch mit dieser Geste wieder herstellt.

Die Schülerinnen und Schüler stoßen von eher formalen Beobachtungen aus ins gehaltliche Zentrum der Szene III/4 vor: Aufgrund der häufigen Nennung des Wortes „Vater" bemerken sie, dass Luise darunter nicht nur eine biologisch-soziale Beziehung, sondern die göttliche Ordnung versteht, und die ungleichen Sprechanteile, deren Verhältnis sich in der Mitte der Szene umkehrt (nach S. 70, Z. 13), indizieren eine inhaltliche Konfrontation, deren Basis und Tragweite mithilfe des Lehrers oder der Lehrerin zu klären ist.

- *Unterstreichen Sie in den ersten beiden Dritteln der Szene III/4 (S. 69 – S. 71, Z. 6) das Wort „Vater".*

- *Was verbinden Luise und Ferdinand mit dem Wort „Vater"?*

- *Welche Rolle schreibt Luise dem Vater zu, wenn sie auf S. 70, Z. 34 – S. 71, Z. 1, zwei Absichten parallel äußert?*

- *Untersuchen Sie, ob sich an Ferdinands Einstellung gegenüber seinem Vater am Schluss des Dramas etwas ändert.*
  Lesen Sie dazu S. 124, Z. 19–23, und S. 127, Z. 17–25.

- *Geht der Konflikt zwischen Luise und Ferdinand auf Standesgegensätze zurück?*

Nachdem der Lehrer oder die Lehrerin die diagonalen Konfliktlinien an die Tafel gezeichnet hat, erarbeiten die Schülerinnen und Schüler zu zweit die das Liebespaar trennenden Gegensätze, die ebenfalls festgehalten werden.

- *Benennen Sie die Ursachen des Konflikts zwischen Luise und Ferdinand in gegensätzlichen Begriffen.*

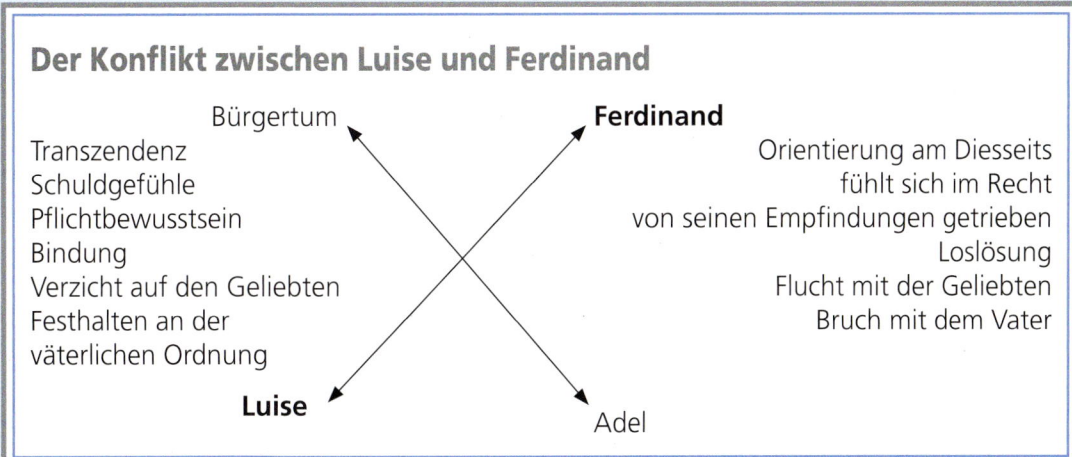

Baustein 5: Die väterliche Ordnung als Konfliktursache

Wenn sich Luise auf ihre Pflicht beruft und Ferdinand dieser seine Liebe entgegenstellt, werfen sie die Frage nach dem Verhältnis zwischen Pflicht und Neigung auf, das Schiller offenbar nicht erst während und nach seinen Kant-Studien umtreibt, sondern auch schon vorher herausfordert. Der Konflikt des Liebespaars erwächst also aus einem allgemeinen anthropologischen Spannungsfeld und spitzt eine philosophische Grundfrage dramatisch zu. Während Kant den Pflichtbegriff jedoch rein formal und a priori als „Notwendigkeit einer Handlung aus Achtung fürs Gesetz" (Grundlegung zur Metaphysik der Sitten, S. 18[1]) definiert und unter dem Gesetz nichts anderes als den kategorischen Imperativ versteht (Grundlegung, S. 20), denkt Luise bei ihrer Pflicht an klar umrissene Aufgaben und Ordnungsvorstellungen in der Wirklichkeit. Ihr Pflichtbewusstsein ist wie das des jungen Schiller vorkantisch. Da Kenntnis und Anwendung des kategorischen Imperativs zu den wichtigsten Zielen des Erziehungs- und Bildungsauftrags in der Oberstufe gehören sollten, erscheint es sinnvoll, die Forderung dieses moralischen Gesetzes an dieser Stelle anzusprechen und von anderen, inhaltsbezogenen ethischen Grundsätzen abzugrenzen. Diese Annäherung und Unterscheidung erfolgt in einem Kursgespräch, das der Lehrer oder die Lehrerin auf der Grundlage des **Arbeitsblattes 14** (S. 90) führt, das die wichtigsten Sätze und Definitionen didaktisch reduziert enthält und als OHP-Folie an die Wand projiziert wird.

In dem Gespräch sollte sich herausstellen, dass das allgemeine praktische Gesetz als Maßstab des Handelns im kategorischen Imperativ auf der menschlichen Vernunft gründet und dass es im Gegensatz dazu Empfindungen sind, die das Handeln auf der Basis von Neigungen antreiben. Luise sieht ihre Pflicht in „gewisse[n] Handlungen", während Kant „die bloße Gesetzmäßigkeit überhaupt [...] dem Willen zum Prinzip" vorgibt (Grundlegung, S. 20).

---

[1] Genaue Literaturangaben auf dem Arbeitsblatt 14, S. 90.

Notizen

Einwirkungsversuche des Vaters auf seinen Sohn in szenischen Bildern

1. *Bestimmen Sie in Partnerarbeit das Auftreten des Vaters gegenüber seinem Sohn, wie es auf den Szenenfotografien zum Ausdruck kommt.*
2. *Begründen Sie Ihre Einschätzung mit der Körperhaltung, Gestik und Mimik.*
3. *Ordnen Sie die Bilder in die Szenen I/7 (S. 27–32) und IV/5 (S. 86 f.) ein.*

Szenenbilder der Inszenierung am Badischen Staatstheater Karlsruhe 1998. Fotografien: Bettina Strauss

Pflicht und Neigung vor und nach Kant

1. Erklären Sie die Aussage des kategorischen Imperativs mithilfe der anschließenden Anmerkung.

2. Auf welches menschliche Vermögen bezieht Kant das Gesetz?

3. Erläutern Sie, dass Ferdinand weitgehend seinen Neigungen folgt.

4. Vergleichen Sie Luises Auffassung der Pflicht mit derjenigen Kants.

Pflicht ist Notwendigkeit einer Handlung aus Achtung fürs Gesetz.

Dieses Gesetz ist der kategorische Imperativ:

Handle nur nach derjenigen Maxime, durch die du zugleich wollen kannst, dass sie ein allgemeines Gesetz werde.

Maxime ist das subjektive Prinzip des Wollens; das objektive Prinzip (d. i. dasjenige, was allen vernünftigen Wesen auch subjektiv zum praktischen Prinzip dienen würde, wenn Vernunft volle Gewalt über das Begehrungsvermögen hätte) ist das praktische *Gesetz*.

Die Abhängigkeit des Begehrungsvermögens von Empfindungen heißt *Neigung*.

Immanuel Kant: Grundlegung zur Metaphysik der Sitten. Hrsg. von Karl Vorländer. Verlag von Felix Meiner in Hamburg 1965 (Philosophische Bibliothek Bd. 41), S. 18f., 33, 42.

Der Königsberger Professor I. Kant (1724–1804) fasst am Ende der Aufklärung die Philosophie dieser Epoche zusammen und geht als Begründer des Idealismus gleichzeitig über sie hinaus. In seinen drei Hauptwerken (Kritik der reinen und praktischen Vernunft sowie der Urteilskraft) lotet er Möglichkeiten und Grenzen des Erkennens, der Sittenlehre und des ästhetischen Wahrnehmens aus. Schiller hat diese sog. kritischen Werke mit Begeisterung gelesen und sich in philosophischen Aufsätzen mit Kants Gedanken auseinandergesetzt. *Kabale und Liebe* entstand allerdings vorher.

Baustein 6
Emotionale Kräfte und theatralische Wirkung

6.1 Verstärkung und Reduktion von Gefühlen

Schiller gilt als Dichter, der die Personen auf der Bühne extremen Gefühlslagen aussetzt. Deshalb stehen moderne Menschen seinen Dramen eher reserviert gegenüber. Der Textausschnitt auf dem **Arbeitsblatt 15** (S. 103) führt das eingeschränkte Gefühlsleben auf gesellschaftliche Veränderungen zurück, die bewirkt hätten, Emotionen als nutzlos und störend zu betrachten. Beispielhaft zeigt sich diese Einstellung, aber ebenso ihre Unzulänglichkeit in dem Roman *Homo faber* von Max Frisch. Der Textausschnitt seines Landsmanns Urs Widmer ruft zur Gefühlsbildung, mit der er eine subversive Absicht verbindet, in Schule und Kunst auf und legt deshalb die Frage nahe, ob sich *Kabale und Liebe* dafür eigne. Außerdem macht er auf eine Eigenart von Schillers Theater aufmerksam und motiviert so, sich mit den Emotionen in dem „bürgerlichen Trauerspiel" zu beschäftigen.

Die Schülerinnen und Schüler erfassen zunächst Inhalt und Gedankengang des Textausschnitts und setzen sich mit den Auffassungen Widmers kritisch auseinander. Sie werden schnell erkennen, dass Schillers Drama der geschilderten Entwicklung entgegensteht, und in der Lage sein, ihre Einsichten mit Beispielen aus *Kabale und Liebe* zu belegen. Ob die Kunst dazu beitragen kann, Gefühle wieder wichtiger zu nehmen, wie Widmer es erwartet, wird am Ende des Bausteins anhand von Schillers Drama erörtert.

Inhalt und gedankliche Struktur des Textausschnitts könnten folgende Stichworte ergeben:

Urs Widmer: Gefühle
Inhalt und gedankliche Struktur

Einleitung:	Gefühlspalette in früheren Zeiten
Gegensatz:	reduzierte Gefühlswelt in der Gegenwart
Erklärung:	gesellschaftliche Veränderung Gefühle widersprechen dem Leistungsdenken.
Folgen:	Sie werden vereinheitlicht, in den Privatbereich abgeschoben, in Misskredit gebracht, unterdrückt. Auch die Schule vernachlässigt den Bereich des Gefühls, und sogar die moderne Literatur wendet sich von ihm ab.
Vorschlag:	Gefühlsbildung durch Kunst

Widmers Auffassung lässt sich entgegenhalten, dass Gefühle heute auch in der Öffentlichkeit gezeigt oder sogar zur Schau gestellt werden. Die Menschen reden unbefangener über ihre Emotionen, etwa in Talkshows, und Kino- und Fernsehfilme ziehen die Zuschauer vor allem wegen der Darstellung von Gefühlen in ihren Bann. Auf der anderen Seite haben sich die Tendenzen zu mehr Sachlichkeit, Rationalität, Nützlichkeit und Effizienz noch verstärkt und der verbreitete Wunsch, „cool" zu sein, zu bleiben oder zu wirken, trägt dazu bei, Emotionen zu verbergen.

Baustein 6: Emotionale Kräfte und theatralische Wirkung

6.2 Elend und Mitleid

Von Elend ist in Schillers Trauerspiel mehrfach ausdrücklich die Rede: Miller beschuldigt Ferdinand, es in sein Haus gebracht zu haben (S. 107, Z. 26), und Lady Milford erinnert bei ihrem Abschied daran, dass der Herzog sie „aus dem Elend gezogen" habe, um sofort zu erkennen, dass dieses dadurch nur größer geworden sei (S. 97, Z. 25f.). Luise macht Ferdinand darauf aufmerksam, wie elend sie sei (S. 118, Z. 12), betont gegenüber der Lady das Unmaß ihres eigenen Elends (S. 92, Z. 21–23, vgl. auch S. 93, Z. 2), will es sogar vergrößern, um Ferdinand zu entlasten (S. 71, Z. 31), und möchte mit ihrem Geschrei den Herzog darüber aufklären, „was Elend ist" – viermal verwendet sie diese Formulierung gegenüber Wurm (S. 75, Z. 18–23). Auch nicht expressis verbis benannt, ist das Elend auf der Bühne häufig gegenwärtig: in der Kammerdienerszene, im Lebenslauf der Lady Milford, in dem auseinandergerissenen Liebespaar, in der dunklen Ausweglosigkeit der ersten Szene im fünften Akt, in der lähmenden Atmosphäre des Sterbens und des Todes in den anschließenden Szenen oder in den Vätern, die ihre Kinder verlieren. Elend erzeugt Mitleid und damit die Wirkung, auf die das Trauerspiel nach Lessing abzielt, dem der junge Schiller mit *Kabale und Liebe* so nahe wie sonst nie kommt. Den Grundsätzen von Lessings Mitleidstheorie nähern sich die Schülerinnen und Schüler schrittweise an. Der Lehrer oder die Lehrerin verwendet dazu das **Arbeitsblatt 16** (S. 104) als OHP-Folie, die er – mit den jeweiligen Aufgaben – nach und nach aufdeckt und ergänzt.

Zunächst informiert die linke Seite dieser Folie unter der Überschrift „Elend" über die Textstellen, an denen das Wort benutzt wird. Die Schülerinnen und Schüler erschließen im Unterrichtsgespräch deren Hintergründe (Aufgabe 1).

Zwei der auf dem Arbeitsblatt 16 angegebenen Textstellen – expressive Äußerungen Luises und der Lady – eignen sich für eine genaue inhaltliche und sprachliche Analyse im Detail. Die Schülerinnen und Schüler lernen dabei, sorgfältig zu lesen, auf die sprachliche Form zu achten und Einzelheiten präzise zu erschließen.

■ *Verdeutlichen Sie Inhalt und sprachliche Form der Worte*
- *Luises auf S. 75, Z. 18–23*
- *Lady Milfords auf S. 97, Z. 23–28.*

Luise geht von einem Wissens- oder Erfahrungsdefizit der „Großen der Welt" aus, das sie in einer Correctio deren fehlendem Willen, das Elend kennenzulernen, anlastet. Sie nimmt sich vor, den Herzog zu unterrichten: Worte, schreckliche Bilder und erschütterndes Geschrei sollen es ihm einprägen. Ihrem klaren Entschluss folgen – von Gedankenstrichen unterbrochen – zwei parallel gebaute Sätze in drastischer Ausdrucksweise, sodass sich eine Klimax ergibt. Alle vier Sätze münden in die Epipher und sind durch sie miteinander verbunden.

Die Lady denkt beim Überlesen ihres Abschiedsbriefs an die Vorwürfe des Herzogs – „Undank" –, die sie mit einem Farbadjektiv steigert. Der Gegensatz „Ich"-„Er" verdeutlicht ihre verzweifelte Situation und die vermeintliche Rettungstat, die sich jedoch als Verschlimmerung ihres Elends herausgestellt hat. Das wird ihr bewusst, indem sie die adverbiale Bestimmung als Frage wiederholt. Gedankenstriche zeigen in diesem Fall die Schnelligkeit der Assoziationen an. In Ausrufesätzen bricht ihre Empörung aus ihr heraus, in der sich das ursprüngliche Verhältnis zwischen Schuldner und Gläubiger umkehrt.

Die angegebenen Textstellen machen die Schülerinnen und Schüler auf weitere Erscheinungsformen des Elends in *Kabale und Liebe* aufmerksam (Aufgabe 2). Ihre Antworten werden auf der linken Seite der Folie ergänzt.

Im nächsten Schritt erfahren sie, welche Wirkung Schiller und Lessing dem Mitleid zuschreiben. Sie klären zuerst den Inhalt des Zitats aus Schillers Schaubühnenaufsatz (Aufgabe 3), dann die Zielrichtung des Satzes aus Lessings Brief an Nicolai (Aufgabe 4). Ein anschließender Vergleich soll die Gemeinsamkeiten und Unterschiede verdeutlichen (Aufgabe 5). Die Einsichten, die sich aus den Aufgaben 3–5 ergeben, lassen sich an der Tafel darstellen und um Zusammenhänge ergänzen, wie sie Lessing in seinem Brief an Nicolai (**Zusatzmaterial 7**, S. 151) entwickelt. Diese Ergänzungen sind im Tafelbild kursiv hinzugefügt.

- *Lesen Sie die Auszüge aus Lessings Brief an Nicolai (Zusatzmaterial 7).*
- *Geben Sie die Kerngedanken von Lessings Ausführungen in eigenen Worten wieder.*

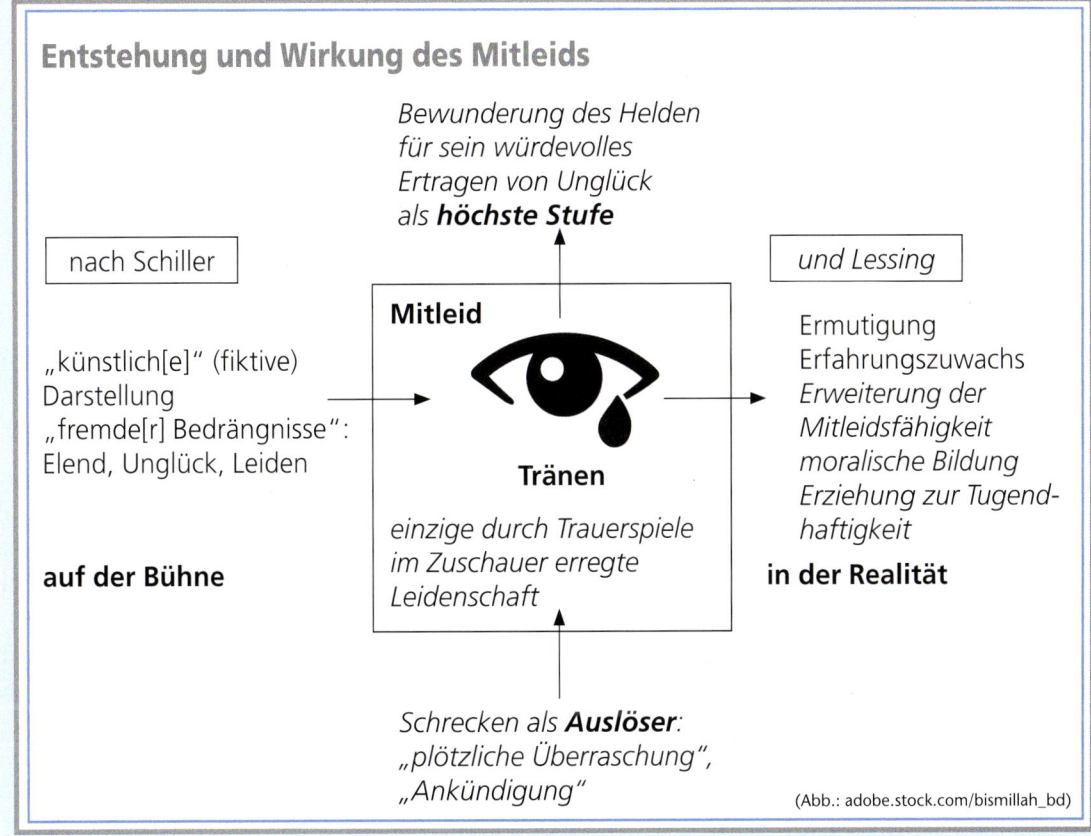

Am Ende seines Briefes an Nicolai geht Lessing auf einige Eigenschaften der Personen ein, die im Trauerspiel Mitleid erregen: Das Unglück treffe Tugendhafte, die sich ihrer moralischen Qualitäten aber nicht gewiss seien; Bösewichte schließt er deshalb aus. Die Schülerinnen und Schüler erkennen diese Merkmale und wenden sie auf das Personal in *Kabale und Liebe* an. Sie können dann begründen, dass Luise, Miller und Lady Milford Mitleidsgefühle entstehen lassen, Wurm, der Präsident und Kalb aber nicht. Bei Ferdinand dürften sich vermutlich unterschiedliche Einschätzungen gegenüberstehen.

- *Welche Eigenschaften verlangt Lessing von Personen im Trauerspiel, die Mitleid erregen?*
- *Überprüfen Sie Lessings Kriterien an den Personen in „Kabale und Liebe".*

Über Schillers Trauerspiel hinaus können die Schülerinnen und Schüler das Entstehen und die Wirkung des Mitleids auch in ihren privaten Lektüren oder in Kino- und Fernsehfilmen verfolgen. Sie erfahren dabei, was andere in ihrem Kurs lesen oder sehen, vergleichen ihre Erklärungen und Urteile untereinander oder erhalten Anregungen für Bücher oder Filme.

- *Welche Personen in Büchern oder Filmen haben Ihr Mitleid erregt?*
- *Erklären Sie Entstehen und Wirkung dieses Mitleids mit Lessings Theorie oder finden Sie eigene Begründungen.*

In der Diskussion über die Wirkung gewalttätiger Videospiele und Gewaltprävention findet Mitleid als ein Aggressionshemmer neben menschlichen Bindungen sowie gesellschaftlichen Normen und Werten neue Aufmerksamkeit. Die Schülerinnen und Schüler setzen sich damit auseinander, inwieweit diese drei Faktoren Gewaltpotenziale abbauen können und wodurch dies gegebenenfalls geschieht.

- *Mitleid, menschliche Bindungen sowie gesellschaftliche Normen und Werte werden als Aggressionshemmer bezeichnet, die Ausbrüche von Gewalt verhindern. Teilen Sie diese Auffassung?*
  Begründen Sie Ihre Zustimmung oder Ihre Vorbehalte, indem Sie sich auf „Kabale und Liebe", Lessings Ausführungen über das Mitleid in der Tragödie oder eigene Überlegungen und Beispiele beziehen.
- *Tragen Sie Ihre Gruppenergebnisse dem Kurs vor.*

Die Schülerinnen und Schüler können darüber hinaus ihre Ergebnisse in die Form einer schriftlichen Stellungnahme bringen.

- *Nehmen Sie zu der Auffassung, Mitleid, menschliche Bindungen sowie gesellschaftliche Normen und Werte seien Aggressionshemmer, schriftlich Stellung.*

Sie werden erkennen, dass Mitleid als Mit-Leiden Teilnahme an der Not eines anderen Menschen ist, die Ich-Bezogenheit, Distanz und Härte überwindet. In Konkurrenzsituationen schwächt Mitleid jedoch die eigene Position. Im Hinblick auf menschliche Bindungen ist zu beobachten, dass Ferdinand zum Mörder wird, als er nicht nur mit seinem Vater, sondern auch mit Luise gebrochen hat. Dem Handeln seines Vaters liegen zwar Normen und Werte zugrunde, doch sie richten sich ausschließlich auf das Ansehen und den Aufstieg der eigenen Familie.

6.3 Szenische Effekte

Obwohl sich Schiller mit der Form des bürgerlichen Trauerspiels und seinen Bemerkungen zur Funktion des Mitleids dem Theater Lessings anzunähern scheint, widerspricht seine gefühls- und ausdrucksbetonte sowie auf Wirkung bedachte Ästhetik, die große Personen, Schauplätze und Stoffe bevorzugt, dem Natürlichkeitsstreben des aufklärerischen Dramas fundamental. Jenseits der zeitgemäßen Themen, mit denen sich Schiller intensiv und nachhaltig auseinandersetzt, beeinflussen höfische und letztlich barocke Traditionen die Darstellungsformen seines Theaters.[1] Anhand typischer Beispiele lernen die Schülerinnen und Schüler nichtsprachliche Ausdrucksweisen auf der Bühne kennen. Sie unterscheiden, was diese einerseits über die Personen des Schauspiels mitteilen und was sie andererseits bei den Zuschauern bewirken.

6.3.1 Ferdinand zerstört eine Violine

Zu den in Ausdruck und Aussage radikalsten Gesten lässt sich Ferdinand in der Mitte des Trauerspiels hinreißen, als Luise ihn darum bittet, ihren Verzicht zu respektieren, den sie

---

[1] Vgl. Peter Michelsen: Der Bruch mit der Vater-Welt. 1. Teil.

wegen übergeordneter Pflichten für unausweichlich hält (Szene III/4, S. 71, Z. 7–10). Die Zerstörung eines Musikinstruments korrespondiert mit zwei anderen Äußerungen Ferdinands in den Szenen I/4 und V/7, in denen er ebenfalls mit Luise allein ist und auf den Verlust der musikalischen Harmonie anspielt, den er selbst verursacht (S. 20, Z. 4–6; S. 121, Z. 12f.; vgl. dazu Michelsen, Ordnung und Eigensinn, S. 207–209). An der drastischen Gestenfolge, die einer Pantomime gleichkommt, erkennen die Schülerinnen und Schüler Gehalt und Wirkung nichtsprachlicher Äußerungen und in Verbindung mit den beiden anderen Stellen deren herausragende Bedeutung.

- Erläutern Sie die Bedeutung von Ferdinands Gesten auf S. 71, Z. 7–10. Berücksichtigen Sie deren Abfolge. Was sagen sie über Ferdinand aus und wie wirken sie auf die Zuschauer?

- Lesen Sie Ferdinands Sätze auf S. 20, Z. 4–6 (Szene I/4) und S. 121, Z. 12f. (Szene V/7). Zeigen Sie, was diese Sätze mit den Gesten auf S. 71, Z. 7–10 verbindet, und erläutern Sie, wie sie zu verstehen sind. Bestimmen Sie den Stellenwert der Gesten in Szene III/4.

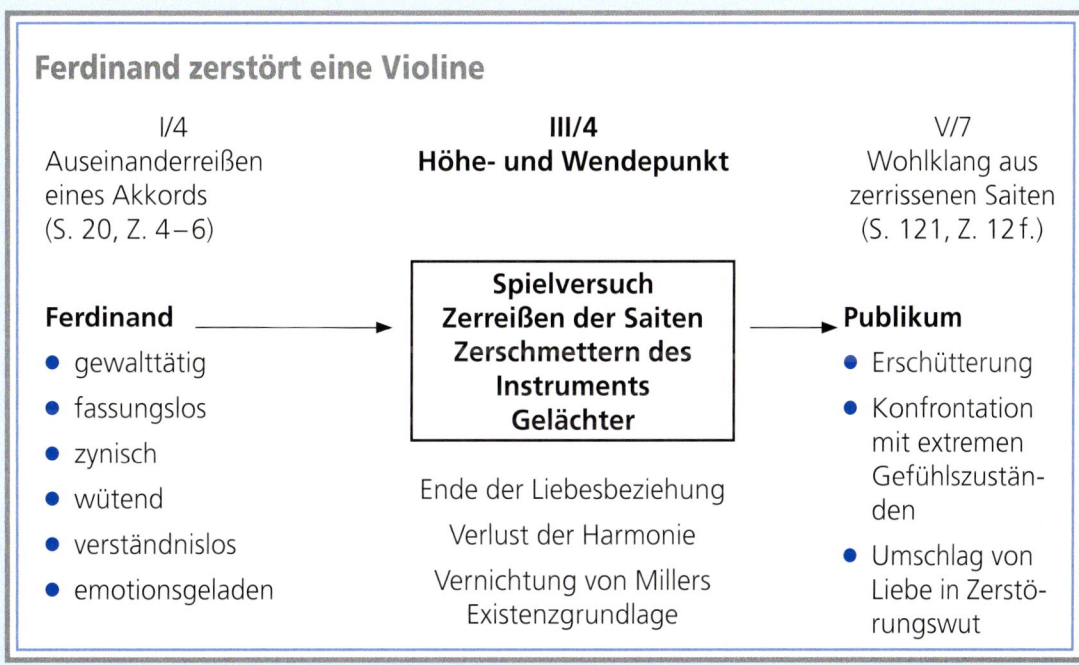

6.3.2 Bewegung und Erstarrung

Die Szenenanweisungen verlangen von den Personen in Schillers Trauerspiel häufig einen Wechsel oder Kontrast von heftiger körperlicher Bewegung und Reglosigkeit (vgl. etwa den Anfang der Szenen I/4, S. 18, IV/1 und 2, S. 80, IV/5, S. 86, Z. 7–10, V/1 im Kontrast mit S. 101, Z. 19f., 23 und weiter S. 105, Z. 34–36, V/7 und 8; das Ende der Szenen I/7, S. 31, Z. 36f., S. 32, Z. 18, 25, II/4, S. 47, Z. 18f., III/4, S. 71, 22–35 in Verbindung mit dem Anfang der Szene III/5, S. 72, Z. 1–4, und die Szenen IV/7, S. 92, Z. 8–11, S. 94, Z. 34–36 und S. 95, Z. 16 in Verbindung mit dem Anfang der Szene IV/8 sowie V/8, S. 127, Z. 7–10). Besonders krass tritt dieser Gegensatz in den Szenen II/5 und III/6 hervor. Sie eignen sich deshalb dazu, die Schülerinnen und Schüler auf den Kontrast aufmerksam zu machen, die in Betracht kommenden Stellen zu markieren und die Bedeutung dieses szenischen Darstellungsmittels zu erschließen.

Baustein 6: Emotionale Kräfte und theatralische Wirkung

■ *Unterstreichen Sie in den Regieanweisungen der Szenen II/5 und III/6, wo die Personen sich heftig bewegen (rot), bewegungslos erstarren (blau) oder ein abrupter Wechsel stattfindet.*

■ *Stellen Sie fest, was die Gegensätze von Bewegung und Reglosigkeit über die Personen mitteilen und wie sie auf die Zuschauer wirken.*

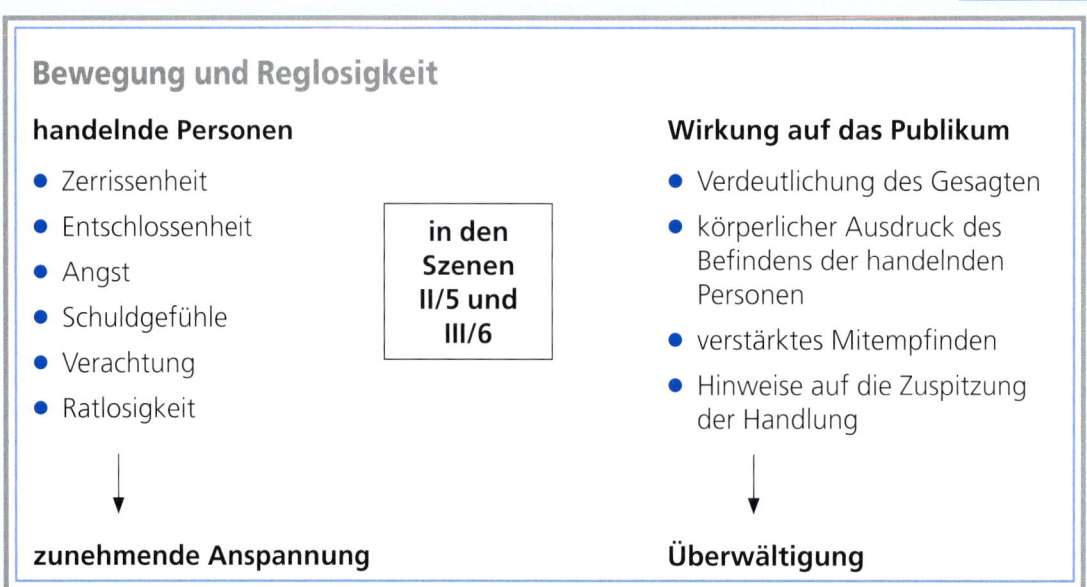

Während Ferdinand im ersten Akt im Überschwang seiner Liebe auf Luise zufliegt (S. 18), nähert er sich im letzten langsam und mit starrem Blick (S. 107), um aus Enttäuschung über den vermeintlichen Betrug der Geliebten seinen tödlichen Entschluss zu verwirklichen. Sein ehemaliger Enthusiasmus ist in gnadenlose Rachsucht umgeschlagen. In einem Vergleich sollen die Schülerinnen und Schüler den Gegensatz der Bewegungen erkennen und erklären.

■ *Vergleichen Sie, mit welchen Bewegungen Ferdinand im ersten und letzten Akt (Szenen I/4, S. 18, Z. 2–4, und V/2, S. 107, Z. 9–11) zu Luise kommt.*

■ *Erklären Sie die unterschiedlichen Bewegungsweisen.*

In zwei weiteren Szenen (II/5, S. 49; III/4, S. 69) erscheint Ferdinand in einem Zimmer bei Miller, um Luise zu treffen. Seine heftige Bewegung im 2. Akt resultiert zum einen aus der Begegnung mit Lady Milford, die seinen Grundsatz der Ehre schwer erschüttert hat, zum anderen aus der Bedrohung durch seinen Vater, in der er Luise erneut seiner Liebe versichert. Zu Beginn der zentralen Szene III/4 (S. 69) fehlt dagegen erstaunlicherweise jeder Hinweis auf die Bewegungen von Luise und Ferdinand, sodass die Schülerinnen und Schüler selbst Bewegungsangaben formulieren können, die die Ausgangssituation der beiden Liebenden verdeutlichen.

■ *Welche Hinweise auf Ferdinands Bewegung finden Sie zu Beginn der Szenen II/5 (S. 49, Z. 1 f., 10 f.) und III/4 (S. 69)?*

■ *Begründen Sie Ferdinands Bewegungsweise bzw. das Fehlen entsprechender Angaben.*

■ *Ergänzen Sie die Regieanweisung am Anfang der Szene III/4 durch Hinweise auf die Bewegung von Ferdinand und Luise, die ihr Verhältnis in diesem Moment zum Ausdruck bringen.*

6.3.3 Stillschweigen

Ein weiterer nonverbaler szenischer Effekt, den Schiller in *Kabale und Liebe* häufig verwendet, ist das Stillschweigen (in den Szenen III/6, S. 73, Z. 34 – S. 74, Z. 1, S. 74, Z. 4 und V/5, S. 114, Z. 22; in den Regieanweisungen am Anfang der Szenen III/5, S. 72; IV/4, S. 85; IV/7, S. 89; V/1, S. 101, V/3, S. 111 und vor allem V/7, S. 117). Müller-Seidel[1] verweist zwar auf tiefer liegende Gründe für Luises Sprachnot und Schweigen: einerseits ihre Gewissensnot und ihr Zurückschrecken vor dem Frevel gegen die Vaterbindung als Reaktion auf Ferdinands Wortkaskaden (in den Szenen I/4, S. 20, Z. 30f., und III/4, S. 69, Z. 3, 18f. und S. 70, Z. 3), andererseits den Eid, der sie künstlich verstummen lasse. So entstehe die Tragik dieses Trauerspiels aus dem Schweigen heraus, das die Missverständnisse und den Verdacht Ferdinands hervorbringe, sowie Luises Wille, nicht zu handeln. Allerdings weiß Luise – jeweils im zweiten Teil der Szenen III/4 (S. 70f.) und IV/7 (S. 91 – 95) – sich sprachlich durchaus zu behaupten (vgl. Michelsen, Ordnung und Eigensinn, S. 206f., Anm. 9), das Stillschweigen ist nicht allein ihr zugeordnet (vgl. die Spielanweisungen am Anfang der Szenen IV/4, S. 85, und V/3, S. 111, sowie in Szene V/5, S. 114, Z. 22), und wenn es zu Beginn der Szene V/7 durch das Adjektiv „groß" und drucktechnisch hervorgehoben ist, bezieht es sich auf den folgenden Auftritt und nicht auf eine Person. Auf alle Fälle begleitet das Schweigen herausgehobene Situationen, in denen entscheidende Auseinandersetzungen stattfinden oder weitreichende Gedanken sich entwickeln.

Die Schülerinnen und Schüler analysieren zunächst paarweise je eine Szenenanweisung in ihrer Bedeutung für die handelnden Personen und in ihrer Wirkung auf das Publikum.

■ *Untersuchen Sie eine der folgenden Szenenanweisungen daraufhin, aus welchen Gründen die handelnden Personen schweigen und welche Wirkung die Stille auf die Zuschauer hat: S. 72, Z. 1 – 4; S. 73, Z. 34 f. und S. 74, Z. 4; S. 85, Z. 1 – 3 (Szene IV/4); S. 89, Z. 1 – 6; S. 101, Z. 3 – 9; S. 111, Z. 1 – 4; S. 114, Z. 22; S. 117, Z. 1 – 9 (Szene V/7), S. 124, Z. 7 – 10.*

Die Bedeutung des Stillschweigens

für die Personen des Dramas
- Verarbeitung einer folgenreichen Auseinandersetzung
- Vorbereitung auf eine wichtige Begegnung
- Vorstellung der Konsequenzen einer niederschmetternden Nachricht
- Entwicklung eines weitreichenden Gedankens
- Niedergeschlagenheit
- skeptische Überprüfung der ersten, emotionalen Reaktion

für die Zuschauer
- Ankündigung einer wichtigen Szene
- Konzentration
- Spannung

Die ausführlicheren, pantomimisch angelegten Szenenanweisungen legen es nahe, sie spielerisch zu erproben. Dazu finden sich die Schülerinnen und Schüler in Vierergruppen zusammen.

---

[1] Das stumme Drama der Luise Millerin. In: Klaus L. Berghahn und Reinhold Grimm [Hrsg.]: Schiller. Zur Theorie und Praxis der Dramen. Darmstadt 1972: Wiss. Buchgesellschaft (Wege der Forschung Bd. 323), S. 137 – 145.

- *Gestalten Sie in Vierergruppen die Regieanweisungen auf S. 72, Z. 1–4; S. 89, Z. 1–5; S. 101, Z. 3–9; S. 111, Z. 1–4; S. 117, Z 1–9, in einem szenischen Spiel.*
Verteilen Sie dazu die Szenenanweisungen auf die einzelnen Gruppen.
Entscheiden Sie in Ihrer Gruppe, wer zuerst die auftretenden Personen verkörpert und wer die Schauspieler beobachten und beraten soll.
Tauschen Sie diese Rollen im Verlauf der Gruppenarbeit und legen Sie fest, in welcher Besetzung Sie die Szenenanweisungen Ihren Mitschülerinnen und Mitschülern vorspielen.

Im Anschluss an jede stumme Spielszene überlegen die Schülerinnen und Schüler, was sie über die Personen und ihr Verhältnis zueinander erfahren haben.

- *Erläutern Sie, was die Szenenanweisungen und die Inszenierung durch die Gruppen aussagen.*
Gehen Sie auf die Stimmung der Personen, ihr Verhältnis zueinander und die Requisiten ein.
Vergleichen Sie die schriftliche Szenenanweisung mit ihrer Inszenierung und erläutern Sie Unterschiede.

Am Anfang der Szene III/5 verharrt Luise noch in der Stellung, in der sie am Ende der vorausgehenden Szene ihr Bleiben und Dulden bekräftigt hat. Sie steht noch ganz unter dem Eindruck ihres radikalen und weitreichenden Entschlusses, bis sie ihre Einsamkeit ängstigt und ihr die Eltern in den Sinn kommen. Als sie in Szene IV/7 auf Lady Milford trifft, zwingt sie der Rangunterschied zu räumlicher Distanz, die Lady beherrscht dagegen überlegen und abweisend die Szene. Luises Haltung zu Beginn des 5. Aktes gleicht derjenigen in den Szenen III/4 und 5, ist aber mit ihrer Selbstmordabsicht zu begründen. Der aus dem Gefängnis entlassene Miller sucht seine Tochter und nähert sich Luise unbewusst, die sich durch ihre Liebe zu Ferdinand vorübergehend seinem Einfluss entzogen hat. Die Szenenanweisungen V/3 und V/7 zeigen in der räumlichen die persönliche Distanz, die Miller wie Luise in dem beginnenden Dialog ohne Erfolg zu überwinden suchen. Das Gehen der Männer deutet in Szene V/3 an, dass sie um Luise kämpfen. In Szene V/7 stehen die bedrückte, hilflose und – wie in der Szenenanweisung III/5 – verängstigte Luise und der entschlossene Ferdinand auf gegenüberliegenden Seiten, weil zwischen den Liebenden eine tiefe, unüberbrückbare Kluft aufgerissen ist.

6.3.4 Lachen

Auffällig häufig reagieren die Personen in *Kabale und Liebe* mit Lachen oder bringen dadurch ihre Stimmung zum Ausdruck (vgl. die Textstellen in den folgenden Aufgaben und im Tafelbild). Es ist aber nicht mit Freude, Fröhlichkeit und Heiterkeit verbunden, sondern mit dem Gegenteil: Bedrückung, Verzweiflung, Aggression. Da die Schülerinnen und Schüler das Lachen wahrscheinlich eher auf lustige Anlässe zurückführen, klären sie zunächst, bevor sie sich Schillers Text zuwenden, ihr Vorverständnis dieser nonverbalen Ausdrucksweise. Die Beiträge werden stichwortartig an der Tafel notiert oder auf Metaplankarten geschrieben, die mit Magneten an ihr befestigt werden. Die Schülerinnen und Schüler erkennen schnell, dass das Lachen in den angegebenen Szenenanweisungen andere Gründe hat als die von ihnen genannten. Deshalb werden die Adjektive, mit denen das Drama das Lachen belegt, in anderer Farbe oder auf andersfarbigen Karten festgehalten, sodass der Gegensatz optisch deutlich hervortritt. Sollten die Schülerinnen und Schüler die bedrückend-aggressiven Ursachen des Lachens schon vorab nennen, können sie in der entsprechenden Farbe gekennzeichnet werden und zu Schillers Drama überleiten.

Baustein 6: Emotionale Kräfte und theatralische Wirkung

- Aus welchen Anlässen lachen Menschen?
- Mit welchen Attributen kennzeichnet Schiller das Lachen in „Kabale und Liebe"? Beziehen Sie sich auf die Szenenanweisungen auf S. 37, Z. 15; S. 49, Z. 8; S. 51, Z. 21; S. 62, Z. 20; S. 71, Z. 10; S. 73, Z. 31; S. 75, Z. 15; S. 82, Z. 7; S. 118, Z. 17; S. 126, Z. 27.
- Aus welchen Gründen lachen die Personen in diesem Drama?
- Erklären Sie die unterschiedlichen Ursachen des Lachens im Allgemeinen.
- Untersuchen Sie, was im Lachen in Schillers Drama zum Ausdruck kommt.

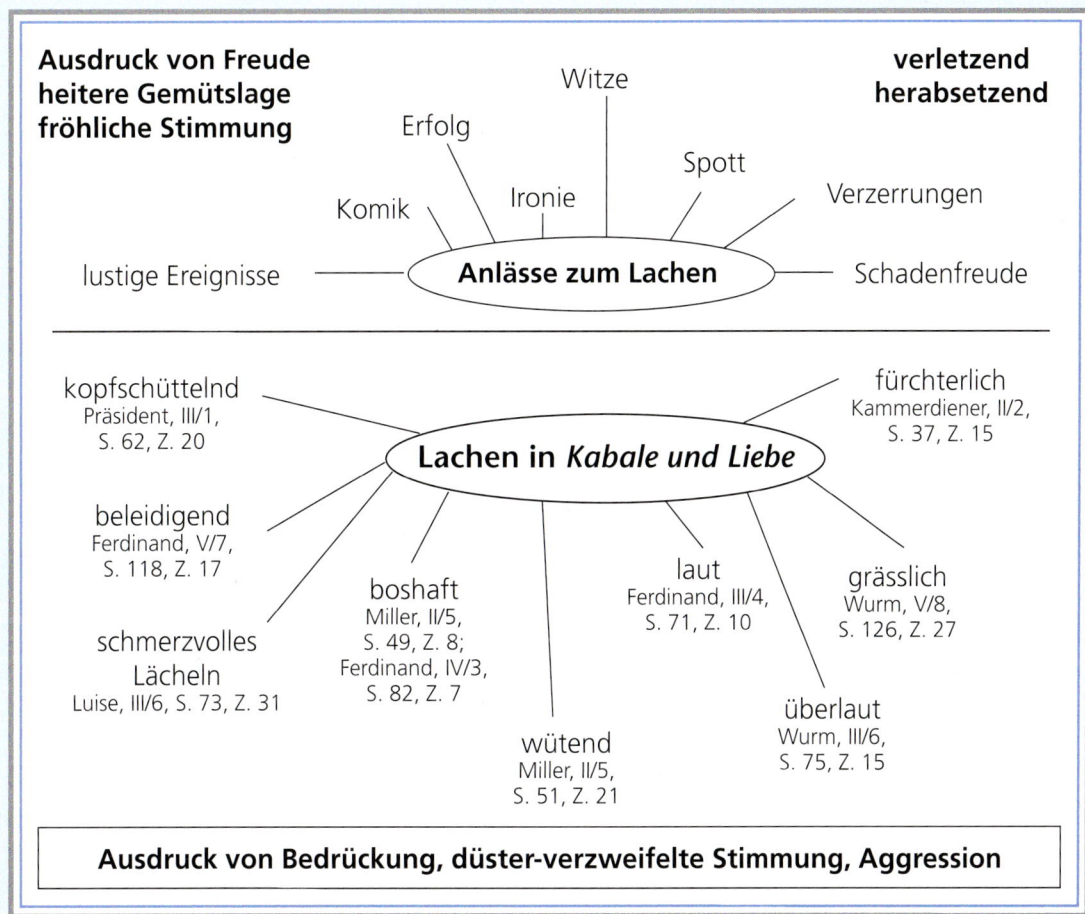

6.4 Der Schluss: Erschütterung und Appell

Die beiden letzten Szenen, in denen das Liebespaar im Angesicht des eigenen Todes agiert, sind eine emotionale Schlusskadenz, die sich in der Regieanweisung der Szene V/7 ankündigt und sich dann auf allen Ebenen des Dramas, der Handlung, der Sprache und der szenischen Effekte, entfaltet.

Schiller treibt die Gefühlswelten seiner Personen und des Publikums am Ende einem weiteren Gipfel zu. Anfangs sucht Luise das beklemmende Alleinsein mit dem Geliebten in einem Verlegenheitsgespräch zu überspielen, in dem sie das Trennende ausspart, und dann zu beenden, doch Ferdinand reagiert auf ihren Vorschlag zynisch und beleidigend. Er steigert sich in Angriffe gegen den Schöpfer hinein und glaubt, dass die ganze Schöpfung an seinem Unglück teilnehmen sollte wie früher an seinem Glück. Als er Luise sagt, dass sie sterben wird, und die Wahrheit erfährt, beschuldigt er seinen Vater, der sich wiederum auf den Rat Wurms beruft. Die letzte Szene enthält Anklagen, Entlastungsversuche, Schuldzuweisungen und -eingeständnisse, Unschuldsbeteuerungen und Strafen, aber auch die Vergebung – sie steht deshalb im Zeichen des weltlichen und göttlichen Gerichts.

Nachdem die Schülerinnen und Schüler den inhaltlichen Kern der beiden Schlussszenen genannt haben, bestimmen sie deren Funktion.

- *Formulieren Sie für die letzten beiden Szenen Überschriften, die ihren Inhalt kurz und einprägsam zusammenfassen.*

- *Bestimmen Sie den Stellenwert dieser Szenen im Drama. Berücksichtigen Sie dabei den hervorgehobenen Teil der Szenenanweisung.*

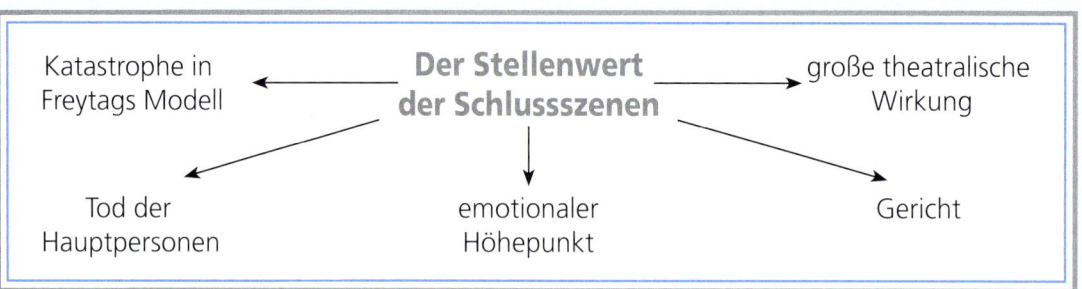

Wie die Aufwühlung der Gefühle zustande kommt, untersuchen die Schülerinnen und Schüler paarweise auf drei Ebenen. Je ein Drittel des Kurses beschäftigt sich mit einem Aspekt.

- *Untersuchen Sie die Mittel, durch die in den letzten beiden Szenen die Emotionen mit großer theatralischer Wirkung gesteigert werden. Konzentrieren Sie sich auf die Handlung/die Sprache/die nonverbalen und szenischen Effekte.*

- *Bestimmen Sie die Zielrichtung der extremen Emotionen am Schluss.*

Der emotionale Höhepunkt am Schluss

Szene	Handlung	Sprache	nonverbale/ szenische Effekte
V/7 ERSCHÜTTERUNG	**Ausführung des Verbrechens** • beklemmendes Zusammentreffen • Verlegenheitsgespräch • Angriffe Ferdinands gegen Luise und den Schöpfer • Luise bricht im Angesicht des Todes ihr Schweigen.	Ausrufe Ellipsen Gedankenstriche religiös (Schöpfer, Drache und Teufel) Beleidigungen (Metze)	anfangs räumliche Distanz zwischen Ferdinand und Luise, die sie später energisch überwinden wollen großes Stillschweigen Pausen Erstarrung und Sturz
V/8 VER-UR-TEI-LUNG	**Klärung der Schuldfrage** • Beschuldigung des Vaters • gegenseitige Schuldvorwürfe zwischen dem Präsidenten und Wurm • Vergebung	Zynismus Gegensätze	Ferdinand wirft das Limonadenglas vor die Füße seines Vaters. Konfrontation mit der toten Luise Ferdinands Hand in der des Vaters

Die letzte Szene mit den Attributen eines irdischen und göttlichen Gerichts wirft die Schuldfrage des in der vorhergehenden Szene ausgeführten Verbrechens auf und beantwortet sie, überführt die Täter, die verhaftet werden, und appelliert damit eindringlich, die Missstände zu beseitigen, die zu der Tragödie geführt haben. Während Luise als schuldloses Opfer am Ende der Szene V/7 stirbt, rückt die letzte Szene noch einmal Ferdinand als Täter, Opfer und Ankläger in den Mittelpunkt.

■ *Zeigen Sie, dass sich die letzte Szene als Gerichtsszene charakterisieren lässt.*

■ *Welche Merkmale eines Gerichts erkennen Sie?*

■ *Schreiben Sie den Beteiligten Rollen bei einem Gerichtsverfahren zu.*

Baustein 6: Emotionale Kräfte und theatralische Wirkung

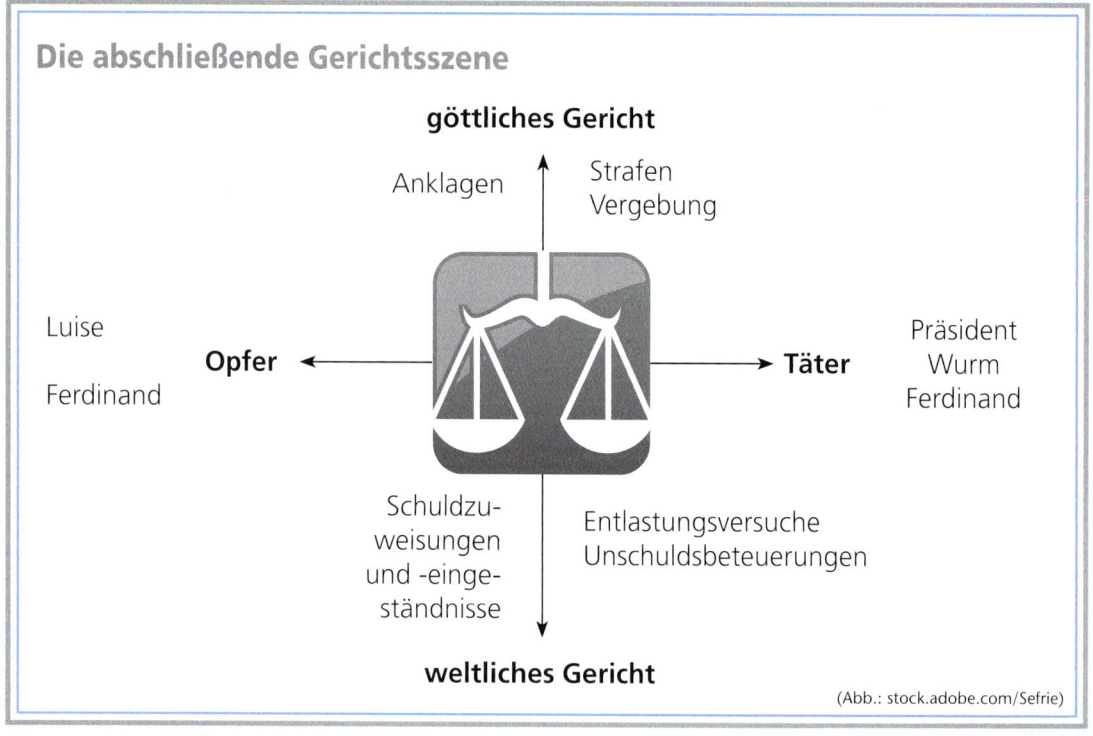

(Abb.: stock.adobe.com/Sefrie)

Als Abrundung dieses Bausteins kann Widmers Vorschlag (vgl. Kap. 6.1 auf S. 91 und Arbeitsblatt 15 auf S. 103) noch einmal aufgegriffen und im Hinblick auf die beiden Schlussszenen erörtert werden.

■ *Erörtern Sie mit Blick auf die beiden letzten Szenen von „Kabale und Liebe" oder das gesamte Trauerspiel Widmers Vorschlag, Kunst könne zur Gefühlsbildung beitragen.*

Notizen

_____
_____
_____
_____
_____
_____
_____
_____
_____
_____

Urs Widmer: Gefühle

1. Fassen Sie den Inhalt des Textausschnitts in Stichworten zusammen. Verdeutlichen Sie dabei auch die Struktur des Gedankengangs.
2. Teilen Sie die Auffassungen Widmers?
3. Setzen Sie in Partnerarbeit den ersten Abschnitt des Textes mit Sätzen fort, die sich auf einen der Akte in Schillers Trauerspiel beziehen.
Beispiele: Miller ist wütend (Szene I/1, S. 7, Z. 6–10) und beschimpft seine Frau (S. 14, Z. 13 f.). Luise erschrickt vor Ferdinand (Szenenanweisung zu I/4) und umarmt ihn gleich anschließend.

Früher haben die Schäfer geschluchzt, die Geliebten haben sich im Abschiedsschmerz übereinander geworfen, die Onkel haben sich geküsst, die Rivalen haben sich gestochen [...]. Die Schäfer von damals haben geschluchzt, geküsst, geliebt, geschrien, gegiftet, gelitten, gestöhnt, getreten, gestreichelt, gewiegt, getröstet, gepresst, geflennt, gestorben.

Ich bin z. Zt. der Ansicht, dass unsere Vorfahren über eine Skala von Emotionen verfügten, über die wir allenfalls noch nachdenken, die wir aber längst nicht mehr nachfühlen können. Wir haben uns eingeschränkt, wir sind eingeschränkt worden, und das hat Gründe, die nicht in unserer Natur, sondern in der Entwicklung der Gesellschaft liegen. Das, was wir heute schon für einen Gefühlssturm halten mögen, ist ein kleines Bibbern, gemessen an dem, was noch denkbar ist und was vielleicht, real, einmal gewesen ist.

Die Normen der Ideologie, die die Industriegesellschaft wie einen Spray über uns zu sprühen versucht, verbieten uns die Gefühle. Seit der Mitte des 19. Jahrhunderts spätestens werden wir aufs Funktionieren abgerichtet. Wir haben uns auch längst damit abgefunden, wir sind auch schon der Ansicht, dass, wo es um Leistung geht, Gefühle nichts mehr zu schaffen haben. Die Gefühle werden, wenn sie nicht abzuschaffen sind, standardisiert. Sie sind nun nur mehr für die Freizeit da, sie werden in einer systematischen Kampagne für privat erklärt. Heftigere Formen der Gefühlsregung können als Krankheit diagnostiziert werden.

Die Drohung, dass die bestraft werden, die ihre Gefühle nicht auf den privaten Bereich beschränken, erweist sich als durchaus wirkungsvoll. Wir sind vorsichtig. Wir riskieren nichts auf dem affektiven Bereich, unsere Gefühle bewegen sich auf einem reduzierten Spektrum. Sie haben sich auf einer Bandbreite eingependelt, die so eng ist, weil wir selbst – eine Folge des fordernden Drucks der so genannten Leistungsgesellschaft – nicht mehr imstande sind, eine breitere zu kontrollieren. Es ist die vorsichtige Mittellage. [...]

Die Schulen vermitteln uns die Bildung. Manche Formen des Denkens sind für das Funktionieren der Gesellschaft durchaus wichtig. Weil aber eine richtige Handhabung von Gefühlen fürs Funktionieren der Gesellschaft nicht unmittelbar gebraucht zu werden scheint, im Gegenteil, tut keine Schule etwas für die Bildung der Gefühle. Auch Gefühle können geschult werden. Dass Gefühle dann, wie Bildung, immer schon ein Privileg derer gewesen sind, die sie sich leisten konnten, ist noch lange kein Grund, auf sie verzichten zu wollen. [...]

Das Abrücken vom Gefühlsbereich auch in der Literatur, das sich längst vollzogen hat, ist vielleicht auch eine Anpassung an die Normen der Industriegesellschaft, deren bloßes Spiegelbild sie nicht unbedingt sein sollte.

Gefühl haben ist eines, Gefühl vermitteln ein zweites. Lautes Weinen vermittelt keinen Schmerz, sondern da weint nur jemand. Kunst könnte versuchen, unter anderem, uns vorsichtig über das soziale und individuelle Funktionieren von Gefühlen zu orientieren. Sie könnte zum Beispiel versuchen, ein Stück öffentlicher Tabuisierung abzubauen, die im Interesse von Leuten liegt, die einen funktionierenden Menschen wollen. [...] Über Gefühle zu reden wie ich jetzt hier, ist nicht eigentlich interessant. Es sollte uns mehr interessieren, mit Gefühlen zu arbeiten. Das wäre das Gegenteil einer neuen Innerlichkeit. [...]

Aus: Urs Widmer: Das Normale und die Sehnsucht. Essays und Geschichten.
Copyright © 1972 Diogenes Verlag AG Zürich

Elend und Mitleid

„Elend" als Begriff	„Die Schaubühne führt uns eine mannigfaltige Szene menschlicher Leiden vor. Sie zieht uns künstlich in fremde Bedrängnisse und belohnt uns das augenblickliche Leiden mit wollüstigen Tränen und einem herrlichen Zuwachs an Mut und Erfahrung."
Szene III/4: S. 71, Z. 31 III/6: S. 75, Z. 18–23 IV/7: S. 92, Z. 21–23, S. 93, Z. 2 IV/9: S. 97, Z. 25 f. V/2: S. 107, Z. 26 V/7: S. 118, Z. 12	(Friedrich Schiller: Was kann eine gute stehende Schaubühne eigentlich wirken?)
„Elend" als Zustand	„Der mitleidigste Mensch ist der beste Mensch." (Gotthold Ephraim Lessing an Friedrich Nicolai)

1. Erläutern Sie, worin das Elend bzw. das „elende" Befinden in den auf der linken Seite angegebenen Textstellen jeweils besteht.

2. In welchen anderen Szenen zeigt „Kabale und Liebe" menschliches Elend besonders deutlich?

3. Erklären Sie Inhalt und Gedankengang des Zitats aus Schillers Schaubühnen-Aufsatz.
   - In welcher Weise ist darin von Elend und Mitleid die Rede?
   - Was bedeutet das Wort „künstlich"?

4. Erklären Sie den Inhalt des Lessing-Zitats mit eigenen Worten.
   In welchen Bereich verweist das Adjektiv „beste"?

5. Vergleichen Sie beide Textstellen.
   Verdeutlichen Sie dabei Gemeinsamkeiten und Unterschiede.

Baustein 7

Einordnungen, Deutungen, Urteile

7.1 Bürgerliches Trauerspiel

Kabale und Liebe „ist das berühmteste Beispiel dieser literarischen Gattung geworden, die wie keine andere mit der Entwicklung des Bürgertums im achtzehnten Jahrhundert konform geht, diese spiegelt und gleichzeitig die geheimen Gefahren dieser Entwicklung verdeutlicht (Koopmann, Schiller-Handbuch, S. 366). Wesentliche Merkmale des bürgerlichen Standes lernen die Schülerinnen und Schüler bereits im Baustein 3, insbesondere in den Kapiteln 3.1, 3.4 und 3.5 kennen, und wenn sie den Lexikonartikel über das Nationaltheater am Anfang des zweiten Bausteins bearbeitet haben, wissen sie, dass Idee und Institution „ein Projekt des wirtschaftlich aufstrebenden, politisch aber ohnmächtigen Bürgertums" waren (s. Zusatzmaterial 2, S. 137). Höfisches Theater und Nationaltheater bevorzugten unterschiedliche dramatische Gattungen, die sich wiederum zu einem Vergleich anbieten. Als Grundlage dienen die Ausführungen zum bürgerlichen Trauerspiel im Anhang der Textausgabe (S. 150–157), die die Schülerinnen und Schüler einzeln erschließen. In Partnerarbeit stellen sie die Merkmale des bürgerlichen Trauerspiels denen der französischen *haute tragédie* gegenüber und sortieren die Begriffspaare. Die Ergebnisse werden schließlich im Kurs überprüft.

- *Lesen Sie den Anfang der Erläuterungen zum bürgerlichen Trauerspiel im Anhang der Textausgabe auf S. 150, Z. 1–18.*
Ordnen Sie die beiden Gattungen des Trauerspiels den früher unterschiedenen Theaterformen zu.

Der Lehrer oder die Lehrerin schreibt die vier Begriffe samt der Überschrift an die Tafel und die Schüler und Schülerinnen übernehmen sie in ihre Unterlagen als Gerüst für die Eintragungen in der folgenden Partnerarbeit.

- *Lesen Sie die weiteren Ausführungen zum bürgerlichen Trauerspiel im Anhang Ihrer Textausgabe auf S. 150, Z. 18, bis S. 157.*
Wenn Sie etwas nicht verstehen, markieren Sie die Stelle am Rand mit einem Fragezeichen oder einer Schlangenlinie.

- *Unterstreichen Sie die Merkmale der französischen Tragödie und des bürgerlichen Trauerspiels mit unterschiedlichen Farben.*

- *Vergleichen Sie Ihre Ergebnisse.*

- *Versuchen Sie sich bei Verständnisschwierigkeiten gegenseitig zu helfen.*

- *Notieren Sie die Merkmale in Ihren Unterlagen unter der passenden Gattungsbezeichnung. Bilden Sie nach Möglichkeit gegensätzliche Begriffspaare und unterscheiden Sie außerdem, ob die Merkmale sich eher auf den Inhalt oder auf die Form beziehen.*

- *Jeweils zwei Partner nennen ein Merkmal oder ein Begriffspaar, das die anderen Schülerinnen und Schüler überprüfen und gegebenenfalls korrigieren.*

Baustein 7: Einordnungen, Deutungen, Urteile

Tragödie und Trauerspiel in unterschiedlichen Ausprägungen

höfisches Theater ↓	Nationaltheater ↓
hohe französische Tragödie	**bürgerliches Trauerspiel**

Inhalt

• herausragende Personen aus dem Hochadel	• nichtadlige Personen
• Stoffe der griechischen Tragödie	• „ehrlicher Mann"
• nationale Helden der Gegenwart	• kluge und humane Menschen
• Öffentlichkeit [Haupt- und Staatsaktion]	• Privatleben, häusliches Glück Familienideal (Geborgenheit, Liebe, Fürsorge)

Form

• strenges Regelwerk	• Missachtung starrer Vorgaben
• Ständeklausel	• Größe, Ehrlichkeit, Tragik unabhängig vom gesellschaftlichen Stand
• tragische Fallhöhe	• Veredelung bürgerlicher Helden
• Vers	• Prosa

Inwieweit entspricht Schillers bürgerliches Trauerspiel den erarbeiteten Merkmalen? Koopmann (Schiller-Handbuch, S. 368–371) stellt fest, dass *Kabale und Liebe* erstens ein Familienschauspiel sei, zweitens egoistische Bestrebungen es unmöglich machten, die familiären Werte zu verwirklichen, drittens die Zerstörung der Familie apokalyptische Ausmaße annehme und viertens die Tragödie in der Psychologie und den Empfindungen des Bürgertums begründet sei. Schiller gibt also, indem er die Brüchigkeit der bürgerlichen Familie betont und die Zerstörungspotenziale ins Extreme treibt, der Gattung sein eigenes Gepräge, wenn er nicht gar ihre Grenzen sprengt, weil er sich über die „mittlere[] Stillage", „Natürlichkeit und Wahrscheinlichkeit" hinwegsetzt (Michelsen, 218).

Nach einer zunächst offen geführten Diskussion lenken Fragen, je nach Verlauf und Bedarf, die Aufmerksamkeit auf noch nicht angesprochene Gesichtspunkte. In dem Unterrichtsgespräch bringen die Schülerinnen und Schüler ihre erworbenen Kenntnisse in einen neuen Problemzusammenhang ein, wenden sie damit an, wiederholen und vertiefen sie.

■ *Überprüfen Sie, inwieweit die Merkmale des bürgerlichen Trauerspiels für Schillers Drama zutreffen.*

■ *Geht es in „Kabale und Liebe" um häusliches Glück?*
Erweisen sich die familiären Tugenden als tragfähig?
Was löst die Krise und letztlich die Zerstörung der Familie aus?
Worin ist die außerordentliche Bedeutung der bürgerlichen Familie begründet?

Um die Singularität des bürgerlichen Trauerspiels in Schillers dramatischem Werk hervorzuheben – er wollte es „mehr als einen Versuch unternehmen, ob er sich auch in die bürgerliche Sphäre herablassen könne, als dass er sich öfters oder gar für immer dieser Gattung hätte widmen wollen"[1] –, erinnern sich die Schülerinnen und Schüler nochmals an die Titel, die sie ganz am Anfang der Besprechung unter einer anderen Fragestellung betrachtet haben (vgl. Kap. 1.1, S. 19f.).

Untersuchen Sie die Titel von Schillers Dramen (vgl. dazu die Kurzbiografie auf S. 131–133 im Anhang der Textausgabe) daraufhin, ob sie eher ein bürgerliches Trauerspiel oder eine hohe Tragödie ankündigen.

7.2 Drama der Aufklärung oder des Sturm und Drang?

Wie die Gattungsbezeichnung im Untertitel von *Kabale und Liebe* fragwürdig wird, so scheint sich das Drama auch einer klaren Einordnung in eine literarische Epoche zu verweigern. Die meisten Interpreten sehen es zwar als Werk des Sturm und Drang (Lektürehilfen, S. 59–61, Oldenbourg-Interpretationen, S. 62–69), aber Koopmann versteht es mit guten Gründen als „Drama der Aufklärung"[2]: Die Liebe zwischen Luise und Ferdinand sei Ausdruck von „Selbstbestimmung, Freiheit, Eigen-Willigkeit" (S. 299), „Aufklärung und überkommenes Denken, patriarchalische Welt und Selbstdefinition" (S. 299), „Familienbewusstsein und Selbstbestimmung" (S. 301) stünden sich gegenüber. Insofern handle das Drama „von der versuchten und misslungenen Selbstbestimmung" (S. 301). Das Scheitern verursachen aber nicht nur irrationale Überzeugungen und Bindungen, sondern ebenso Ferdinands hybride Selbstüberschätzung und Anmaßung. Schiller zeigt in ihm wie in den Brüdern Moor die zerstörerischen Folgen einer übersteigerten und maßlosen Selbstbestimmung und damit die Kehrseite der aufklärerischen Bestrebungen.

Die Schülerinnen und Schüler sollen keine unergiebige Zuordnungsdebatte führen, sondern sich auf der Grundlage didaktisch reduzierter, stichwortartiger Epochenmerkmale in einem weiteren Horizont mit dem Gehalt und der Zielrichtung des Dramas auseinandersetzen. Die Merkmale der Aufklärung und des Sturm und Drang werden wiederholt oder vom Lehrer oder der Lehrerin vorgegeben und in beiden Fällen auf Karten geschrieben, an die Tafel oder auf zwei Stellwände geheftet. Die Diskussion findet zunächst in Gruppen und anschließend im Kursplenum statt.

---

[1] Andreas Streicher: Schillers Flucht von Stuttgart und Aufenthalt in Mannheim von 1782 bis 1785. Hrsg. von Paul Raabe. Stuttgart: Reclam (UB 4652), S. 94.

[2] Helmut Koopmann: ‚Kabale und Liebe' als Drama der Aufklärung. In: Wolfgang Wittkowski [Hrsg.]: Verlorene Klassik? Ein Symposion. Tübingen 1986, S. 286–308. Vgl. auch ‚Kabale und Liebe' – ein Drama der Aufklärung? Mit Beiträgen von Peter André Alt und Hans-Jürgen Schings. Marbach am Neckar: Deutsche Schillergesellschaft 1999.

Epochenmerkmale

Aufklärung	Sturm und Drang
Verstand	Gefühl („Herz")
Religionskritik	Gesellschaftskritik
Mündigkeit	Genialität
Selbstbestimmung	Kraftmensch
Freiheit	Naturbegeisterung
Unabhängigkeit	einfaches Volk
Wahrheit	Konfrontation zwischen Einzelnem und Gesamtheit

- Besprechen Sie, inwieweit die Epochenmerkmale auf „Kabale und Liebe" zutreffen.
  Beachten Sie, dass die Merkmale auch ein Scheitern des mit ihnen verbundenen Anspruchs zum Ausdruck bringen können.

- Entscheiden Sie, ob das Drama der Aufklärung oder dem Sturm und Drang zuzuordnen ist. Teilen Sie Verlauf und Ergebnis Ihrer Besprechung dem Kurs mit.

- Diskutieren Sie die von den Gruppen vorgetragenen Einschätzungen und Begründungen.

- Halten Sie Luise und Ferdinand für mündige Bürger?
  Ist ihre Liebe eine Form der Selbstbestimmung?
  Trifft Luise ihre Entscheidungen frei oder unterwirft sie sich fremden Zwängen?
  Verstößt Luise mit dem erzwungenen Liebesbrief an Kalb gegen das Wahrheitsgebot?
  Wie beurteilen Sie den religiösen Einfluss Millers auf seine Tochter?
  Sehen Sie in Ferdinand einen „Kraftmenschen", der nur den eigenen Fähigkeiten vertraut?

7.3 Auseinandersetzung mit Interpretationsthesen

Die Schülerinnen und Schüler überschauen ihre aus der Beschäftigung mit Schillers Drama gewonnenen Erkenntnisse am Schluss der Besprechung noch einmal und vergleichen sie mit ihrer Stellungnahme direkt nach der Lektüre (vgl. Kap. 2.1 auf S. 32f.), indem sie sich mit einer von Johannsens Thesen im Anhang der Textausgabe (S. 168–170) schriftlich auseinandersetzen. Sowohl die These, mit der sie sich beschäftigen, als auch die Art und Weise ihrer Reaktion dürfen sie frei wählen. So sollen sich kreative Gestaltungskräfte ungehindert entfalten können und unterschiedliche Schreibakte produktiv erschlossen werden, die als Vorübungen im essayistischen Stil zu verstehen sind.

- *Lesen Sie die Thesen zu „Kabale und Liebe" von Joachim Johannsen auf S. 168–170 im Anhang der Textausgabe.*

- *Wählen Sie eine der sieben Thesen aus, mit der Sie sich in einem kurzen Text schriftlich auseinandersetzen.*
  Erinnern Sie sich noch einmal an Ihre erste Einschätzung direkt nach der Lektüre. Inhalt, Stil und Textsorte können Sie ebenfalls frei bestimmen.
  Denkbar ist, dass Sie die These näher begründen oder durch Beispiele aus dem Drama veranschaulichen. Sie können der These aber auch widersprechen und sie zu entkräften suchen. Parallelen zur Gegenwart lassen sich ebenso finden wie Veränderungen in Einstellungen oder gesellschaftlichen Strukturen gegenüber der Entstehungszeit des Dramas.
  „Kabale und Liebe" wurde in mehrfacher Hinsicht unterschiedlich und sogar gegensätzlich gedeutet: als zeitlos und zeitgebunden, als reine Tragödie und als reißerisches Stück, als Drama der Aufklärung und als Rührstück, als soziales, theologisches, moralisches und Familiendrama.
  Ihr Text kann in einem sachlichen Stil, aber auch appellativ oder ausdrucksstark, ironisch oder polemisch verfasst sein oder aus einer wirkungsvollen Mischung bestehen. Auf jeden Fall sollte er gehaltvoll und geistreich sein.

- *Tragen Sie Ihre Texte in der Reihenfolge der Thesen vor.*

Beispiel zu These 1
Bei ihrem ersten Auftritt in Szene I/3 wirkt Luise keineswegs hoffnungsvoll, sondern bedrückt, zerrissen, melancholisch, und sie verzichtet auf Ferdinand, der sich dieser Entscheidung vehement und ohne Blick für die Realitäten widersetzt: Seine Hoffnungen erscheinen deshalb überspannt wie seine späteren Reaktionen übertrieben. Die Unterdrückung des Landes und die Willkürherrschaft des Adels sprechen der Kammerdiener und Lady Milford zwar eindrucksvoll an, die tödliche Intrige geht aber auf das persönliche Machtstreben des Präsidenten zurück.
Hinzu kommt, dass sie ein Bürgerlicher, nämlich Wurm, in der Hoffnung ersinnt, Luise doch noch als Frau zu gewinnen. Und Ferdinand schwingt sich, nachdem er den von Luise erpressten Brief gefunden hat, noch grausamer als sein Vater zum Herrscher über Leben und Tod auf, denn dieser beseitigte den Konkurrenten, jener aber tötet seine Geliebte. In keiner Staatsform ist es auszuschließen, dass die Mächtigen den eigenen Vorteil – und sei es die Wiederwahl – über das Wohl aller stellen. Miller dagegen erweckt nicht den Eindruck, als strebe er nach politischer Macht – er scheint zufrieden, solange er in seinem Lebensraum nicht behindert wird. Vielleicht stört Schiller diese Teilnahmslosigkeit – fünf Jahre vor der Französischen Revolution, zu deren Ehrenbürger er ernannt wurde.

Baustein 8

Zwei Filme aus dem Schillerjahr 2005

Aus Anlass von Schillers 200. Todesjahr wurden im öffentlich-rechtlichen Fernsehen ARD und ZDF zwei Filme gezeigt, welche die Schülerinnen und Schüler in Kenntnis des bürgerlichen Trauerspiels mit Gewinn verfolgen können und die das bisher erworbene Wissen veranschaulichen und erweitern. Die Verfilmung von *Kabale und Liebe* unter der Regie von Leander Haußmann spürt in symbolträchtigen Bildern den zeitlosen Botschaften des Dramas nach, während der Film *Schiller* sich auf die Mannheimer Jahre des Dichters konzentriert, in denen es entstand und am Nationaltheater aufgeführt wurde. Über die Handlung hinaus geben historische Szenerien und Kleider Einblicke in die Lebensbedingungen und gesellschaftlichen Verhältnisse im 18. Jahrhundert.

8.1 Die Verfilmung von *Kabale und Liebe* durch Leander Haußmann[1]

Der Film zeigt keine Theateraufführung, sondern setzt das Drama mit den Mitteln, die dem Medium durch Technik und Ausstattung zur Verfügung stehen, zeitgemäß um. Er zitiert zwar Schillers Text, erlaubt sich aber sprachlich und auch inhaltlich größere Freiheiten. So folgt er einerseits im Wesentlichen den Stationen der vorgegebenen Handlung, gestaltet aber andererseits Räume und Personen manchmal in augenfälliger Weise nach eigenen Ideen, ergänzt das Geschehen um neue Elemente oder stellt Textpassagen um. So spitzen zum einen weitere Szenen die soziale Anklage des bürgerlichen Trauerspiels zu, zum andern entsteht durch komische Situationen Heiterkeit, etwa als Miller die Weinflasche hinter dem Kruzifix hervorholt oder Ferdinand in der Kirche eine alte Frau unter einer Kapuze in dem Glauben anspricht, er habe wie der Prinz in *Emilia Galotti* Luise vor sich. Oft überlagern sich Ereignisse in parallel verlaufenden Szenen: Während zum Beispiel Wurm mit Luises Eltern spricht, klettert Ferdinand am Fenster vorbei zum Zimmer der Geliebten; während sie betet, überbringt Wurm dem Präsidenten den von ihr erpressten Liebesbrief und Ferdinand bereitet die Flucht vor; während des Festes und des Feuerwerks – vermutlich der Hochzeit, bei der das Brautpaar fehlt – duelliert sich Ferdinand mit dem Hofmarschall, tötet ihn abweichend von der Textvorlage und trifft Luise mit Lady Milford zusammen. In größerem Rahmen werden auch die Störmanöver Wurms und des Präsidenten gegen die Liebe Ferdinands zu der Bürgerstochter von einem Parallelgeschehen begleitet, nämlich den Vorbereitungen zum Feuerwerk, bei dem Ferdinands Gefühlsausbrüche und Aggressionen ihren Höhepunkt finden. Von den zahlreichen Symbolen, die in dem Film zu erkennen sind, ist deshalb das Feuer das wichtigste, was schon die Titelmelodie, ein altes Volkslied, andeutet: „Kein Feuer, keine Kohle kann brennen so heiß/als heimlich-stille Liebe, von der niemand nichts weiß."

---

[1] Friedrich Schiller: Kabale und Liebe. Ein Leander Haußmann Film. ZDF theateredition Nr. 62194. Zur Vorführung in Schulen ist der Film zu beziehen bei LinguaVideo (www.lingua-video.com), Ubierstraße 94, 53173 Bonn, Tel. 0228/854695–0 (Best. Nr. DL 025) zum Preis von 38 € (2010). Für den Privatgebrauch kann der Film auch über www.theateredition.de für 21,95 € bestellt werden.

Baustein 8: Zwei Filme aus dem Schillerjahr 2005

Der Kunstcharakter des Films entsteht durch die besonderen Ausdrucksmöglichkeiten der Kameraeinstellungen und -perspektiven, welche die Schülerinnen und Schüler mithilfe des **Arbeitsblatts 17** auf S. 128 kennenlernen oder anwenden, bevor sie die Verfilmung ganz sehen. Sie suchen im ersten Teil des Filmkapitels *Lady Milford,* in dem die Mätresse des Herzogs im Bad sitzt, Ferdinand früher als erwartet eintrifft und ein Kammerdiener Brillanten als Hochzeitsgeschenk überbringt, nach Beispielen für die verschiedenen Einstellungsgrößen und -perspektiven, vergleichen ihre Ergebnisse mit denen ihres Sitznachbarn und bringen sie dann ins Unterrichtsgespräch ein. Die Funktionen dieser filmsprachlichen Mittel werden auf dem Arbeitsblatt 17 ergänzt, nachdem der Kurs den Film gesehen und eine Schülergruppe ihre Beobachtungen zu Kameraführung und Schnitttechnik präsentiert hat.

- Bearbeiten Sie die Aufgaben auf dem Arbeitsblatt 17.
- Vergleichen Sie Ihre Ergebnisse zu Aufgabe 2 auf dem Arbeitsblatt 17 mit den Ergebnissen Ihres Sitznachbarn.
- Teilen Sie dem Kurs eines Ihrer Ergebnisse mit.

Weite Einstellungen und Detailaufnahmen gibt es in dem Film nicht. Der folgende Lösungsvorschlag enthält mit den Funktionen von Bildgrößen und -perspektiven schon mögliche Erkenntnisse der späteren Gruppenarbeit oder des anschließenden Unterrichtsgesprächs, die der Lehrer oder die Lehrerin bei Bedarf ergänzt.

Kameraeinstellungen und -perspektiven		
Einstellungsgrößen	**Beispiele aus dem Kapitel „Lady Milford"**	**Funktion**
Totale	Blick ins Badezimmer am Anfang der Szene; Ferdinands Ritt zum Schloss	Orientierung im Raum
Halbtotale	Kammerdiener mit den Frauen nach seinem Eintreten; Ferdinand vor der Tür des Baderaums	Handlung
Amerikanisch	Sophies aufgeregte Mitteilung über die Ankunft Ferdinands; Lady Milford steigt aus der Badewanne	
Halbnah	Kammerdiener während des Berichts über seinen Auftrag und die Umstände des Soldatenverkaufs	Dialog
Nah	Sophies Erschrecken über den Kammerdiener; Lady Milfords Blick zu ihm	Mimik als Ausdruck von Gedanken und Gefühlen
Groß	rote Badeessenz über Lady Milfords Händen	Bedeutungssteigerung, Symbolik
Perspektiven		
Handlungsachse zur Kamera		
parallel von vorne	Kammerdiener mit den Brillanten und die ihn anblickende Lady Milford	Dominanz, Erschrecken
parallel von hinten	Ferdinands Ritt zum Palast	Überraschung Anfang/Ende einer Aktion
schräg	Sophie beim Vorlesen der Mitteilung über die bevorstehende Vermählung	Dialoge, Dynamik
im rechten Winkel	Sophie beim Nachgießen von Wasser und mit der Badeessenz; Lady Milford steigt aus der Badewanne	Handlung, Konfrontation

Blickrichtung der Kamera		
Augenhöhe	Sophie, u. a. beim Vortrag der Hochzeitsankündigung	Normalperspektive
Untersicht	Kammerdiener mit den Brillanten; Ferdinand vor der Tür zum Baderaum der Lady Milford	Selbstbewusstsein, Macht, Bedrohung, Blickrichtung
Aufsicht	Lady Milford in der Badewanne beim Gespräch mit dem Kammerdiener, Ferdinands Abstieg vom Pferd	Unterlegenheit, Überblick, Handlungsimpuls, Blickrichtung

Fragen des Lehrers oder der Lehrerin lenken die Aufmerksamkeit der Schülerinnen und Schüler auf zwei hervorstechende Gestaltungsmittel dieser Verfilmung, die auch im ausgewählten Ausschnitt festzustellen sind. Zwei unterschiedliche Handlungen – das Bad der Lady und die Ankunft Ferdinands – laufen aufeinander zu und überlagern sich durch Schnitte, und die rote Badeessenz symbolisiert das Blut der Erschossenen, die sich weigerten, nach Amerika zu gehen, und färbt die Hände der Mätresse zum Zeichen ihrer Mitschuld, das durch die die rote Unterlage der Brillanten im Schmuckkästchen verstärkt wird.

- *Welche Geschehnisse überlagern sich in dem Filmausschnitt mit Lady Milford? Wie wird diese Überlagerung technisch realisiert?*
- *Welche Symbolik entdecken Sie in dem Ausschnitt? Worauf verweist die Farbe der Badeessenz? Welche Verbindungen ergeben sich durch diese Farbe?*

Beim Anschauen des Films vergleichen ihn alle Schülerinnen und Schüler mit seiner Vorlage, achten auf Besonderheiten der Umsetzung und bilden sich ein Urteil. Außerdem entscheiden sie sich für einen der Spezialaufträge, die sich auf die filmtechnischen Mittel, die Raum- und Personengestaltung, die Handlung, das Feuersymbol und weitere Sinnbilder sowie auf die Musik beziehen. Nachdem der Kurs den Film gesehen hat, finden sich die Schülerinnen und Schüler, die sich auf denselben Aspekt konzentrierten, in Gruppen zusammen, vergleichen und besprechen ihre Ergebnisse, fassen sie zusammen oder visualisieren sie in geeigneter Weise und präsentieren sie auf dieser Grundlage im Plenum. Im Anschluss daran werden sie unter der allen gestellten übergeordneten Leitaufgabe zusammengeführt. Die folgenden Ausführungen stellen mögliche Ergebnisse vor.

- *Für alle: Vergleichen Sie die Verfilmung von „Kabale und Liebe" mit Schillers Vorlage. Achten Sie auf Besonderheiten der Umsetzung und beurteilen Sie den Film von Leander Haußmann.*
  Spezialaufträge: Konzentrieren Sie sich außerdem beim Anschauen des Films auf einen der folgenden Gesichtspunkte. Versuchen Sie Ihre Beobachtungen zu deuten.
  - *Kameraführung und Schnitttechnik*
  - *Gestaltung der Räume*
  - *Gestaltung der Figuren*
  - *Gestaltung der Handlung*
  - *Feuersymbolik*
  - *Weitere Symbole*
  - *Musik*

■ *Vergleichen und besprechen Sie mit den anderen Gruppenmitgliedern, die sich für dieselbe Aufgabe entschieden haben, Ihre Beobachtungsergebnisse. Fassen Sie diese zusammen oder visualisieren Sie sie in ansprechender Form und präsentieren Sie sie dem Kurs.*

Bei der **Schnitttechnik** könnten die Schülerinnen und Schüler bemerken, dass sich an wichtigen Stellen des Films – nach Wurms Diktat des von Luise erpressten Liebesbriefs oder beim Fest – Parallelereignisse überlagern, um deren Dramatik hervorzuheben und zu steigern. In solchen ineinandergefügten Szenen kontrastiert oft Ruhe mit Bewegung, zum Beispiel Luises Gebet mit dem hektischen Überbringen und Auffinden des Briefs oder der langsame festliche Tanz mit Ferdinands wilden Drohfragen an den Hofmarschall. Auch an anderen Stellen des Films stoßen harte Schnitte aufeinander und erzeugen etwa den Gegensatz zwischen dem lauten Geschrei bei der Hinrichtung im Kerker und der Badeszene bei Cembalomusik. Am Anfang zeigt die Kamera in Großformat einen Vogel in Freiheit, eine Spieluhr und eine Puppenstube, die auch später wieder zu sehen sind und auf die Kindheit Luises anspielen, die mit der Liebesbeziehung zu Ferdinand zu Ende geht. Als der junge Major seinen Vater bei Miller provozierend um Luises Hand bittet, lässt der Präsident eine Kaffeetasse zu Boden fallen, die am Anfang der Szene als Zeichen des bürgerlichen Selbstverständnisses groß eingeblendet wird, und die Kuckucksuhr korrespondiert mit dem Volkslied, in dem der Vogel auf einem Baum sitzt und von einem jungen Jäger totgeschossen wird. Wenn es Miller beim Verlassen der Verwaltungsräume des Schlosses nachgesungen wird, klingt es wie Spott und nimmt die Katastrophe vorweg. Die Totale vermittelt Eindrücke von den Räumlichkeiten, insbesondere im prunkvollen Adelspalast und in Millers Haus, während bei Gesprächen Nahaufnahmen der Personen schräg von vorne üblich sind, immer wieder von Halbtotalen unterbrochen. Nach seinem Besuch bei Lady Milford ist Ferdinand mit der Geliebten in Großaufnahme zu sehen, wie er nach überstandener Gefahr wieder zu ihr findet.

Kameraführung und Schnitttechnik

- **Großaufnahmen:**
  Vogel in Freiheit, Spieluhr, Puppenstube → Anspielung auf die Kindheit und deren Ende
  Kaffeetasse, die zu Bruch geht → Zerstörung der bürgerlichen Familie
  Kuckucksuhr/Volkslied → Verspottung Millers, Vorwegnahme der Katastrophe
- **Totale:** Vorstellung der Räumlichkeiten → Überblick
- **Nahaufnahmen**
  von Personen schräg von vorne im Wechsel mit der Halbtotalen → Dialoge
- **Überschneidung unterschiedlicher Handlungsebenen:**
  – Wurm bei Luises Eltern/Ferdinands Kletterpartie in Luises Zimmer
  – Luises Gebet nach dem erpressten Liebesbrief/Übergabe an den
     Präsidenten, Auslage und Fund/Ferdinands Vorbereitung der Flucht
  – festlicher Tanz/Feuerwerk/Duell/Luise bei Lady Milford
  } • Hervorhebung der Höhepunkte
  • Steigerung der Dramatik
- **Kontrast** Ruhe/Bewegung, Tumult

Die **Raumgestaltung** verstärkt den Gegensatz zwischen Bürgertum und Adel: reichhaltig-repräsentativ ausgestatteten Gemächern und großen, weitläufigen Sälen stehen kleine, für den praktischen Gebrauch eingerichtete Zimmer gegenüber. Szenen mit Ferdinand und Luise im Freien auf einer Wiese und auf dem Friedhof weisen auf die Natürlichkeit ihrer Liebe hin, die jedoch unter den gegebenen gesellschaftlichen Bedingungen keine Zukunft hat. Gleichwohl zeigt der Major seine Kampfbereitschaft mit der Waffe auf dem Fechtboden und auf dem Weg zu seinem Vater, wo er sich nicht mehr mit der Klinge, sondern mit Worten behaupten will. Das Gespräch führt der Präsident mit seinem Sohn im von Fackeln beleuchteten Verlies, um, so der Vorwand, sich vor unliebsamen Mithörern zu schützen, in Wahrheit aber, um mit der unheimlichen Atmosphäre des Kerkers zu drohen. Ferdinand verliert in dieser Szene seine Freiheit und wird zum Gefangenen des väterlichen Machtstrebens. Ein weiterer Überraschungseffekt gelingt dem Film mit der Verlagerung der Kammerdienerszene ins Badezimmer der Lady, wo sie jenseits ihres Ranges und der höfischen Etikette dem Bediensteten Mitgefühl entgegenbringt und menschlich reagiert. Die Bittsteller in der langen Schlange im Treppenhaus zu den Verwaltungsräumen des Schlosses hoffen darauf vergebens. An der Unordnung in der elterlichen Wohnung merkt Luise, dass etwas Schlimmes passiert sein muss, und wenn Lady Milford nach der Begegnung mit Luise eine Blumenvase zerschmettert, Möbel umwirft und ihre Perlenkette zerreißt, bekundet sie damit, wie sehr sie sich durch deren selbstsicheres Auftreten infrage gestellt und gekränkt sieht.

Raumgestaltung

- prunkvolle Gemächer und große Säle im Palast ↔ kleine, nützlich eingerichtete Zimmer der Bürgerfamilie: Ausdruck und Verstärkung der Standesgegensätze
- Ferdinand und Luise im Freien und auf dem Friedhof:
  Natürlichkeit und Perspektivlosigkeit ihrer Liebe
- Ferdinand auf dem Fechtboden und auf dem Weg zu seinem Vater:
  Kampfbereitschaft, Vorbereitung des Wortgefechts
- Gespräch zwischen dem Präsidenten und seinem Sohn im Verlies:
  unheimliche Atmosphäre als Drohkulisse, Freiheitsverlust
- Kammerdienerszene im Badezimmer:
  Mitleid und Wiedergutmachung jenseits von Rang und Etikette
- Schlange von Bittstellern im Treppenhaus zu den Verwaltungsräumen:
  vergebliche Hoffnung auf Mitgefühl und Hilfe
- Unordnung in Luises Wohnung: Andeutung schlimmer Ereignisse
- Zerstörung der Einrichtung durch Lady Milford:
  Infragestellung und Kränkung durch Luise

Von den **Figuren** dürften wohl Lady Milford, Ferdinand, Luise und auch Wurm den Erwartungen der Schülerinnen und Schüler entsprechen. Ferdinands Bruch mit seinem Vater und der Welt des Hofes sowie sein Entschluss zu fliehen verdeutlicht ein Kleiderwechsel, denn er wirft die bunte Uniform auf einer Wiese von sich und trägt ab diesem Zeitpunkt nicht adliges Braun. Der Hofmarschall spricht zwar weniger exaltiert als bei Schiller, misst sich mit Ferdinand im Fechten und wirkt bei der Bekanntmachung der Hochzeit zwischen dem Sohn des Präsidenten und Lady Milford seriöser als in der Textvorlage, in seiner Fixierung auf das Feuerwerk und als Spielball der Kabale aber dennoch beschränkt. Der Präsident stellt seine Macht nicht offen und repräsentativ zur Schau, aber hinter seiner „Schnoddrigkeit" sind Härte und Zynismus nicht zu verkennen. Er wechselt zwischen scheinheiliger Zuwendung, Demütigung und Brutalität, etwa in Millers Wohnstube, als er sich zum gemeinsamen Kaffeetrinken herablässt. Seine Aggressivität zeigt sich im Kleinen, wenn er zum Beispiel Wurm, seinem Sekretär, beim Druck auf die Spitze des kleinen Fingers Schmerz zufügt, wie im Großen, wenn er aus Zorn über Ferdinands Weigerung, Lady Milford zu heiraten, einen französischen Freiheitskämpfer hinrichten lässt. Am stärksten verändert der Film die bürgerlichen Protagonisten, Luises Eltern, denn Miller füllt die ihm vom Dichter zugedachte Rolle als christlicher, verantwortlicher Hausvater in keiner Weise aus. Bezeichnenderweise fehlt die Szene zu Beginn des fünften Akts, in welcher der Musiker seine Tochter mit religiösen Argumenten vom Selbstmord abhält, und bei der bedrückenden Wiederbegegnung des Liebespaars, nachdem der Brief die berechnete Wirkung weit übertroffen hat und bevor es stirbt, ist nicht er anwesend, sondern seine Frau. Aber auch sie merkt nichts von dem tödlichen Zerwürfnis, lässt sich von Ferdinands Lautenspiel zum Tanz animieren und isst Gebäck. Von Anfang an erscheint Miller in seinem Äußeren, im Sprechen, in Mimik und Gestik als lächerliche Gestalt, in deren Wollen und Handeln sich Blindheit und Unbedarftheit verraten und die ihre Absichten nur halbherzig umsetzt, aber das Gegenteil behauptet. So versichert er Wurm nach anders gerichteten Andeutungen seiner Frau, dass aus seinem Haus keine gnädige Frau Major kommen werde, während Ferdinand im selben Moment in Luises Zimmer steigt und seine Beine vor dem Fenster baumeln. Im Palast drängt er sich vor, um beim Präsidenten die Verbindung zwischen dessen Sohn und seiner Tochter zu beenden, doch dann verlässt ihn der Mut, er redet mit dem Sekretär über Luise und brüstet sich gleichwohl im Weggehen, es dem Mächtigen gegeben zu haben. Dieses Verhalten verspottet das Volkslied vom Kuckuck, den der Jäger totschießt.

Figurengestaltung

- **Ferdinands Kleiderwechsel:** Bruch mit dem Vater und dem Adel, Entschluss zur Flucht
- **Hofmarschall von Kalb:** seriöser als im Trauerspiel, aber in seiner Fixierung auf das Feuerwerk und als Spielball der Kabale beschränkt
- **Präsident von Walter:** keine Zurschaustellung der Macht
  Härte und Zynismus trotz „Schnoddrigkeit"
  Wechsel zwischen scheinheiliger Zuwendung, Demütigung und Brutalität
  Aggressivität im Kleinen wie im Großen
- **Miller:** kein christlicher, verantwortlicher Hausvater im Sinne Schillers (Abwesenheit im Schlussteil), sondern lächerliche, unbedarfte Figur, die Sachverhalte verkennt oder Absichten nur halbherzig umsetzt
- **Millers Frau:** Anwesenheit anstelle ihres Mannes bei der tödlichen Wiederbegegnung des Liebespaars, aber blind für die Spannungen und Gefahren

Die **Handlung** folgt zwar im Wesentlichen der Textvorlage, weicht im Einzelnen aber auch erheblich von ihr ab. So wird sie von Szenen eingerahmt, in denen das Liebespaar in Luises Bett liegt – anfangs schlafend, am Ende ist Luise schon tot. Innerhalb dieses Rahmens stellt der Film manches um. Zum Beispiel spricht Ferdinand früher als im Drama von gemeinsamer Flucht und vom Verdacht, Luise liebe einen anderen. Seine besorgten Nachfragen und Liebesbeteuerungen in Szene I/4 schließen sich an die Begegnung mit Lady Milford an und markieren die Mitte des Films, in der sich das für einen Moment gefährdete Liebesglück erneuert. Bei Schiller bloß angesprochene Ereignisse und Absichten, z. B. wenn Miller sich tatsächlich zum Präsidenten aufmacht (vgl. den Schluss von Szene I/1 auf S. 11 der Textausgabe und Kap. 5.1 des Modells auf S. 80 f.), seinen Vorsatz aber dann doch nicht verwirklicht, sondern mit Wurm über dessen Interesse an seiner Tochter verhandelt (vgl. Szene I/2 auf S. 11–16 der Textausgabe), oder der Hofmarschall von dem bevorstehenden Feuerwerk schwärmt: „[E]ine ganze Stadt brennt zusammen" (Szene III/2, S. 63 f. der Textausgabe), werden im Film in bedeutungsvolle Handlungen umgesetzt. Aus der Ankündigung des Hofmarschalls entwickelt sich im Film ein Geschehen, das parallel zur Kabale verläuft und diese symbolisiert. Im Drama nicht enthaltene Szenen, die Begegnung zwischen Kalb und Luise nach der eilig betriebenen Bekanntmachung der erzwungenen Hochzeit sowie der Fechtkampf zwischen Ferdinand und dem Hofmarschall, antizipieren das spätere Duell und dessen Ursache, Luises Brief an den fingierten Liebhaber. Dessen Tod geht über die Vorlage ebenso hinaus wie Ferdinands Bitte um Luises Hand, mit der er seinen Vater in Millers Wohnzimmer provoziert, oder das Zusammentreffen des Liebespaars in der Kirche und auf dem Friedhof. Kinder, die eine Hinrichtung durch Erschießen und durch den Strang nachspielen, und die spontane Vollstreckung eines Todesurteils durch den Präsidenten aus Enttäuschung über seinen Sohn, aber auch die lange Reihe von Bittstellern im Schloss verstärken die soziale Anklage. Neben ergänzten Handlungselementen fehlen andere: das Gespräch der zum Selbstmord entschlossenen Luise mit ihrem Vater oder Lady Milfords Entschluss, den Hof zu verlassen.

Gestaltung der Handlung

- **Rahmen:** schlafendes/sterbendes Liebespaar in Luises Bett
- **Umstellungen**
  - Ferdinands Gedanke an Flucht und Vermutung eines Rivalen schon am Anfang
  - Dialog des Liebespaars in Szene I/4 im Anschluss an Ferdinands Gespräch mit Lady Milford → Erneuerung des für einen Moment gefährdeten Liebesglücks in der Mitte des Films
- **Umsetzung von Äußerungen in Handlung**
  - Miller auf dem Weg zum Präsidenten (Szene I/1, S. 11), ohne seine Absicht zu verwirklichen
  - Begeisterung des Hofmarschalls über das bevorstehende Feuerspektakel (Szene III/2, S. 63 f.)
- **neue Handlungselemente**
  - Begegnung Kalb – Luise bei der Hochzeitsankündigung ⎫
  - Fechtkampf Ferdinand/Hofmarschall ⎬ Vorausdeutungen
  - Tod Kalbs im Duell ⎭
  - Bitte Ferdinands um die Hand Luises im Beisein seines Vaters: Provokation
  - Zusammentreffen des Liebespaars in der Kirche: Komik
  - Kinder, die Hinrichtungen spielen ⎫
  - spontane Vollstreckung eines Todesurteils ⎬ Verstärkung der sozialen Anklage
  - lange Reihe von Bittstellern ⎭
- **fehlende Handlungselemente**
  - Gespräch Luises mit ihrem Vater über ihre Selbstmordabsicht (Szene V/1)
  - Lady Milfords Entschluss, den Hof zu verlassen (Szenen IV/8, 9)

Die **Feuersymbolik** ist von Anfang des Filmes an durch das brennende Titelblatt und den Text des Volkslieds präsent. Dieser spricht heimlicher Liebe eine Hitze zu, wie sie Feuer und Kohlen nicht hervorbringen können. Dieser Brand ist aber auch eine zerstörerische Kraft, der schließlich drei Menschen zum Opfer fallen und deren Ausmaß der Hofmarschall im Bild der zusammenbrennenden Stadt beschreibt, ohne sich des Zusammenhangs bewusst zu sein. Des Weiteren gleichen die Maßnahmen des Präsidenten und Wurms, die sich gegen die Liebe zwischen Luise und Ferdinand richten, einem Spiel mit dem Feuer, das ihren Händen entgleitet. Auf diese Symbolik macht der Film mehrfach, zum Teil in drastischen Bildern, aufmerksam: Nachdem Ferdinands Vater auf die Idee gekommen ist, seinen Sohn mit Lady Milford zu verheiraten, erfüllen auf Anordnung des Hofmarschalls entzündete Wunderkerzen den Vorraum mit Feuer und Rauch. Während des Gesprächs zwischen Vater und Sohn im Verlies beleuchten Fackeln den Raum wie später Kandelaber den Keller, als Wurm dem Präsidenten die Briefkabale einflüstert. Kalb, den dieser als Empfänger von Luises Liebesbrief davon unterrichtet, findet er bei den Vorbereitungen des Feuerwerks, dessen Lärm sich beim Fest selbst mit den Pistolenschüssen vermischt. Diese Veranstaltung, bei der auch Ferdinands Gefühle und Aggressionen explodieren, endet im Bild eines feurigen Drachen, dem „Inbegriff der Gefahr in Mythen, Sagen, Märchen und Redewendungen" und „seit jeher ein Symbol mächtiger Urgewalten"[1]. In domestizierter Form ist das Feuer zu Beginn auf dem Miller'schen Herd als Zeichen noch ungestörter Liebe zu sehen.

Liebe ◄─────────── **Feuersymbolik** ───────────► **Zerstörung**

- Feuer auf dem Herd in Millers Haus: Zeichen noch ungestörter Liebe
- im Volkslied als Titelmelodie: Liebe stärker als Feuer und Kohle

- brennendes Titelblatt zu Beginn
- „[E]ine ganze Stadt brennt zusammen."

Maßnahmen des Präsidenten und Wurms gegen die Liebe von Luise und Ferdinand

als Spiel mit dem Feuer, das ihren Händen entgleitet

- Idee zur Heirat Ferdinands mit Lady Milford
- Gespräch zwischen Vater und Sohn im Kerker
- Einflüsterung der Briefkabale
- Information Kalbs über seine Rolle als Liebhaber
- Gefühlsausbruch und Aggressionen Ferdinands während des Festes
- Pistolenschüsse

- Feuer und Rauch im Vorraum
- Fackeln
- brennende Kandelaber im Keller
- Vorbereitungen ⎫
- Aufführung   ⎬ des Feuerwerks
- Lärm   ⎭

Drache: Gefahr, Urgewalten

Von den **weiteren Symbolen** prägt sich das Brautkleid wohl am stärksten ein, mit dem Ferdinand Luise in einer Friedhofsgrotte überrascht, das seine Verbundenheit mit ihr nach der Gefährdung durch Lady Milford bestärkt, das sie unter einer Grabplatte verstecken und das die Geliebte bei der Begegnung mit ihrer Rivalin und in den anschließenden Szenen trägt. Dadurch sind Hochzeits- und Todesmotiv eng aufeinander bezogen, was auch Ferdinand zynisch zum Ausdruck bringt, wenn er kurz vor dem Giftmord von Hochzeit spricht. Das kleine Goldherz an Luises Halskette symbolisiert die Liebe zwischen der Bürgerstochter und dem adligen Major, deren Zerstörung durch die Intrige und die dadurch ausgelöste Katastrophe. Es zieht die Aufmerksamkeit auf sich, als es in der Kirche aus dem Gebet- oder Gesangbuch zu Boden fällt, Wurm entreißt es Luise vor dem Diktat des verhängnisvollen Briefes, Ferdinand nimmt es in gleicher Weise von dem toten Hofmarschall an sich und versenkt es im Glas mit der vergifteten Limonade. Mit der Rose, die Wurm durch die Öffnung in der Haustür Luise entgegenstreckt, teilt er ihr seine Empfindung für sie mit, obwohl sein Verhalten in krassem Widerspruch dazu steht. Da Luise in ihrer Not Beistand bei ihm sucht und er seine Gefühle nicht beherrschen kann, bestraft er sich nach seinen Annäherungsversuchen mit Ohrfeigen. Das Kruzifix, das in den Anfangs- und Schlussszenen zu sehen ist, weist auf die christliche Frömmigkeit im Haus Millers hin, von der im Handeln allerdings nichts zu bemerken ist. Vermutlich wendet sich seine Tochter auch deshalb mit ihren Gebeten nicht an den gekreuzigten Christus, sondern an die Muttergottes. Beim Zusammentreffen Luises

---

[1] Christoph Wetzel: Das große Lexikon der Symbole. Darmstadt: Primus Verlag 2008, S. 68.

mit Lady Milford beschreibt diese den Spiegel als Sinnbild für unterschiedliche Einschätzungen einer Person, wahrhaftigen und beschönigenden. Die Offenherzigkeit der ersten mache die Geschmeidigkeit der zweiten wieder gut (vgl. S. 90, Z. 35–39 der Textausgabe). Luise stellt diesem in der höfischen Welt selbstverständlichen Auseinanderfallen von Wahrheit und Schein ihre Auffassung von deren Einheit in der Liebe entgegen, indem sie ein Herz mit den Initialen *L* und *F* auf die Spiegelfläche malt (vgl. die Schlussstrophe des Titellieds *Kein Feuer, keine Kohle* auf dieser Seite).

Weitere Symbole

- Brautkleid — Verbindung von Hochzeits- und Todesmotiv
  Luises Sterbekleid
- Friedhof — Ferdinands Anspielungen auf die Hochzeit vor dem Doppelmord
- kleines Goldherz: Liebe zwischen der Bürgerstocher und dem Adligen, deren Zerstörung und die Katastrophe
- Wurms Rose: Empfindungen für Luise im krassen Gegensatz zu seinem Verhalten
- Kruzifix in Millers Haus: christliche Frömmigkeit ohne Auswirkungen auf das Verhalten
- Muttergottes: in Luises Gebeten angesprochene Hoffnungsträgerin
- Spiegel: für Lady Milford Sinnbild unterschiedlicher Eindrücke von einer Person, dem Luise mit ihrem naiven Liebessymbol widerspricht, das die Einheit von Wahrheit und Bewunderung postuliert

Als Luise das Liebessymbol in ihren Hauch auf dem Spiegel in Lady Milfords Gemach skizziert, erklingt die Melodie des Titellieds als musikalisches Erkennungszeichen des Liebespaars. An anderen Stellen des Films, etwa zu Beginn, in der Liebesszene nach Ferdinands Rückkehr von Lady Milford und in der anschließenden Friedhofsszene, singt eine Männerstimme das Volkslied, von Gitarre und Posaune begleitet und von einer Spieluhr eingeleitet. Sein Text lautet:

Kein Feuer, keine Kohle
kann brennen so heiß
als heimliche Liebe,
von der niemand nichts weiß.

Keine Rose, keine Nelke
kann blühen so schön,
als wenn zwei verliebte Herzen
beieinander tun stehn.

Setze du mir einen Spiegel
ins Herze hinein,
dass du kannst sehen,
wie so treu ich es mein.[1]

Nach der Aufdeckung der tödlichen Intrige, der Luise und Ferdinand zum Opfer fallen, ist zu Bildern ihrer Gegenspieler ein weiteres Volkslied zu hören, *Dat du myn Leevsten bist:*

Dat du myn Leevsten bist,
dat du wol weest!
Kum by de Nacht, kum by de Nacht,
segg wo du heest.

Kum du üm Middernacht,
kum du Klok een!
Vader slöpt, Moder slöpt,
ik slaap alleen.

Klop an de Kamerdör,
faat an de Klink!
Vader meent, Moder meent,
dat deit de Wind.[2]

---

[1] Vgl. Deutsche Lieder. Texte und Melodien. Ausgewählt und eingeleitet von Ernst Klusen. Frankfurt am Main: Insel Verlag 1980, S. 259.
[2] Vgl. ebd., S. 279.

Und auch das Kuckuckslied gehört zu dieser Gattung, die in der **musikalischen Gestaltung** des Films durch ihren schlichten, ungekünstelten Ausdruck deutliche Akzente setzt. Ein langsamer sinfonischer Satz drückt die düstere Stimmung der Liebenden aus, als Luise auf dem Marktplatz gedankenversunken die Ankündigung der Hochzeit ihres Geliebten mit Lady Milford hört, Ferdinand nach seinem Besuch bei dieser Frau erkennen muss, dass er vor vollendeten Tatsachen steht, und die Geliebte aufsucht. Solche Orchestermusik untermalt auch Luises Gebet nach Wurms Erpressung, Ferdinands Entschlossenheit zur Flucht und den Weg des fingierten Briefes von der Schreiberin, die der Tragfähigkeit ihrer Liebe vertraut, zu dem Getäuschten, der den Zeilen wider Erwarten glaubt. Eine langsame, sehr hohe, schneidend wirkende Frauenstimme mit Orchesterbegleitung setzt Wurms Empfindungen und Überlegungen nach der Bemerkung von Luises Mutter, ihre Tochter solle Frau Majorin werden, in Musik um, die auch erklingt, als er nach der späteren Verhaftung der Eltern erneut erscheint, Luise unter Druck setzt, begehrt und sich ohrfeigt. Gleichmäßig-eintönige Tonfolgen von Streichern wiederholen sich bei dem Auftritt des Präsidenten in Millers Haus und den daraus entstehenden Auseinandersetzungen, um die Dramatik zu verstärken; das Duell zwischen Ferdinand und von Kalb steht dagegen in äußerstem Kontrast zu der höfischen Fest- und Tanzmusik aus dem Schloss. Die Szene, in der sich Lady Milford in einem prächtig ausgestatteten Raum im Bad entspannt, leiten ruhige Klänge des im Barock gebräuchlichen Cembalo ein. Und als sich Miller auf den Weg zum Präsidenten macht, um die Liebschaft seiner Tochter zu beenden, ertönt wie beim vorausgehenden Abschied Luises von Ferdinand und dessen Begegnung mit Wurm Jagdmusik, die das Kuckuckslied bei der Rückkehr beißend ironisiert.

Musik

- **Volkslieder:** schlichter, ungekünstelter Ausdruck
  - Titellied und -melodie „Kein Feuer, keine Kohle" ⎱ der Liebe
  - Dat du myn Leefsten bist ⎰
  - Kuckuckslied: Spott, Ironie in Verbindung mit der vorausgehenden Jagdmusik

- **höfische Musik des Barock**
  - Fest- und Tanzmusik im Schloss im Kontrast zum Duell
  - Cembaloklänge während Lady Milfords Bad: Entspannung

- **langsame sinfonische Sätze:** düstere Stimmung …
  - … Luises während der Bekanntmachung der Hochzeit ihres Geliebten mit Lady Milford
  - … Ferdinands nach dem Besuch bei der Mätresse
  - … bei Luises Gebet nach Wurms Erpressung, Ferdinands Vorbereitungen zur Flucht, den Maßnahmen, um dem Major den fingierten Brief zuzuspielen

- **langsame, sehr hohe Frauenstimme mit Orchesterbegleitung:** schneidende Wirkung, Wurm zugeordnetes Motiv
  - Empfindungen und Überlegungen nach den Bemerkungen von Luises Mutter über die Verbindung mit Ferdinand
  - Annäherung vor dem Diktieren des erpressten Briefes

- **gleichmäßig-eintönige, sich wiederholende Tonfolge von Streichern:** Spannung und Dramatik beim Auftritt des Präsidenten in Millers Haus

Die Präsentationen der Gruppen münden in ein Unterrichtsgespräch, das die vorgestellten Einzelaspekte mit Blick auf den gesamten Film zusammenführt, ihn mit seiner Vorlage vergleicht, begründete Urteile über die Verfilmung von Schillers Drama anstrebt und ein Fazit zu ziehen versucht.

- *Vergleichen Sie abschließend die Verfilmung von „Kabale und Liebe" mit Schillers Vorlage, berücksichtigen Sie dabei die Ergebnisse der einzelnen Gruppen, beurteilen Sie den Film von Leander Haußmann und ziehen Sie ein Fazit.*

Neben den Abweichungen von der Textvorlage könnten die Auswahl der Schauspieler und Schauspielerinnen, deren Rollenverständnis, das Spannungsverhältnis zwischen Unterhaltungswert und anspruchsvoller Literatur, die Unterschiede zwischen einer Bühnenaufführung und einer Verfilmung sowie die historische Szenerie und Fragen der Aktualität zur Sprache kommen.

8.2 Schiller-Film mit Matthias Schweighöfer in der Titelrolle

Der biografische Film *Schiller. Leben und Leiden eines Jahrhundert-Genies*[1] dreht sich um die Mannheimer Zeit des Dichters, in der *Kabale und Liebe* entstand. Er beginnt mit den bedrückenden Lebensverhältnissen Schillers in Stuttgart und dem Schreibverbot durch den württembergischen Herzog Carl Eugen und endet mit der Reise nach Leipzig, wo Schiller bei jungen Bewunderern Aufnahme und Unterstützung findet. „[F]rei nach Motiven aus dem Leben von Friedrich Schiller" (Insert) schildert er die freundschaftliche Begleitung durch Andreas Streicher, den Wechsel zwischen enttäuschten und erneuerten Hoffnungen, nach dem Erfolg von *Die Räuber* weitere Dramen auf die Bühne des Nationaltheaters zu bringen, sowie die Geldnot, Schulden und Krankheit des Dichters. Während sich der Film einerseits eng an die biografischen Fakten anlehnt, etwa den Entwurf von *Kabale und Liebe* bei Streichers Klavierspiel oder die Versicherung der beiden Freunde bei ihrem Abschied, sich so lange nicht zu schreiben, bis der eine Kapellmeister und der andere Minister ist, übergeht er andererseits wichtige Ereignisse im Leben Schillers: die Aufenthalte in Frankfurt, Bauerbach und Darmstadt, die Arbeit am *Don Carlos* oder die Beziehung zu Frau von Kalb. Außerdem datiert der Film das berühmte Gedicht *An die Freude* vor, wenn Schiller in einer Szene Verse daraus auf der Feier zum fünfjährigen Theaterjubiläum wie im Rausch spricht, bis er erschöpft zusammenbricht, denn der historische Dichter hat es erst im Sommer 1785 in Leipzig oder Dresden verfasst, als sich seine Lage dank freundschaftlicher Hilfe entscheidend verbessert hatte. Im Interesse einer übersichtlichen, spannenden und gefühlswirksamen Dramaturgie konzentriert sich der Film auf das Dreiecksverhältnis zwischen Schiller, der Schauspielerin Katharina Baumann und ihrem Kollegen Iffland, der auch Stücke schreibt und deswegen zum Rivalen um den Posten des Hausautors wird. Das Eingreifen der Kurfürstin zu dessen Gunsten markiert den Wendepunkt und insbesondere in der Person des Theaterdirektors Dalberg verbinden sich historische und unterhaltsame Elemente. Eine besondere Stärke des Films besteht in der ausgezeichnet umgesetzten Idee, Ausschnitte aus Dramentexten und Theaterszenen mit realen Lebenskonstellationen zu verweben. So spiegelt sich der Freiheitsdrang des Dichters beim wilden Ritt nach Mannheim am Anfang des Films in den pathetischen Worten der Räuber auf der Bühne. Und die Ohrfeige, mit der Iffland Katharinas Widerstand gegen ihren Auftritt als Amalia bricht, gibt sie ihm in ihrer Rolle

---

[1] Schiller. EuroVideo (www.eurovideo-de) Best. Nr. 245 353. Zur Vorführung in Schulen ist der Film zu beziehen bei LinguaVideo (www.lingua-video.com), Ubierstraße 94, 53173 Bonn, Tel. 0228/854695–0 (Best. Nr. DL 040), zum Preis von 36 € (2010). Für den Privatgebrauch kann der Film auch über den örtlichen Buchhandel oder bei Internet-Anbietern bestellt werden.

zurück, als er den Franz Moor verkörpert. Moors Zudringlichkeit, welche Katharina in der Rolle der Geliebten seines Bruders Karl mit dem Schwert abwehrt, nimmt Ifflands späteres Werben um Katharina vorweg, das sie zunächst zurückweist, weil sie Schiller liebt. In dem Moment, als sie als Amalia unsicher auf der Bühne steht, kommt der Dichter in der Loge an. Sie nimmt ihn, so muss man schließen, – als Karl Moor? – wahr und interpretiert ihre Rolle glänzend. Bereits in diesen ersten Szenen deutet sich also das brisante Dreiecksverhältnis an. Falls die Schülerinnen und Schüler Schillers erstes Schauspiel kennen, bemerken sie mithilfe dosierter Impulse das Ineinandergreifen von Fiktion und Realität. Ähnliche Beobachtungen können sie auf jeden Fall am bürgerlichen Trauerspiel *Kabale und Liebe* machen.

Damit die Schülerinnen und Schüler Filmhandlung und Dichterbiografie in Beziehung setzen und vergleichen sowie Abweichungen und Schwerpunkte erkennen können, lesen sie, bevor sie den Film sehen, die Informationen über Schillers Leben in Mannheim und Bauerbach auf dem **Arbeitsblatt 18** auf S. 129 f. Während der Vorführung achten alle darauf, welche Schwerpunkte die Verfilmung setzt, inwieweit sie der Biografie folgt, sie verändert oder Lücken lässt. Die Ergebnisse werden im Unterrichtsgespräch gesammelt und an der Tafel notiert. Bei einem weiteren Beobachtungsauftrag haben sie die Wahl, sich den Charakterzügen und Verhaltensweisen Schillers, Ifflands oder Dalbergs zuzuwenden, die Schauspielerinnen Katharina Baumann und Caroline Wiethoeft zu vergleichen, das Entstehen und die Proben von *Kabale und Liebe* sowie das Zusammenspiel von Textstellen aus dem Drama mit Situationen und Gefühlen des Dichters zu verfolgen oder schließlich die Musik und ihre Funktion zu erkunden. Nach dem Anschauen des Films finden sich die Schülerinnen und Schüler, die sich für dieselbe Aufgabe entschieden haben, in Gruppen zusammen, um ihre Erkenntnisse zu vergleichen und im Kurs vorzustellen.

- *Lesen Sie die biografischen Informationen über Schillers Jahre in Mannheim auf dem Arbeitsblatt 18.*

- *Sammeln Sie beim Anschauen des Films Antworten auf folgende Fragen:*
  Für alle:
  Auf welche Inhalte legt der Film besonderen Wert? In welchen Punkten entspricht er der Biografie Schillers? Welche Ereignisse lässt er weg? Welche verändert oder ergänzt er?
  Zur Auswahl:
  - *Welche Charakterzüge und Verhaltensweisen **Schillers** zeigen sich in dem Film?*
  - *Welche Charakterzüge und Verhaltensweisen **Ifflands** zeigen sich in dem Film?*
  - *Welche Charakterzüge und Verhaltensweisen **Dalbergs** zeigen sich in dem Film?*
  - *Was stellen Sie beim **Vergleich von Katharina Baumann und Caroline Wiethoeft** über die beiden Frauen fest?*
  - *Was erfahren Sie über die Entstehung von „**Kabale und Liebe**" und welche Parallelen ergeben sich zu der Beziehung zwischen Schiller und Katharina Baumann?*
  - *Was drückt die **Musik** aus und was bewirkt sie?*

Schwerpunkte des Films

- Mannheimer Jahre Schillers (1782–1785)
- bedrückende Lebensverhältnisse in Stuttgart und Mannheim
- Geldnot, Schulden, Krankheit
- freundschaftliche Begleitung durch Andreas Streicher
- Wechsel zwischen Hoffnungen und Enttäuschungen
- Liebe zwischen dem Dichter und der Schauspielerin Katharina Baumann
- Rivalität zwischen Schiller und Iffland um die Stelle des Theaterdichters und um Katharina (Dreiecksverhältnis)
- Entstehung von „Kabale und Liebe"

Dichterbiografie und Schiller-Film: Entsprechungen

- Gründe und Durchführung der Flucht aus Stuttgart
- Freundschaft mit dem Musiker Andreas Streicher
- erfolgloses Gnadengesuch an den württembergischen Herzog
- Angst vor Verfolgung als Deserteur
- Auf und Ab der Verbindung zum Mannheimer Theater:
  - ungünstiger Vortrag des „Fiesco"
  - Dalbergs Interesse für „Kabale und Liebe"
  - Vertrag als Theaterdichter/Kündigung
  - Spannungen mit Schauspielern, Intrigen Ifflands
- Entwurf zu „Kabale und Liebe" bei Streichers inspirierendem Klavierspiel
- Liebesgefühle für die Schauspielerin Katharina Baumann
- Geldnot, Schulden, Krankheit
- Theaterausschuss
- Hilfe durch Bewunderer aus Leipzig

An die Sammlung der im Film übergangenen Ereignisse sowie der Veränderungen und Ergänzungen schließt sich die Frage nach den Gründen an, mit denen filmdramaturgische Aspekte ins Blickfeld rücken. Die Antworten schließen sich im Tafelbild an.

Wie lassen sich die Lücken in der Biografie Schillers sowie deren Veränderungen und Ergänzungen im Film erklären?
Inwieweit sind die Veränderungen mit dem Medium des Films und den Zuschauern, an die er sich richtet, zu begründen?

Abweichungen des Films von der Biografie des Dichters

Lücken

- Knüpfung der Kontakte zum Mannheimer Theater über den Buchhändler Schwan
- Aufenthalte in Frankfurt, Bauerbach und Darmstadt
- Ernennung zum Weimarischen Rat
- Aufnahme in die Kurfürstliche Deutsche Gesellschaft und Antrittsrede über die Wirkung einer stationären Bühne
- Entstehung des „Don Carlos"
- Verbindung zu Charlotte von Kalb

Veränderungen und Ergänzungen

- Zentrierung auf die Beziehungen Schillers und Ifflands zu Katharina Baumann
- Abschluss von „Kabale und Liebe" mit Katharinas Hilfe
- Rivalität der beiden Liebhaber um den Posten des Hausautors
- Eingreifen der Kurfürstin
- Verführung Schillers durch Dalbergs Mätresse, die Schauspielerin Caroline Wiethoeft
- Abreise und Rückkehr Andreas Streichers
- Anlass und Entstehungsdatum des Liedes „An die Freude"

Gründe und Funktion

- Konzentration der Handlung und Begrenzung des Personals
- Filmdramaturgie: übersichtliches, spannendes und emotionales Geschehen
- Erzeugung von Mitgefühl bei den Zuschauern
- Verbindung von historischen und unterhaltenden Elementen
- Verwebung von literarischen Texten/Theaterszenen und Lebensrealität im Film

Schiller passt weder seine Frisur, seine Kleidung oder sein Verhalten noch den Inhalt seiner Dramen den Erwartungen der höfischen Gesellschaft an und wird von extremen Gefühlslagen beherrscht. Er ordnet materielle Notwendigkeiten seinen literarischen Ambitionen unter, was zu unrealistischen Vorstellungen führt, wenn er etwa parterre wohnen möchte, weil er unter dem Dach nicht leben könne, und sich dann doch damit begnügen muss. Er strebt nach Freiheit und Erfolg als Dichter trotz aller Risiken. „Er hofft zu viel und fürchtet zu wenig", so fasst sein Vater seine Einstellung zusammen, als er den Sohn im Arrest besucht.

Charakterzüge und Verhaltensweisen Schillers

- passt weder Frisur, Kleidung oder Verhalten noch seine Dramen den Erwartungen an
- wird von extremen Gefühlsschwankungen beherrscht (Enthusiasmus, Niedergeschlagenheit)
- handelt im realen Leben inkonsequent (Heiratsantrag/ausbleibende Bestätigung auf Katharinas Nachfrage, Beharrlichkeit gegenüber dem Buchhändler Schwan/Gleichgültigkeit für die Inhalte des Theatervertrags)
- ordnet materielle Notwendigkeiten literarischen Ambitionen unter
- hat unrealistische Vorstellungen von seinen finanziellen Möglichkeiten
- vergisst und vernachlässigt beim Schreiben alles andere (z. B. Katharina) um sich herum
- ist von seinen literarischen Texten ergriffen und mitgerissen
- möchte mit ihnen Zuschauer und Leser bessern
- strebt nach Freiheit und Erfolg als Dichter trotz aller Risiken:
- „Er hofft zu viel und fürchtet zu wenig." (Schillers Vater zum Sohn)

Der Schauspieler und Theaterdichter August Wilhelm **Iffland** stellt im Film sowohl in der äußeren Erscheinung und dem beherrschten Verhalten, das distanziert und kalt wirkt, als auch in der Anpassung seiner Bühnenstücke an den Publikumsgeschmack die Kontrastfigur zu Schiller dar. Er erkennt zwar die Qualität von dessen Dramen und setzt sich im Theaterausschuss für die Aufführung des *Fiesco* ein, beklagt sich gegenüber der Kurfürstin aber über den revolutionären Charakter des Schauspiels, um sich gegen den Konkurrenten um die Stelle des Hausautors durchzusetzen. Hinterhältig und egoistisch verfolgt er also sein Ziel. Dafür fügt er sich auch der Forderung der Regentin, seine Verhältnisse zu ordnen. Um nämlich die Homosexualität zu verbergen und die Form zu wahren, solle er heiraten. Er wird als „Komödiant" von seinem Vater verstoßen und nicht mehr unterstützt und kompensiert diesen Verlust, indem er als Person und als Dichter Anerkennung sucht und findet.

Charakterzüge und Verhaltensweisen Ifflands

- passt sich durch seine äußere Erscheinung, seine Sprache und seine Selbstbeherrschung der höfischen Gesellschaft und mit seinen Theaterstücken dem Publikumsgeschmack an
- wirkt distanziert und kalt
- erkennt die Qualität von Schillers Dramen
- setzt sich im Theaterausschuss für die Aufführung des „Fiesco" ein
- beklagt aber bei der Kurfürstin den revolutionären Charakter des Schauspiels
- fürchtet Schillers Konkurrenz als Theaterdichter und um seinen Einfluss
- muss seine Homosexualität verbergen und sich deshalb verstellen
- fügt sich der Forderung der Regentin, seine Verhältnisse durch eine Heirat zu ordnen, um die Form zu wahren
- wird als „Komödiant" von seinem Vater verstoßen und nicht mehr unterstützt
- sucht und findet als Ausgleich Anerkennung als Person und Dichter

→ **Kontrastfigur zu Schiller** ←

Freiherr Wolfgang Heribert von **Dalberg**, der Intendant des Mannheimer Theaters, eröffnet Schiller nach dem großen Beifall für *Die Räuber* zwar glanzvolle Zukunftsaussichten, hält seine Versprechungen aber nicht ein. Er unterstützt ihn weder in materiellen Nöten noch als Autor, bis er von dem bürgerlichen Trauerspiel *Kabale und Liebe* hört, von dem er sich Erfolg für seine Bühne verspricht, um den es ihm in erster Linie geht. Er liebt einerseits den barocken Genuss, verfolgt aber andererseits seine Interessen mit Überredungskunst und Härte. Dabei muss er erkennen, dass seiner Macht Grenzen gesetzt sind. Möglicherweise schiebt er diese Feststellung aber ebenso vor wie seine Befürchtungen vor Ärger wegen Schillers Fahnenflucht.

Charakterzüge und Verhaltensweisen Dalbergs

- hält seine Versprechungen nach dem großen Beifall für „Die Räuber" nicht ein
- unterstützt Schiller weder materiell noch als Dichter, bis er sich mit „Kabale und Liebe" neuen Zuspruch erhofft
- hat vor allem den Erfolg des Nationaltheaters im Blick
- liebt den barocken Genuss
- verfolgt seine Ziele mit Überredungskunst und Härte
- muss aber die Grenzen seiner Macht erkennen ⎤
- befürchtet Ärger wegen Schillers Fahnenflucht ⎦ schiebt jedoch beides vielleicht auch nur vor

Die Schauspielerinnen **Katharina Baumann und Caroline Wiethoeft** verkörpern verschiedene Frauentypen, unterscheiden sich in Rang und Einfluss am Theater und am Hof und suchen die Nähe des jungen Schiller auf ihre jeweils eigene Art: Jene liebt ihn, fühlt sich aber vernachlässigt, nimmt deshalb schließlich doch traurig Ifflands Antrag an, den sie vorher abgelehnt hatte, und erschrickt, als sie dessen Homosexualität bemerkt – diese verführt ihn sexuell. Die Frauen inspirieren den Dichter zu unterschiedlichen Figuren in *Kabale und Liebe* und helfen ihm auf ihre Weise: Katharina bringt ihn in Sicherheit, als von einem württembergischen Offizier Gefahr droht, Caroline setzt sich beim Theaterintendanten dafür ein, ihn als Hausautor zu verpflichten. Trotz ihres Zerwürfnisses mit Schiller schreibt Katharina aus Zuneigung für den verzweifelten Dichter die letzte Szene des bürgerlichen Trauerspiels auf, zu dem er durch sie angeregt wurde. Den beiden Frauen ordnet der Film in den Eingangsszenen Zitate aus Schillers Werk zu: Während der Verfasser der *Räuber* beim Betreten des Mannheimer Theaters die Leidenschaft für die Dichtkunst mit der ersten Liebe vergleicht (vgl. die Ankündigung der Rheinischen Thalia), ist Katharina zu sehen, und als Caroline den Überfall der Räuber auf ein Nonnenkloster kritisiert, mit dem die Figur Spiegelberg prahlt, bezeichnet Schiller den Menschen als Mittelding zwischen Engel und Vieh (vgl. den § 5 in Schillers Dissertation *Versuch über den Zusammenhang der tierischen Natur des Menschen mit seiner geistigen*), was die Mätresse zum Anlass nimmt, ihn zu warnen. Als Ergänzung zu den in der Gruppe zusammengetragenen und präsentierten Ergebnissen überlegen die Schülerinnen und Schüler, welche Aussage zu Katharina oder Caroline gehört. Vielleicht erinnern sich Einzelne noch, wer diese Sätze spricht und an welcher Stelle des Films sie zu hören sind. Es ist aber auch möglich, den Anfang des Films zu wiederholen.

■ *Ordnen Sie folgende Sätze Schillers Katharina oder Caroline zu:*
„Leidenschaft für die Dichtkunst ist feurig und stark wie die erste Liebe."
„Der Mensch ist nichts anderes als ein Mittelding zwischen Engel und Vieh."
Begründen Sie Ihre Entscheidung und erläutern Sie dabei den Inhalt der Sätze.
Setzen Sie sich mit der Aussage des zweiten Satzes auseinander.

Vergleich der Schauspielerinnen

Katharina Baumann
- junge, von Natur aus schöne Frau, die erste Bühnen- und Liebeserfahrungen sammelt

- liebt Schiller, fühlt sich aber von ihm vernachlässigt
- bringt ihn bei Gefahr in Sicherheit
- nimmt Ifflands Antrag, den sie zunächst ablehnt, traurig an
- schreibt aus Zuneigung für den Dichter die letzte Szene von „Kabale und Liebe" auf, in der sich ihr Zerwürfnis spiegelt
- inspiriert Schiller zu der Figur der Luise Miller

Schiller beim Betreten des Mannheimer Theaters, während Katharina als Amalia zu sehen ist:
„Leidenschaft für die Dichtkunst ist feurig und stark wie die erste Liebe."

(Ankündigung der Rheinischen Thalia)

Caroline Wiethoeft
- erfahrene, vom Leben gezeichnete Frau
- Mätresse des Theaterdirektors Dalberg
- bietet sich dem Dichter als Dirne an und verführt ihn
- setzt sich bei Dalberg dafür ein, Schiller als Hausautor zu verpflichten

- regt Schiller zur Figur der Lady Milford an

Schiller zu Caroline nach ihrer Kritik an Spiegelbergs Schilderung vom Überfall der Räuber auf ein Nonnenkloster:
„Der Mensch ist nichts anderes als ein Mittelding zwischen Engel und Vieh."

(Versuch über den Zusammenhang der tierischen Natur des Menschen mit seiner geistigen, § 5)

Der Film zeigt, wie das bürgerliche Trauerpiel *Luise Millerin* von den ersten Entwürfen bei Streichers Klavierspiel und den Gedanken an Katharina bis zu den letzten Szenen, die Schiller der Schauspielerin krank und verzweifelt unter Zeitdruck diktiert, entsteht. Iffland schlägt auf der Jubiläumsfeier des Theaters vor, den Titel in *Kabale und Liebe* umzubenennen, nachdem er absichtlich Wein über Katharinas Kleid geschüttet und damit einen Anlass dafür geschaffen hat, dass sie sich vorübergehend entfernt. Das Drama weckt Dalbergs Interesse für den Dichter nach der Ablehnung des *Fiesco* neu und veranlasst den Direktor, Schiller vertraglich an das Theater zu binden, bis er diese Zusammenarbeit widerruft. Das Trauerspiel spiegelt in Ferdinands Liebesbekundungen für Luise, im dadurch entfachten Feuerbrand in ihrem Herzen, den sie nicht mehr zu löschen vermag, in den Zweifeln des Geliebten in Szene I/4, die von den Schauspielern im Freien geprobt wird, in der Entfremdung und schließlich dem zerstörten Verhältnis in den Schlussszenen, die Katharina aufschreibt, die Beziehung zwischen ihr und dem Dichter.

Das Trauerspiel „Kabale und Liebe" im Film

- entsteht von den ersten Entwürfen bei Streichers Klavierspiel und Gedanken an Katharina bis zum Abschluss, den Schiller Katharina diktiert
- bekommt auf Anregung Ifflands den neuen Titel
- weckt Dalbergs Interesse für den Dichter nach der Ablehnung des „Fiesco" neu
- spiegelt die Beziehung zwischen Schiller und Katharina:
  - Ferdinands Liebesbekundungen
  - seine Zweifel in Szene I/4
  - Feuerbrand in Luises Herz, der nicht mehr zu löschen ist
  - Entfremdung
  - zerstörtes Verhältnis in den Schlussszenen

Die **Filmmusik** drückt Stimmungen Schillers oder auch seiner Eltern aus, etwa gleich zu Beginn, als langsame, unterschiedlich hohe und sich allmählich verhalten beschleunigende Flötentöne den Schmerz und die Trauer bei der Unterzeichnung des herzoglichen Dekrets begleiten und verstärken. Sie sind später wieder zu hören, als in dem kranken Dichter Jugenderinnerungen aufkommen. Nachdem ihm sein Vater im Kerker ein Büchlein zum Schreiben überlassen hat, keimen Hoffnung und der Plan zur Flucht bei kreisenden Harfentönen, die sich beim Verlassen Stuttgarts, nach Streichers Abreise und nach seiner Rückkehr während der Krankheit wiederholen. In dem schnellen Satz aus der Haydn-Sinfonie äußern sich Wagemut und Freiheitsgefühl beim wilden Ritt nach Mannheim und auf der Flucht, nachdem die Kutsche Württemberg verlassen hat, sowie die Freude über Katharinas Anerkennung des *Fiesco* als großartiges Werk. Ein langsamer Orchestersatz erklingt dagegen, als es Schiller unterlässt, die Ernsthaftigkeit seines Heiratsantrags zu bestätigen. Beim Empfang nach der Uraufführung der *Räuber* spielen Fideln im Hintergrund zur Unterhaltung auf. Schließlich klingt der Film mit Ausschnitten aus einer Instrumentalfassung des Liedes *An die Freude* aus Beethovens 9. Sinfonie aus, dessen Text von Schiller stammt, der nun günstigen Aussichten in Leipzig entgegenfährt.

Die Filmmusik und ihre Funktion

Musik	Handlung	Ausdruck, Wirkung
langsame, unterschiedlich hohe und sich allmählich verhalten beschleunigende Flötentöne	• Unterzeichnung des herzoglichen Dekrets durch Schillers Eltern • Jugenderinnerungen des kranken Dichters	• Schmerz und Trauer
kreisende Harfentöne	• Schreibbüchlein als Geschenk des Vaters im Kerker • Flucht aus Stuttgart • nach Streichers Abreise • nach dessen Rückkehr	• Hoffnungen und Pläne • Einsamkeit • Unterstützung durch den Freund
schneller Satz einer Haydn-Sinfonie	• wilder Ritt nach Mannheim • Flucht aus Württemberg • Anerkennung des „Fiesco" durch Katharina	• Wagemut und Freiheitsgefühl • Begeisterung
langsamer Orchestersatz	• unterlassene Bestätigung des Heiratsantrags	• Zögern, Unsicherheit
Fidelmusik	• Empfang nach der Uraufführung der „Räuber"	• Unterhaltungsmusik im Hintergrund bei wichtigen ersten Begegnungen
Instrumentalfassung des Liedes „An die Freude" aus Beethovens 9. Sinfonie	• Abspann	• Abschied von Mannheim • Abschluss einer schwierigen, unsicheren, entbehrungsreichen Lebensphase • finanzielle Unterstützung • neue Perspektiven

Kameraeinstellungen und -perspektiven

(Art Explosion)

1. Informieren Sie sich auf dem Arbeitsblatt über Kameraeinstellungen und -perspektiven.
2. Betrachten Sie die Szenen, in denen Lady Milford badet, Ferdinand zu ihr kommt und der Kammerdiener erscheint, in der Verfilmung von „Kabale und Liebe" durch Leander Haußmann.
Notieren Sie Beispiele für Einstellungsgrößen und Kameraperspektiven in diesem Filmausschnitt.

Einstellungsgrößen		Beispiele aus dem Kapitel „Lady Milford"	Funktion
Weit	große Räume, weite Landschaften		
Totale	Mensch/Gruppe im Raum des Handelns		
Halbtotale	vollständige Abbildung eines Menschen/einer Gruppe von Kopf bis Fuß		
Amerikanisch	Mensch/Gruppe vom Kopf bis zu dem Oberschenkel		
Halbnah	Mensch/Gruppe vom Kopf bis zur Hüfte		
Nah	Kopf und oberer Teil des Oberkörpers		
Groß	Gesicht, evtl. mit Schultern		
Detail	Ausschnitte des Gesichts oder einzelner Gegenstand		
Perspektiven			
Horizontal: Handlungsachse der Darsteller zur Kamera			
parallel von vorne			
parallel von hinten			
schräg			
im rechten Winkel			
Vertikal: Blickrichtung der Kamera			
normal (auf Augenhöhe)			
von unten (Untersicht) extrem: Froschperspektive			
von oben (Aufsicht) extrem: Vogelperspektive			

Vgl. Michael Staiger: Filmanalyse – ein Kompendium. In: Der Deutschunterricht 3/2008, S. 8–10, und Stefan Volk: Filmanalyse im Unterricht. Zur Theorie und Praxis von Literaturverfilmungen. Hrsg. von J. Diekhans. Paderborn: Schöningh 2004, S. 346 f.

Friedrich Schiller in Mannheim 1782–1785

1. Lesen Sie, bevor Sie den Film „Schiller" sehen, die Kurzbiografie auf S. 131–133 der Textausgabe und die Informationen über den Aufenthalt des Dichters in Mannheim auf diesem Arbeitsblatt.

2. Achten Sie beim Anschauen des Films auf die Inhalte, auf die er besonderen Wert legt. Vergleichen Sie ihn mit der Biografie des Dichters. In welchen Punkten entspricht der Film der Biografie, welche Ereignisse lässt er weg und welche verändert oder ergänzt er?

3. Konzentrieren Sie sich darüber hinaus auf einen der folgenden Gesichtspunkte des Films: die Charakterzüge und Verhaltensweisen Schillers, Ifflands oder Dalbergs, den Vergleich von Katharina Baumann und Caroline Wiethoeft, die Entstehung von „Kabale und Liebe" und die Parallelen zu der Beziehung zwischen Schiller und Katharina Baumann oder die Musik.

Schillers Verbindungen nach Mannheim knüpfen sich über den Buchhändler Friedrich Christian Schwan, dem er 1781 ein Exemplar seines im Selbstverlag erschienenen Schauspiels *Die Räuber* schickt und der es dem Direktor des dortigen Nationaltheaters, Wolfgang Heribert von Dalberg, weitergibt. Nachdem es der Dichter auf dessen Verlangen hin umgearbeitet hat, wird es am 13. Januar 1782 in seiner Anwesenheit mit großem Erfolg uraufgeführt. Die wichtige Rolle des Franz Moor spielt August Wilhelm Iffland, der Mittelpunkt der an der Mannheimer Bühne engagierten bekannten Schauspieler. Da sich Schillers berufliche Hoffnungen nach Abschluss des Medizinstudiums an der Hohen Karlsschule in Stuttgart nicht erfüllten – er musste als Arzt eines wenig angesehenen Regiments dienen und durfte keine eigene Praxis eröffnen – und Dalberg ihm bei einer weiteren Reise nach Mannheim im Mai 1782 in Aussicht stellt, ihn als Theaterdichter zu verpflichten, reifen Pläne, die Heimat zu verlassen und sich ganz der Literatur, insbesondere der Gattung des Dramas zu verschreiben. Als der württembergische Herzog Carl Eugen erfährt, dass Schiller ohne Erlaubnis in Mannheim war, bestraft er ihn mit 14 Tagen Haft und dem Verbot aller Kontakte ins Ausland, also auch in die kurpfälzische Residenzstadt. Da zudem noch der Schweizer Kanton Graubünden gegen eine Äußerung des Räubers Spiegelberg in Schillers erstem Drama, das Land sei „das Athen der heutigen Gauner"[1], protestiert, verbietet der verärgerte Herzog, der diplomatische Schwierigkeiten befürchtet, dem Dichter jede literarische Tätigkeit. Nun entschließt sich Schiller zur Flucht nach Mannheim, auf der ihn sein Freund, der Musiker Andreas Streicher, begleitet und unterstützt, der eine geplante Reise nach Hamburg zu Karl Philipp Emanuel Bach, wo er sein Musikstudium fortsetzen will, deshalb früher antritt.[2] Am 22. September 1782, als der Herzog abends auf der Solitude ein großes Fest für hochrangige Gäste, seine Nichte und ihren Gemahl, den russischen Großfürsten und späteren Zaren Paul I., veranstaltet, verlassen Schiller und Streicher unter falschen Namen Stuttgart durch das Esslinger Tor, um ein anderes Ziel vorzutäuschen. Sein Freund Scharffenstein, der dort Wachdienst hat, lässt sie ohne Ausweiskontrolle passieren. Nur Mutter und Schwester waren eingeweiht, nicht aber der Vater, um einer Bestrafung der Familie vorzubeugen. Obwohl er von Mannheim aus bei Carl Eugen um Verständnis und großmütige Vergebung bittet, muss er befürchten, von dessen Agenten nach Württemberg verschleppt und wie Christian Friedrich Daniel Schubart, den er vor einem Jahr auf dem Hohenasperg besucht hatte, in den Kerker geworfen zu werden. Deshalb machen sich Schiller und Streicher am 3. Oktober zu Fuß auf den Weg nach Frankfurt am Main, wo der Freund des Dichters Geld von seiner Mutter für die Weiterreise erwartet. Schiller bittet Dalberg um finanziellen Vorschuss für ein weiteres Drama, *Die Verschwörung des Fiesco zu Genua*, das er noch in Stuttgart vorläufig abgeschlossen und nach seiner Ankunft in Mannheim dem Regisseur Meyer und mehreren Schauspielern auf ungünstige Art und Weise vorgetragen hatte. Er möchte seine Schulden in Stuttgart begleichen, doch der Theaterdirektor lehnt das Gesuch mit der Begründung ab, dass auch dieses Drama vorher noch umzuarbeiten sei. Deshalb kehrt der Dichter nach Oggersheim in der Nähe von Mannheim zurück und Streicher lässt ihn nicht allein. Beide wohnen dort bis Ende November in

---

[1] 2. Akt, 3. Szene. Friedrich Schiller: Die Räuber. Ein Schauspiel und andere Räubergeschichten. Hrsg. v. J. Diekhans. Erarb. v. B. Schubert-Felmy. Paderborn: Schöningh Verlag 1999, S. 59.

[2] Jahrzehnte später schreibt Schillers Freund seine Erinnerungen an die gemeinsame Zeit nieder: Andreas Streicher: Schillers Flucht von Stuttgart und Aufenthalt in Mannheim von 1782 bis 1785. Stuttgart, Augsburg 1836.

ärmlichen Verhältnissen im „Viehhof", einem Gasthaus, wo ihn Streichers Klavierspiel zum Entwurf des bürgerlichen Trauerspiels *Kabale und Liebe* inspiriert. Da Dalberg auch mit dem umgearbeiteten *Fiesco* unzufrieden ist, verkauft ihn Schiller Schwan, um ihn verlegen zu lassen, und macht sich ohne Streicher auf die einwöchige Reise nach Bauerbach in Thüringen, wo er am 7. Dezember 1782 ankommt und unter einem Pseudonym im Landhaus der Freifrau Henriette von Wolzogen wohnt. Deren Sohn lernte der Dichter auf der Karlsschule kennen, sie begleitete ihn auf der zweiten, unerlaubten Fahrt zu einer Aufführung der *Räuber* und hatte ihm in dem Dorf Asyl angeboten. Die ländliche Einsamkeit mildern Begegnungen und der Briefwechsel mit Wilhelm Friedrich Hermann Reinwald, dem Bibliothekar des Herzogs von Sachsen-Meiningen und späteren Schwager, der ihm Bücher besorgt, und Besuche seiner Gönnerin und ihrer Tochter Charlotte, in die sich Schiller verliebt. Frei von materiellen Sorgen, beendet er *Kabale und Liebe,* wendet sich einem neuen Stoff, dem *Don Carlos,* zu und beschäftigt sich mit philosophischen Fragen, die ihn sein Leben lang umtreiben. Als sich die Kontakte zum Mannheimer Theater wieder beleben, Dalberg sich für *Kabale und Liebe* interessiert und sein Werben um Charlotte, aber auch seine Eifersucht zu Spannungen mit den Damen Wolzogen führen, kehrt er am 27. Juli 1783 in die Kurpfalz zurück. Dalberg bewegt ihn zu bleiben und engagiert ihn für ein Jahr als Theaterdichter. Der Vertrag verpflichtet Schiller, in dieser Zeit gegen mäßiges Honorar drei Dramen abzuliefern, neben dem *Fiesco* und *Kabale und Liebe* ein weiteres Stück. Am 1. September, als er die Stelle antritt, erkrankt er wie fast ein Drittel der Mannheimer an Malaria, dem kalten Fieber, an dem er einen Monat leidet und das ihn noch bis in den folgenden Januar schwächt. Trotzdem bearbeitet er den *Fiesco,* der am 11. Januar 1784 am Nationaltheater ohne große Resonanz uraufgeführt wird. Im Oktober 1783 zieht der Dichter wieder mit Andreas Streicher in ein gemeinsames Quartier. Er verliebt sich in die Schauspielerinnen Karoline Ziegler, die aber kurz darauf ihren Kollegen Heinrich Beck heiratet, und Katharina Baumann, die Darstellerin der Luise, die seine Gefühle aber nicht erwidert und auch Ifflands Werben zurückweist. Später kursieren Gerüchte über eine Verbindung mit Margaretha Schwan, der Tochter des Buchhändlers, um deren Hand er im April 1785 von Leipzig aus wirbt. Mehr Zustimmung als der *Fiesco* findet die Mannheimer Erstaufführung von *Kabale und Liebe* am 15. April 1784. Schiller nimmt an Sitzungen des Theaterausschusses teil, der für die Bühne geeignete Stücke aussucht, und wird im Januar 1784 Vorstandsmitglied der Kurfürstlichen Deutschen Gesellschaft, wodurch er sich vor Nachstellungen aus Württemberg sicher weiß. Seine berühmte Antrittsrede am 26. Juni 1784 trägt den Titel *Was kann eine gute stehende Schaubühne eigentlich wirken* (vgl. **Zusatzmaterial 1**). Obwohl also sein Ansehen zunimmt, verschlechtern sich die Beziehungen zum Theater durch nachlassenden Zuspruch für seine Dramen, Spannungen mit einigen Schauspielern und Intrigen, die Iffland und andere Bühnendichter gegen ihn inszenieren. Sein Vertrag wird nicht verlängert und für Pläne zu einer Zeitschrift *Mannheimer Dramaturgie* findet er keine Unterstützung. Dalberg lässt Schiller vom Theaterarzt May den Rat überbringen, er solle sich wieder als Mediziner betätigen, was der Dichter selbst mehrfach erwägt. Mit Charlotte von Kalb entwickelt sich eine Seelenverwandtschaft, allerdings ist sie – unglücklich – verheiratet. Sie stärkt sein Selbstwertgefühl und ermöglicht ihm in den Weihnachtstagen 1784 einen Besuch am Darmstädter Hof, wo er den ersten Akt des *Don Carlos* vorträgt, an dem er inzwischen arbeitet. Der ebenfalls anwesende Herzog Carl August von Sachsen-Weimar verleiht ihm den undotierten Titel eines Weimarischen Rats. Für Schiller, der ständig in Geldnot lebt, seine Schulden nicht bezahlen kann und deshalb sogar seine Bürgen in Gefahr bringt, bahnt sich schließlich durch vier junge Leute, die ihm schon im Juni 1784 begeistert geschrieben haben, ein Ausweg an: die Freunde Christian Gottfried Körner und Ludwig Ferdinand Huber sowie die Schwestern Minna und Dora Stock. Erst im Dezember hat er die Briefe beantwortet, doch am 22. Februar schildert er Körner dramatische Veränderungen und seinen Entschluss, ihr Hilfsangebot anzunehmen: „Ich kann nicht mehr in Mannheim bleiben. […] Ich habe keine Seele hier, keine einzige, die die Leere meines Herzens füllte, keine Freundin, keinen Freund; und was mir *vielleicht* noch teuer sein könnte, davon scheiden mich Konvenienz[1] und Situationen [gemeint ist Frau von Kalb.] […] – ich *muss* Leipzig und Sie besuchen. O meine Seele dürstet nach *neuer* Nahrung – nach *bessern* Menschen – nach *Freundschaft, Anhänglichkeit* und *Liebe*." Körner, der ein enger Freund Schillers wird, bewegt den Verleger Göschen in Leipzig, die von dem Dichter herausgegebene Zeitschrift *Rheinische Thalia*, deren erstes Heft abgeschlossen war, anzukaufen und ihm einen Vorschuss zu überlassen, damit er die einwöchige Reise nach Sachsen bezahlen kann, die er am 9. April 1785 antritt. Beim Abschied von Streicher am Abend zuvor vereinbaren die Freunde, sich so lange nicht zu schreiben, bis der eine Kapellmeister und der andere Minister geworden sei.

Autorentext

Literatur: Kurt Wölfel: Friedrich Schiller. München: dtv portrait 2004, S. 28–52; Gero von Wilpert: Schiller-Chronik. Sein Leben und Schaffen. Stuttgart: Kröner 1958, S. 40–89.

[1] gesellschaftliche Regeln; vgl. lat. convenire: = zusammenkommen, sich versammeln

Friedrich Schiller: Was kann eine gute stehende Schaubühne eigentlich wirken? (gekürzte Fassung)

[...] Derjenige, welcher zuerst die Bemerkung machte, dass eines Staats festeste Säule *Religion* sei – dass ohne sie die Gesetze selbst ihre Kraft verlieren, hat vielleicht, ohne es zu wollen oder zu wissen, die Schaubühne von ihrer edelsten Seite verteidigt. Eben diese Unzulänglichkeit, diese schwankende Eigenschaft der politischen Gesetze, welche dem Staat die Religion unentbehrlich macht, bestimmt auch den ganzen Einfluss der Bühne. Gesetze, wollte er sagen, drehen sich nur um verneinende Pflichten – Religion dehnt ihre Foderungen auf wirkliches Handeln aus. Gesetze hemmen nur Wirkungen, die den Zusammenhang der Gesellschaft auflösen – Religion befiehlt solche, die ihn inniger machen. Jene herrschen nur über die offenbaren Äußerungen des Willens, nur Taten sind ihnen untertan – diese setzt ihre Gerichtsbarkeit bis in die verborgensten Winkel des Herzens fort und verfolgt den Gedanken bis an die innerste Quelle. Gesetze sind glatt und geschmeidig, wandelbar wie Laune und Leidenschaft – Religion bindet streng und ewig. Wenn wir nun aber auch voraussetzen wollten, was nimmermehr ist – wenn wir der Religion diese große Gewalt über jedes Menschenherz einräumen, wird sie oder kann sie die ganze Bildung vollenden? – Religion (ich trenne hier ihre politische Seite von ihrer göttlichen), Religion wirkt im Ganzen mehr auf den sinnlichen Teil des Volks – sie wirkt vielleicht durch das Sinnliche allein so unfehlbar. Ihre Kraft ist dahin, wenn wir ihr dieses nehmen – und wodurch wirkt die Bühne? Religion ist dem größern Teile der Menschen nichts mehr, wenn wir ihre Bilder, ihre Probleme vertilgen, wenn wir ihre Gemälde von Himmel und Hölle zernichten – und doch sind es nur Gemälde der Fantasie, Rätsel ohne Auflösung, Schreckbilder und Lockungen aus der Ferne. Welche Verstärkung für Religion und Gesetze, wenn sie mit der Schaubühne in Bund treten, wo Anschauung und lebendige Gegenwart ist, wo Laster und Tugend, Glückseligkeit und Elend, Torheit und Weisheit in tausend Gemälden fasslich und wahr an dem Menschen vorübergehen, wo die Vorsehung ihre Rätsel auflöst, ihren Knoten vor seinen Augen entwickelt, wo das menschliche Herz auf den Foltern der Leidenschaft seine leisesten Regungen beichtet, alle Larven fallen, alle Schminke verfliegt und die Wahrheit unbestechlich wie Rhadamanthus[1] Gericht hält.

Die Gerichtsbarkeit der Bühne fängt an, wo das Gebiet der weltlichen Gesetze sich endigt. Wenn die Gerechtigkeit für Gold verblindet und im Solde der Laster schwelgt, wenn die Frevel der Mächtigen ihrer Ohnmacht spotten und Menschenfurcht den Arm der Obrigkeit bindet, übernimmt die Schaubühne Schwert und Waage und reißt die Laster vor einen schrecklichen Richterstuhl. Das ganze Reich der Fantasie und Geschichte, Vergangenheit und Zukunft stehen ihrem Wink zu Gebot. Kühne Verbrecher, die längst schon im Staub vermodern, werden durch den allmächtigen Ruf der Dichtkunst jetzt vorgeladen und wiederholen zum schauervollen Unterricht der Nachwelt ein schändliches Leben. Ohnmächtig, gleich den Schatten in einem Hohlspiegel, wandeln die Schrecken ihres Jahrhunderts vor unsern Augen vorbei, und mit wollüstigem Entsetzen verfluchen wir ihr Gedächtnis. Wenn keine Moral mehr gelehrt wird, keine Religion mehr Glauben findet, wenn kein Gesetz mehr vorhanden ist, wird uns Medea[2] noch anschauern, wenn sie die Treppen des Palastes heruntewankt und der Kindermord jetzt geschehen ist. Heilsame Schauer werden die Menschheit ergreifen, und in der Stille wird jeder sein gutes Gewissen preisen, wenn Lady Macbeth[3], eine schreckliche Nachtwandlerin, ihre Hände wäscht und alle Wohlgerüche Arabiens herbeiruft, den hässlichen Mordgeruch zu vertilgen. Wer von uns sah ohne Beben zu, wen durchdrang nicht lebendige Glut zur Tugend, brennender Hass des Lasters, als, aufgeschröckt aus Träumen der Ewigkeit, von den Schrecknissen des *nahen* Gerichts umgeben, Franz von Moor[4] aus dem Schlummer sprang, als er, die Donner des erwachten Gewissens zu übertäuben, Gott aus der Schöpfung leugnete und seine gepresste Brust, zum letzten Gebete vertrocknet, in frechen Flüchen sich Luft machte? – –

Es ist nicht Übertreibung, wenn man behauptet, dass diese auf der Schaubühne aufgestellten Gemälde mit der Moral des gemeinen Mannes endlich in eins zusammenfließen und in einzelnen Fällen seine Empfindung bestimmen. Ich selbst bin mehr als einmal ein Zeuge gewesen, als man seinen ganzen Abscheu vor schlechten Taten in dem Scheltwort zusammenhäufte: Der Mensch ist ein Franz Moor. Diese Eindrücke sind unauslöschlich, und bei der leisesten Berührung steht das ganze abschröckende Kunstgemälde im Herzen des Menschen wie aus dem Grabe auf. So gewiss sichtbare Darstellung mächtiger wirkt als toter Buchstabe und kalte Erzählung, so gewiss wirkt

---
[1] einer von drei Totenrichtern in der Unterwelt
[2] Gestalt aus der griech. Mythologie und Hauptperson zahlreicher Dramen.
[3] in Shakespeares Tragödie
[4] in Schillers eigenem Drama „Die Räuber"

die Schaubühne tiefer und daurender als Moral und Gesetze.

Aber hier *unterstützt* sie die weltliche Gerechtigkeit nur – ihr ist noch ein weiteres Feld geöffnet. Tausend Laster, die jene ungestraft duldet, straft sie; tausend Tugenden, wovon jene schweigt, werden von der Bühne empfohlen. Hier begleitet sie die Weisheit und die Religion. Aus dieser reinen Quelle schöpft sie ihre Lehren und Muster und kleidet die strenge Pflicht in ein reizendes, lockendes Gewand. Mit welch herrlichen Empfindungen, Entschlüssen, Leidenschaften schwellt sie unsere Seele, welche göttliche Ideale stellt sie uns zur Nacheiferung aus! – Wenn der gütige August dem Verräter Cinna[1], der schon den tödlichen Spruch auf seinen Lippen zu lesen meint, groß wie seine Götter, die Hand reicht: „Lass uns Freunde sein, Cinna!" – Wer unter der Menge wird in *dem* Augenblick nicht gern seinem Todfeind die Hand drücken wollen, dem göttlichen Römer zu gleichen? – Wenn Franz von Sickingen[2], auf dem Wege, einen Fürsten zu züchtigen und für fremde Rechte zu kämpfen, unversehens hinter sich schaut und den Rauch aufsteigen sieht von seiner Veste, wo Weib und Kind hilflos zurückblieben, und *er* – weiterzieht, Wort zu halten – wie groß wird mir da der Mensch, wie klein und verächtlich das gefürchtete unüberwindliche Schicksal!

Ebenso hässlich als liebenswürdig die Tugend, malen sich die Laster in ihrem furchtbaren Spiegel ab. Wenn der hilflose kindische Lear[3] in Nacht und Ungewitter vergebens an das Haus seiner Töchter pocht, wenn er sein weißes Haar in die Lüfte streut und den tobenden Elementen erzählt, wie unnatürlich seine Regan gewesen, wenn sein wütender Schmerz zuletzt in den schrecklichen Worten von ihm strömt: „Ich gab euch alles!" – Wie abscheulich zeigt sich uns da der Undank? Wie feierlich geloben wir Ehrfurcht und kindliche Liebe! –

Unsre Schaubühne hat noch eine große Eroberung ausstehen, von deren Wichtigkeit erst der Erfolg sprechen wird. Shakespeares „Timon von Athen" ist, soweit ich mich besinnen kann, noch auf keiner deutschen Bühne erschienen und, so gewiss ich den Menschen vor allem andern zuerst im Shakespeare aufsuche, so gewiss weiß ich im ganzen Shakespeare kein Stück, wo er wahrhaftiger vor mir stünde, wo er lauter und beredter zu meinem Herzen spräche, wo ich mehr Lebensweisheit lernte als im „Timon von Athen". Es ist wahres Verdienst um die Kunst, dieser Goldader nachzugraben.

Aber der Wirkungskreis der Bühne dehnt sich noch weiter aus. Auch da, wo Religion und Gesetze es unter ihrer Würde achten, Menschenempfindungen zu begleiten, ist *sie* für unsere Bildung noch geschäftig. Das Glück der Gesellschaft wird ebenso sehr durch Torheit als durch Verbrechen und Laster gestört. Eine Erfahrung lehrt es, die so alt ist als die Welt, dass im Gewebe menschlicher Dinge oft die größten Gewichte an den kleinsten und zärtesten Fäden hangen und, wenn wir Handlungen zu ihrer Quelle zurückbegleiten, wir zehnmal lächeln müssen, ehe wir uns einmal entsetzen. Mein Verzeichnis von Bösewichtern wird mit jedem Tage, den ich älter werde, kürzer, und mein Register von Toren vollzähliger und länger. Wenn die ganze moralische Verschuldung des einen Geschlechtes aus einer und eben der Quelle hervorspringt, wenn alle die ungeheuren Extreme von Laster, die es jemals gebrandmarkt haben, nur veränderte Formen, nur höhere Grade einer Eigenschaft sind, die wir zuletzt alle einstimmig belächeln und lieben, warum sollte die Natur bei dem andern Geschlechte nicht die nämliche Wege gegangen sein? Ich kenne nur *ein* Geheimnis, den Menschen vor Verschlimmerung zu bewahren und dieses ist – sein Herz gegen Schwächen zu schützen.

Einen großen Teil dieser Wirkung können wir von der Schaubühne erwarten. Sie ist es, die der großen Klasse von Toren den Spiegel vorhält und die tausendfachen Formen derselben mit heilsamem Spott beschämt. Was sie oben durch Rührung und Schrecken wirkte, leistet sie hier (schneller vielleicht und unfehlbarer) durch Scherz und Satire. Wenn wir es unternehmen wollten, Lustspiel und Trauerspiel nach dem Maß der erreichten Wirkung zu schätzen, so würde vielleicht die Erfahrung dem ersten den Vorrang geben. Spott und Verachtung verwunden den Stolz des Menschen empfindlicher, als Verabscheuung sein Gewissen foltert. Vor dem Schrecklichen verkriecht sich unsre Feigheit, aber eben diese Feigheit überliefert uns dem Stachel der Satire. Gesetz und Gewissen schützen uns *oft* vor Verbrechen und Lastern – Lächerlichkeiten verlangen einen eigenen feinern Sinn, den wir nirgends mehr als vor dem Schauplatze üben.

Vielleicht, dass wir einen Freund bevollmächtigen, unsre Sitten und unser Herz anzugreifen, aber es kostet uns Mühe, ihm ein einziges Lachen zu vergeben. Unsre Vergehungen ertragen einen Aufseher und Richter, unsre Unarten kaum einen Zeugen – Die Schaubühne allein kann unsre Schwächen belachen, weil sie unsrer Empfindlichkeit schont und den schuldigen Toren nicht wissen will – Ohne rot zu werden sehen wir unsre Larve aus ihrem Spiegel fallen und danken insgeheim für die sanfte Ermahnung.

Aber ihr großer Wirkungskreis ist noch lange nicht geendigt. Die Schaubühne ist mehr als jede andere öffentliche Anstalt des Staats eine Schule der praktischen Weisheit, ein Wegweiser durch das bürgerli-

---

[1] in Corneilles gleichnamiger Tragödie
[2] in einem Schauspiel
[3] in Shakespeares Tragödie

che Leben, ein unfehlbarer Schlüssel zu den geheimsten Zugängen der menschlichen Seele. Ich gebe zu, dass Eigenliebe und Abhärtung des Gewissens nicht selten ihre beste Wirkung vernichten, dass sich noch tausend Laster mit frecher Stirne vor ihrem Spiegel behaupten, tausend gute Gefühle vom kalten Herzen des Zuschauers fruchtlos zurückfallen – ich selbst bin der Meinung, dass vielleicht Molières Harpagon[1] noch keinen Wucherer besserte, dass der Selbstmörder Beverley[2] noch wenige seiner Brüder von der abscheulichen Spielsucht zurückzog, dass Karl Moors unglückliche Räubergeschichte die Landstraßen nicht viel sicherer machen wird – aber wir auch diese große Wirkung der Schaubühne einschränken, wenn wir so ungerecht sein wollen, sie gar aufzuheben – wie unendlich viel bleibt noch von ihrem Einfluss zurück? Wenn sie die Summe der Laster weder tilgt noch vermindert, hat sie uns nicht mit denselben bekannt gemacht? – Mit diesen Lasterhaften, diesen Toren müssen wir leben. Wir müssen ihnen ausweichen oder begegnen; wir müssen sie untergraben oder ihnen unterliegen. Jetzt aber überraschen sie uns nicht mehr. Wir sind auf ihre Anschläge vorbereitet. Die Schaubühne hat uns das Geheimnis verraten, sie ausfindig und unschädlich zu machen. *Sie* zog dem Heuchler die künstliche Maske ab und entdeckte das Netz, womit uns List und Kabale umstrickten. Betrug und Falschheit riss sie aus krummen Labyrinthen hervor und zeigte ihr schreckliches Angesicht dem Tag. Vielleicht, dass die sterbende Sara[3] nicht *einen* Wollüstling schröckt, dass alle Gemälde gestrafter Verführung seine Glut nicht erkälten, und dass selbst die verschlagene Spielerin diese Wirkung ernstlich zu verhüten bedacht ist – glücklich genug, dass die arglose Unschuld jetzt seine Schlingen kennt, dass die Bühne sie lehrte seinen Schwüren misstrauen und vor seiner Anbetung zittern.

Nicht bloß auf Menschen und Menschencharakter, auch auf Schicksale macht uns die Schaubühne aufmerksam und lehrt uns die große Kunst, sie zu ertragen. Im Gewebe unsers Lebens spielen *Zufall* und *Plan* eine gleich große Rolle; den Letztern lenken *wir*, dem Erstern müssen wir uns blind unterwerfen. Gewinn genug, wenn unausbleibliche Verhängnisse uns nicht ganz ohne Fassung finden, wenn unser Mut, unsre Klugheit sich einst schon in ähnlichen übten und unser Herz zu dem Schlag sich gehärtet hat. Die Schaubühne führt uns eine mannigfaltige Szene menschlicher Leiden vor. Sie zieht uns künstlich in fremde Bedrängnisse und belohnt uns das augenblickliche Leiden mit wollüstigen Tränen und einem herrlichen Zuwachs an Mut und Erfahrung.

Mit ihr folgen wir der verlassenen Ariadne durch das widerhallende Naxos[4], steigen mit ihr in den Hungerturm Ugolinos[5] hinunter, betreten mit ihr das entsetzliche Blutgerüste und behorchen ihr die feierliche Stunde des Todes. Hier hören wir, was unsre Seele in leisen Ahndungen fühlte, die überraschte Natur laut und unwidersprechlich bekräftigen. Im Gewölbe des Towers verlässt den betrogenen Liebling die Gunst seiner Königin[6]. – Jetzt, da er sterben soll, entfliegt dem geängstigten Moor seine treulose sophistische Weisheit. Die Ewigkeit entlässt einen Toten, Geheimnisse zu offenbaren, die kein Lebendiger wissen kann, und der sichere Bösewicht verliert seinen letzten grässlichen Hinterhalt, weil auch Gräber noch ausplaudern.

Aber nicht genug, dass uns die Bühne mit Schicksalen der Menschheit bekannt macht, sie lehrt uns auch gerechter gegen den Unglücklichen sein und nachsichtsvoller über ihn richten. Dann nur, wenn wir die Tiefe seiner Bedrängnisse ausmessen, dürfen wir das Urteil über ihn aussprechen. Kein Verbrechen ist schändender als das Verbrechen des Diebs – aber mischen wir nicht alle eine Träne des Mitleids in unsern Verdammungsspruch, wenn wir uns in den schrecklichen Drang verlieren, worin Eduard Ruhberg[7] die Tat vollbringt? – Selbstmord wird allgemein als Frevel verabscheut; wenn aber, bestürmt von den Drohungen eines wütenden Vaters, bestürmt von Liebe, von der Vorstellung schrecklicher Klostermauren, Mariane[8] den Gift trinkt, wer von uns will der Erste sein, der über dem beweinenswürdigen Schlachtopfer einer veruchten Maxime den Stab bricht? – Menschlichkeit und Duldung fangen an, der herrschende Geist unsrer Zeit zu werden; ihre Strahlen sind bis in die Gerichtssäle und noch weiter – in das Herz unsrer Fürsten gedrungen. Wie viel Anteil an diesem göttlichen Werk gehört unsern Bühnen? Sind sie es nicht, die den Menschen mit dem Menschen bekannt machten und das geheime Räderwerk aufdeckten, nach welchem er handelt?

Eine merkwürdige Klasse von Menschen hat Ursache, dankbarer als alle Übrigen gegen die Bühne zu sein. Hier nur hören die Großen der Welt, was sie nie oder selten hören – Wahrheit; was sie nie oder selten sehen, sehen sie hier – den Menschen.

So groß und vielfach ist das Verdienst der bessern Bühne um die sittliche Bildung; kein geringeres gebührt ihr um die ganze Aufklärung des Verstandes.

---

[1] Hauptperson in der Komödie „Der Geizige" von Molière
[2] im Schauspiel „Beverly oder der Spieler" (nach Moore und Saurin) von F. L. Schröder
[3] in Lessings Trauerspiel „Miss Sara Sampson"
[4] „Ariadne auf Naxos" von Joh. Chr. Brandes
[5] in Gerstenbergs gleichnamigem Drama aus der Epoche des „Sturm und Drang"
[6] Die Beziehung zwischen Elisabeth I. von England und ihrem Günstling Essex wurde mehrfach in Dramen dargestellt.
[7] in Ifflands „Verbrechen aus Ehrsucht"
[8] in dem gleichnamigen Trauerspiel von Gotter

Eben hier in dieser höhern Sphäre weiß der große Kopf, der feurige Patriot sie erst ganz zu gebrauchen. Er wirft einen Blick durch das Menschengeschlecht, vergleicht Völker mit Völkern, Jahrhunderte mit Jahrhunderten und findet, wie sklavisch die größere Masse des Volks an Ketten des Vorurteils und der Meinung gefangen liegt, die seiner Glückseligkeit ewig entgegenarbeiten – dass die reinern Strahlen der Wahrheit nur wenige *einzelne* Köpfe beleuchten, welche den kleinen Gewinn vielleicht mit dem Aufwand eines ganzen Lebens erkauften. Wodurch kann der weise Gesetzgeber die Nation derselben teilhaftig machen?

Die Schaubühne ist der gemeinschaftliche Kanal, in welchen von dem denkenden bessern Teile des Volks das Licht der Weisheit herunterströmt und von da aus in mildern Strahlen durch den ganzen Staat sich verbreitet. Richtigere Begriffe, geläuterte Grundsätze, reinere Gefühle fließen von hier durch alle Adern des Volks; der Nebel der Barbarei, des finstern Aberglaubens verschwindet, die Nacht weicht dem siegenden Licht. Unter so vielen herrlichen Früchten der bessern Bühne will ich nur zwei auszeichnen. Wie allgemein ist nur seit wenigen Jahren die Duldung der Religionen und Sekten geworden? – Noch ehe uns Nathan der Jude und Saladin der Sarazene beschämten und die göttliche Lehre uns predigten, dass Ergebenheit in Gott von unserm Wähnen über Gott so gar nicht abhängig sei – ehe noch Joseph der Zweite die fürchterliche Hyder des frommen Hasses bekämpfte, pflanzte die Schaubühne Menschlichkeit und Sanftmut in unser Herz, die abscheulichen Gemälde heidnischer Pfaffenwut lehrten uns Religionshass vermeiden – in diesem schrecklichen Spiegel wusch das Christentum seine Flecken ab. Mit ebenso glücklichem Erfolge würden sich von der Schaubühne Irrtümer der *Erziehung* bekämpfen lassen; das Stück ist noch zu hoffen, wo dieses merkwürdige Thema behandelt wird. Keine Angelegenheit ist dem Staat durch ihre Folgen so wichtig als diese, und doch ist keine so preisgegeben, keine dem Wahne, dem Leichtsinn des Bürgers so uneingeschränkt anvertraut, wie es diese ist. Nur die Schaubühne könnte die unglücklichen Schlachtopfer vernachlässigter Erziehung in rührenden, erschütternden Gemälden an ihm vorüberführen; hier könnten unsere Väter eigensinnigen Maximen entsagen, unsre Mütter vernünftiger lieben lernen. Falsche Begriffe führen das beste Herz des Erziehers irre; desto schlimmer, wenn sie sich noch mit *Methode* brüsten und den zarten Schößling in Philanthropinen[1] und Gewächshäusern systematisch zugrund richten. Der gegenwärtig herrschende Kitzel, mit Gottes Geschöpfen Christmarkt zu spielen, diese berühmte Raserei, Menschen zu drechseln und es Deukalion gleichzutun (mit dem Unterschied freilich, dass man aus Menschen nunmehr Steine macht, wie jener aus Steinen Menschen), verdiente es mehr als jede andere Ausschweifung der Vernunft, den Geißel der Satire zu fühlen.

Nicht weniger ließen sich – verstünden es die Oberhäupter und Vormünder des Staats – von der Schaubühne aus die Meinungen der Nation über Regierung und Regenten zurechtweisen. Die gesetzgebende Macht spräche hier durch fremde Symbole zu dem Untertan, verantwortete sich gegen seine Klagen, noch ehe sie laut werden, und bestäche seine Zweifelsucht, ohne es zu scheinen. Sogar Industrie und Erfindungsgeist könnten und würden vor dem Schauplatze Feuer fangen, wenn die Dichter es der Mühe wert hielten, Patrioten zu sein, und der Staat sich herablassen wollte, sie zu hören.

Unmöglich kann ich hier den großen Einfluss übergehen, den eine gute stehende Bühne auf den Geist der Nation haben würde. Nationalgeist eines Volks nenne ich die Ähnlichkeit und Übereinstimmung seiner Meinungen und Neigungen bei Gegenständen, worüber eine andere Nation anders meint und empfindet. Nur der Schaubühne ist es möglich, diese Übereinstimmung in einem hohen Grad zu bewirken, weil sie das ganze Gebiet des menschlichen Wissens durchwandert, alle Situationen des Lebens erschöpft und in alle Winkel des Herzens hinunterleuchtet; weil sie alle Stände und Klassen in sich vereinigt und den gebahntesten Weg zum Verstand und zum Herzen hat. Wenn in allen unsern Stücken *ein* Hauptzug herrschte, wenn unsre Dichter unter sich einig werden und einen festen Bund zu diesem Endzweck errichten wollten – wenn strenge Auswahl ihre Arbeiten leitete, ihr Pinsel nur Volksgegenständen sich weihte – mit einem Wort, wenn wir es erlebten, eine Nationalbühne zu haben, so würden wir auch eine Nation. Was kettete Griechenland so fest aneinander? Was zog das Volk so unwiderstehlich nach seiner Bühne? – Nichts anders als der vaterländische Inhalt der Stücke, der griechische Geist, das große überwältigende Interesse des Staats, der besseren Menschheit, das in denselbigen atmete.

Noch ein Verdienst hat die Bühne – ein Verdienst, das ich jetzt umso lieber in Anschlag bringe, weil ich vermute, dass ihr Rechtshandel mit ihren Verfolgern ohnehin schon gewonnen sein wird. Was bis hieher zu beweisen unternommen worden, dass sie auf Sitten und Aufklärung wesentlich wirke, war zweifelhaft – dass sie unter allen Erfindungen des Luxus und allen Anstalten zur gesellschaftlichen Ergötzlichkeit den Vorzug verdiene, haben selbst ihre Feinde gestanden. Aber was sie hier leistet, ist wichtiger, als man gewohnt ist zu glauben.

Die menschliche Natur erträgt es nicht, ununterbrochen und ewig auf der Folter der Geschäfte zu liegen,

---

[1] reformpädagogische Erziehungseinrichtungen in der Aufklärung

die Reize der Sinne sterben mit ihrer Befriedigung. Der Mensch, überladen von tierischem Genuss, der langen Anstrengung müde, vom ewigen Triebe nach Tätigkeit gequält, dürstet nach bessern, auserlesnern Vergnügungen oder stürzt zügellos in wilde Zerstreuungen, die seinen Hinfall beschleunigen und die Ruhe der Gesellschaft zerstören. Bacchantische Freuden, verderbliches Spiel, tausend Rasereien, die der Müßiggang aushecht, sind unvermeidlich, wenn der Gesetzgeber diesen Hang des Volks nicht zu lenken weiß. Der Mann von Geschäften ist in Gefahr, ein Leben, das er dem Staat so großmütig hinopferte, mit dem unseligen Spleen abzubüßen – der Gelehrte, zum dumpfen Pedanten herabzusinken – der Pöbel zum Tier. Die Schaubühne ist die Stiftung, wo sich Vergnügen mit Unterricht, Ruhe mit Anstrengung, Kurzweil mit Bildung gattet, wo keine Kraft der Seele zum Nachteil der andern gespannt, kein Vergnügen auf Unkosten des Ganzen genossen wird. Wenn Gram an dem Herzen nagt, wenn trübe Laune unsre einsame Stunden vergiftet, wenn uns Welt und Geschäfte anekeln, wenn tausend Lasten unsre Seele drücken und unsre Reizbarkeit unter Arbeiten des Berufs zu ersticken droht, so empfängt uns die Bühne – in dieser künstlichen Welt träumen wir die wirkliche hinweg, wir werden uns selbst wiedergegeben, unsre Empfindung erwacht, heilsame Leidenschaften erschüttern unsre schlummernde Natur und treiben das Blut in frischeren Wallungen. Der Unglückliche weint hier mit fremdem Kummer seinen eigenen aus – der Glückliche wird nüchtern und der Sichere besorgt. Der empfindsame Weichling härtet sich zum Manne, der rohe Unmensch fängt hier zum ersten Mal zu empfinden an. Und dann endlich – welch ein Triumph für dich, Natur – so oft zu Boden getretene, so oft wieder auferstehende Natur – wenn Menschen aus allen Kreisen und Zonen und Ständen, abgeworfen jede Fessel der Künstelei und der Mode, herausgerissen aus jedem Drange des Schicksals, durch *eine* allwebende Sympathie verbrüdert, in *ein* Geschlecht wieder aufgelöst, ihrer selbst und der Welt vergessen und ihrem himmlischen Ursprung sich nähern. Jeder Einzelne genießt die Entzückungen aller, die verstärkt und verschönert aus hundert Augen auf ihn zurückfallen, und seine Brust gibt jetzt nur *einer* Empfindung Raum – es ist diese: ein *Mensch* zu sein.

Friedrich Schiller: Sämtliche Werke. Fünfter Band: Erzählungen. Theoretische Schriften. Auf Grund der Originaldrucke hrsg. von Gerhard Fricke und Herbert G. Göpfert. 9., durchges. Aufl. Darmstadt 1993: Wiss. Buchges., S. 822–831.

Höfisches und Nationaltheater: zwei Lexikonartikel

Höfisches Theater Alle Theaterformen der europäischen Fürstenhöfe von der Renaissance, vom 16. Jh., bis ins 18. Jh. werden unter dieser Bezeichnung zusammengefasst. Das höfische Theater entwickelte sich zuerst im Italien des beginnenden 16. Jh.s, als an den Höfen Liebhabertheater entstanden. Unter aktiver Teilnahme der höfischen Gesellschaft fanden in kleinem Kreis Laienaufführungen sowohl von antiken Komödien des Plautus oder Terenz als auch von zeitgenössischen Stücken statt. So wurde z.B. von Ludovico Ariosto *Der rasende Roland* oder von Il Bibbiena *Calandria* aufgeführt. Die Adligen waren Darsteller und zugleich Zuschauer. Wie groß die Begeisterung für solche vorwiegend der Zerstreuung dienenden Laienaufführungen war, zeigte sich noch im 18. Jh. Das Hoftheater in Weimar, das Goethe leitete, war anfangs eine reine Liebhaberbühne.

Eine ganz andere Aufgabe hatten dagegen die höfischen Feste, die im Zeitalter des Barock, im 16./17. Jh., ihren Höhepunkt erreichten. Sie dienten dazu, Macht zu demonstrieren und den Fürsten zu verherrlichen. Sie wurden z.B. bei Hochzeiten, Thronbesteigungen und Taufen veranstaltet und dauerten meist mehrere Tage oder Wochen. In der Regel eröffnete sie der Trionfo, der Einzug der Gäste und die Huldigung an den Fürsten. Darauf folgten unterschiedliche Darbietungen, an denen der Hof zum Teil selber teilnahm: Jagden, Turniere, Wasserspiele, Rossballette, Schauspiel, Tanz und Musik. Den Abschluss des höfischen Festes bildete meist ein mehrstündiges Feuerwerk.

Das höfische Fest war ein Theater der Allegorie, z.B. trat der Herrscher selbst auf und verkörperte Personen aus der griechischen Götterwelt, die seine eigene Stellung verdeutlichen sollten. So stellt die Figur des Mars die militärische Macht, Herkules die zivile Macht und Apollon die kulturelle Macht dar. Für die prunkvolle Ausstattung, die szenischen Effekte engagierte man berühmte Maler und Architekten der Zeit. Höfische Feste waren in ganz Europa verbreitet; die glänzendsten fanden aber in Italien, in Mailand, Ferrara, Mantua, Modena und Padua, statt.

Aus den italienischen Hoffesten entwickelte sich das **dramma per musica**, die Oper. Sie beherrschte die europäische Hofkunst bis Ende des 18. Jh.s. Die italienische Oper war international, sie wurde ebenso an den Höfen Englands, Polens, Frankreichs wie in den deutschen Residenzen gespielt.

Eine eigene Entwicklung nahm das höfische Theater in Frankreich. Hier wurde das **Ballett** verfeinert und vervollkommnet, seine Formen verbreiteten sich über das höfische Europa und finden sich schließlich auch auf der bürgerlichen Bühne.

Das höfische Theater war international. Sänger, Tänzer, Bühnenmaler und -architekten aus den verschiedensten Ländern reisten von Hof zu Hof und versuchten dort, ihre Künste immer weiter zu vervollkommnen, indem sie auf nationale Eigenheiten immer mehr verzichteten. Gleichzeitig wurden dadurch Entwicklungen nationaler Theaterkulturen gehemmt.

Nationaltheater Ein solches Theater ist der Selbstdarstellung einer Nation als staatlich-politische oder kulturelle Einheit verpflichtet und hat in diesem Sinn die Pflege der nationalen Dramatik und Schauspielkunst zum Ziel. Meist ist es das Repräsentationstheater und die führende Bühne eines Landes, aus Zentralmitteln des Staates finanziert.

Der Nationaltheater-Gedanke entstand im 18. Jh. und ging einher mit der Herausbildung von Nationalstaaten in Europa. Bereits 1680 ließ Ludwig XIV. in Frankreich die erste Nationalbühne Europas, die Comédie Française (auch Théâtre Français), errichten. 1748 folgte die Gründung des dänischen Nationaltheaters in Kopenhagen unter der Direktion des Dramatikers Ludwig Holberg (1684–1764), 1783 eröffnete das tschechische Nationaltheater in Prag und 1799 das Teatr Narodowy in Warschau. Erneut aufgegriffen wurde der Nationaltheater-Gedanke im 19. Jh. von politischen Befreiungsbewegungen, insbesondere in Ost- und Südost-Europa sowie durch den aufkommenden Nationalismus. Nationaltheater entstanden u.a. in Belgrad, Budapest, Zagreb und Oslo. Erst viel später kam es zur Gründung einer englischen Nationalbühne, des National Theatre, das 1962 von dem Schauspieler Sir Lawrence Olivier als Gegengewicht zum kommerziellen britischen Theaterbetrieb mit staatlicher Unterstützung aufgebaut wurde.

Während all diese Gründungen Ausdruck eines nationalen Selbstbewusstseins und politischer Souveränität waren, sie daher auch als Staatstheater zu bezeichnen sind, blieb das Nationaltheater der Deutschen weitgehend ein Traum, der wie in keinem anderen Land eine Fülle von theoretischen Schriften hervorbrachte. Die Geschichte des Nationaltheaters und der Nationaltheater-Idee in Deutschland ist eine Geschichte des permanenten Scheiterns, das zusammenhängt mit den Besonderheiten der politischen Konstellation.

Als die Nationaltheater-Idee Mitte des 18. Jh.s auch in Deutschland aufkam, bestand im Unterschied beispielsweise zu Frankreich kein einheitliches deutsches Staatsgebiet, sondern nur eine Vielzahl von Königreichen, Herzog- und Kleinfürstentümern, sodass der Nationaltheater-Gedanke von vornherein nicht auf die Gründung eines Theaters zielen konnte, in dem der Staat sich repräsentiert. Das Nationaltheater in Deutschland war ein Projekt des wirtschaftlich aufstrebenden, politisch aber ohnmächtigen Bürgertums, ein Theater, das nicht mehr – wie bis dahin das Hoftheater – nur der adligen Gesellschaft dienen, sondern die politischen, wirtschaftlichen und ethischen Interessen des Bürgertums verhandeln sollte. Verstanden als eine Institution bürgerlicher Öffentlichkeit, sollte es die Aufklärungsideale und eine spezifisch bürgerliche Dramatik befördern, die im Begriff stand, sich von der Vorherrschaft der ästhetischen Normen des französischen Theaters zu emanzipieren und nationale Eigenarten zu entwickeln.

Die Forderung nach einem deutschen Nationaltheater formulierte erstmals der Dramatiker und Dramentheoretiker Johann Elias Schlegel (1719–49). In seiner Abhandlung *Gedanken zur Aufnahme des dänischen Theaters* (1746) gibt er Hinweise auf die Organisation des Theaters und bestimmt dieses als nicht nur moralische Bildungs- und Erbauungsstätte eines gelehrten Publikums, sondern auch als Vergnügungsstätte des „gemeinen Mannes". Außerdem entwickelte er darin seine ästhetischen und dramentheoretischen Auffassungen, die sich gegen die klassizistischen Regel- und Stilvorstellungen wenden. Sich auf die Dramen von Sophokles und Shakespeare als Vorbilder berufend, sind die Darstellung individueller Charaktere und die Bearbeitung nationalgeschichtlicher Stoffe die Hauptfaktoren seiner Theorie. Damit schuf er entscheidende theoretische Grundlagen für die Entstehung des ersten Nationaltheaters in Deutschland, das 1767 in Hamburg eröffnete. Schlegels Dramentheorie wies den Weg zu Lessings realistischem bürgerlichen Drama, dem Bürgerlichen Trauerspiel, mit dem er in Theorie und Praxis einer dramatischen Gattung zum Durchbruch verhalf, die sich endgültig von französischen Vorbildern gelöst hatte und angemessener Ausdruck der Interessen des Bürgertums war. Schlegel gab auch einer Reform der Schauspielkunst wichtige Impulse, die vor allem Konrad Ekhof (1720–78) einleitete.

Ekhof versuchte als Schauspieler, eine bewusst natürliche Spielweise durchzusetzen, die ihm der sich entwickelnden bürgerlichen Dramatik angemessener erschien als die stilisierende Gestaltung und pathetische Deklamation nach französischem Vorbild. In der von ihm gegründeten Theaterakademie sollte die Schauspielkunst wissenschaftlich und seinen ästhetischen Vorstellungen entsprechend gefördert, dem Schauspieler Bildung und Erkenntnisse vermittelt und er zu bürgerlicher Arbeitsmoral erzogen werden.

Das Hamburger Nationaltheater von 1767 (Bleistiftzeichnung von 1827)
(akg-images GmbH)

In der Aufwertung der Schauspielkunst zu einem bürgerlichen Beruf, in der Heranbildung eines Ensembles und der Entwicklung einer realistischen Spielweise sah Ekhof den Kern für die Schaffung eines Nationaltheaters.

Eine weitere Voraussetzung für die Verwirklichung war die Errichtung von **stehenden Bühnen.** Das Theaterwesen in Deutschland prägten, von wenigen Ausnahmen abgesehen, im 18. Jh. die Wandertruppen, die als Kleingewerbetreibende von Ort zu Ort zogen und ein virtuoses, improvisierendes Spiel pflegten. Ein gehobenes und regelmäßiges Schauspiel, wie es die bürgerliche Dramatik verlangte und worauf die Ekhofschen Reformen zielten, war nur möglich, wenn die Wandertruppen als sesshafte Ensembles in festen Theatern spielten. Einen wichtigen Beitrag dazu leistete Konrad Ernst Ackermann (1712–71). Er debütierte als Schauspieler in der Schönemann'schen Gesellschaft unter Ekhof und gründete 1753 eine eigene Wandertruppe. Als erster Schauspieler im 18. Jh. erwarb er 1764 in Hamburg das Bürgerrecht einer Stadt und erbaute dort ein festes, ortsgebundenes Theater für sein Ensemble, eine der ersten stehenden Bühnen.

Erst das Zusammenkommen aller drei Faktoren, die Herausbildung einer bürgerlichen Dramatik, die Entwicklung einer realistischen Schauspielkunst und die Errichtung stehender Bühnen machte es möglich, dass 1767 das erste Nationaltheater in Deutschland, die **Hamburger Entreprise**, auf Initiative dreier Kaufleute gegründet werden konnte, die sich zu diesem Zweck zu einer Aktiengesellschaft zusammengeschlossen hatten. Ackermann pachtete das Schauspielhaus samt Dekoration und Kostümen. Einer der Aktionäre, Abel Seyler (1730–1800), übernahm die kaufmännische Leitung des Unternehmens, der Schriftsteller und ehemalige Mitarbeiter der Schönemann'schen Gesellschaft Johann Friedrich Löwen (1727–71) die künstlerische Direktion, und als Theaterdichter und Dramaturgen berief man Lessing. Das Ensemble setzte sich aus Teilen der Ackermann'schen, der Schönemann'schen und Koch'schen Gesellschaft zusammen; u.a. gehörte ihm auch Ekhof an. Lessings *Minna von Barnhelm* wurde an der Entreprise uraufgeführt. Eine Pflegestätte nationaler Dramatik konnte das Nationaltheater allerdings nicht werden, ebenso wenig eine Bühne für die Reformbestrebungen Ekhofs. Die Eitelkeit von Schauspielern, finanzielle Probleme und nicht zuletzt das Ausbleiben eines interessierten Publikums führten bereits 1769 wieder zur Schließung.

Ein Jahrzehnt später, 1779, rief Karl Theodor Kurfürst von der Pfalz erneut ein Nationaltheater ins Leben, und zwar diesmal in Mannheim. Die Leitung des **Mannheimer Nationaltheaters** hatte der badische Staatsminister und Schriftsteller Wolfgang Heribert Reichsfreiherr von Dalberg (1758–1806), der durch gezielte Engagements ein hervorragendes Ensemble heranbildete. Nach Art der Ekhof'schen Theaterakademie erörterte er mit den Schauspielern Stücke, Aufführungen und allgemeine Kunstfragen und strebte eine bürgerlich-realistische Spielweise an. Er brachte die Uraufführungen deutschsprachiger Bühnenwerke heraus, insbesondere die Dramen Schillers, der 1783–84 in Mannheim als Theaterdichter angestellt war. So wurden *Die Räuber*, *Die Verschwörung des Fiesco zu Genua* und *Kabale und Liebe* hier uraufgeführt. Obwohl keine Gründung des Bürgertums, entwickelte sich das Mannheimer Nationaltheater durchaus in dessen Sinn und war unter Dalberg die führende deutschsprachige Schauspielbühne. Als Dalberg sich 1803 aus der Leitung zurückzog, verfiel das Theater jedoch rapide und ging als Stadttheater schließlich in die Verwaltung der Stadt Mannheim über. Es behielt zwar bis heute die Bezeichnung „Nationaltheater", hatte aber inhaltlich und organisatorisch mit der Nationaltheater-Idee nichts mehr gemein, genauso wenig wie das Burgtheater in Wien und das Berliner Hoftheater, die 1779 bzw. 1786 zu Nationaltheatern erklärt worden waren. Es handelte sich dabei um bloße Namensänderungen.

Aktuell wurde der Nationaltheater-Gedanke erst wieder im Zusammenhang mit der bürgerlichen Revolution von 1848/49. Insbesondere der Sänger, Schauspieler, Regisseur und Schriftsteller Eduard Devrient (1801–77), der Journalist, Dramaturg und Theaterleiter Heinrich Laube (1806–84) und der Komponist Richard Wagner (1813–83) setzten sich in zahlreichen Publikationen für die Gründung eines Nationaltheaters in Deutschland ein, mussten mit dem Scheitern der Revolution jedoch ihre Pläne wieder aufgeben. Zwar rief Wagner das von ihm 1876 in Bayreuth gegründete Festspielhaus zum Nationaltheater aus, meinte damit aber wohl eher – im Sinne des seit der Reichsgründung 1871 erstarkten deutschen Nationalismus – ein vaterländisches Theater. Zudem blieb Bayreuth von Anbeginn für die Aufführungen ausschließlich Wagners eigener Werke reserviert.

Nach Gründung der Weimarer Republik benannte man 1919 das Weimarer Hoftheater in **Deutsches Nationaltheater** um. Das Weimarer Theater war eine historische Stätte von besonderer Bedeutung. Es war das Theater, das einst Goethe unter zeitweiliger Mitwirkung von Schiller geleitet und zur führenden Bühne der deutschen Klassik gemacht hatte, und es war der Ort, an dem 1919 die Nationalversammlung getagt und die Weimarer Verfassung verabschiedet hatte. Die Umbenennung gerade dieses Theaters in Nationaltheater sollte ein deutliches Zeichen sein, dass das erste bürgerlich-demokratische Staatswesen auf deutschem Boden sich nicht nur als politische Einheit definierte, sondern auch als eine Kulturnation, die an die Tradition der deutschen Klassik anknüpfte. Aufgrund der Dominanz der Theatermetropole Berlin konnte das Weimarer Theater allerdings zu keinem Zeitpunkt die Aufgabe eines Nationaltheaters erfüllen, weder als repräsentatives Staatstheater noch als Institution einer bürgerlich-republikanischen Öffentlichkeit.

Als die Nationalsozialisten in Deutschland die Macht ergriffen, rückte der Begriff „Nationaltheater" noch ein letztes Mal in den Mittelpunkt der Diskussion. Er war Kern der faschistischen Theaterprogrammatik: Alle deutschsprachigen Bühnen sollten Nationaltheater sein. Eine demagogische Formel, die den aufklärerischen Charakter der Nationaltheater-Idee nahezu ins Gegenteil verkehrte, denn die Nationalsozialisten verstanden darunter die politische Instrumentalisierung des Theaters für faschistische Propaganda und Agitation.

Beide Artikel aus: Theaterlexikon. Kompaktwissen für Schüler und junge Erwachsene. 2. durchges. Auflage. Cornelsen Verlag Scriptor, 1991, S. 153–155, 209–213; © Lothar Schwab

Georg Büchner: Der Hessische Landbote von 1834
(Auszüge)

Der Hessische Landbote.

Erste Botschaft.

Darmstadt, im Juli 1834.

Vorbericht.

Dieses Blatt soll dem hessischen Lande die Wahrheit melden, aber wer die Wahrheit sagt, wird gehenkt, ja sogar der, welcher die Wahrheit liest, wird durch meineidige Richter vielleicht ge..aft. Darum haben die, welchen dies Blatt zukommt, folgendes zu beobachten:

1) Sie müssen das Blatt sorgfältig außerhalb ihres Hauses vor der Polizei verwahren;
2) sie dürfen es nur an treue Freunde mittheilen;
3) denen, welchen sie nicht trauen, wie sich selbst, dürfen sie es nur heimlich hinlegen;
4) würde das Blatt dennoch bei Einem gefunden, der es gelesen hat, so muß er gestehen, daß er es eben dem Kreisrath habe bringen wollen;
5) wer das Blatt nicht gelesen hat, wenn man es bei ihm fin=det, der ist natürlich ohne Schuld.

Friede den Hütten! Krieg den Pallästen!

Im Jahr 1834 siehet es aus, als würde die Bibel Lügen gestraft. Es sieht aus, als hätte Gott die Bauern und Handwerker am 5ten Tage, und die Fürsten und Vornehmen am 6ten gemacht, und als hätte der Herr zu diesen gesagt: Herrschet über alles Gethier, das auf Erden kriecht, und hätte die Bauern und Bürger zum Gewürm gezählt. Das Leben der Vornehmen ist ein langer Sonntag, sie wohnen in schö=nen Häusern, sie tragen zierliche Kleider, sie haben feiste Gesichter und reden eine eigne Sprache; das Volk aber liegt vor ihnen wie Dünger auf dem Acker. Der Bauer geht hinter dem Pflug, der Vornehme aber geht hinter ihm und dem Pflug und treibt ihm mit den Ochsen am Pflug, er nimmt das Korn und läßt ihm die Stoppeln. Das Le=ben des Bauern ist ein langer Werktag; Fremde verzehren seine Aecker vor seinen Augen, sein Leib ist eine Schwiele, sein Schweiß ist das Salz auf dem Tische des Vornehmen.

Im Großherzogthum Hessen sind 718,373 Einwohner, die geben an den Staat jährlich an 6,363,364 Gulden, als

1) Direkte Steuern	2,128,131	fl.
2) Indirecte Steuern	2,478,264	„
3) Domänen	1,547,394	„
4) Regalien	46,938	„
5) Geldstrafen	98,511	„
6) Verschiedene Quellen	64,198	„
	6,363,363	fl.

Dies Geld ist der Blutzehnte, der von dem Leib des Volkes ge=nommen wird. An 700,000 Menschen schwitzen, stöhnen und hungern dafür. Im Namen des Staates wird es erpreßt, die Presser berufen sich auf die Regierung und die Regierung sagt, das sey nöthig die Ordnung im Staat zu erhalten. Was ist denn nun das für gewalti=ges Ding: der Staat? Wohnt eine Anzahl Menschen in einem Land und es sind Verordnungen oder Gesetze vorhanden, nach denen jeder sich richten muß, so sagt man, sie bilden einen Staat. Der Staat also sind Alle; die Ordner im Staate sind die Gesetze, durch welche das Wohl Aller gesichert wird, und die aus dem Wohl Aller hervorgehen sollen. — Seht nun, was man in dem Großherzogthum aus dem Staat gemacht hat; seht was es heißt: die Ordnung im Staate erhalten!

Faksimile des Originals

Der Hessische Landbote

Erste Botschaft

Darmstadt, im Juli 1834.

Vorbericht

Dieses Blatt soll dem hessischen Lande die Wahrheit melden, aber wer die Wahrheit sagt, wird gehenkt; ja sogar der, welcher die Wahrheit liest, wird durch meineidige Richter vielleicht gestraft. Darum haben die, welchen dies Blatt zukommt, Folgendes zu beobachten:

1. Sie müssen das Blatt sorgfältig außerhalb ihres Hauses vor der Polizei verwahren;
2. sie dürfen es nur an treue Freunde mitteilen;
3. denen, welchen sie nicht trauen wie sich selbst, dürfen sie es nur heimlich hinlegen;
4. würde das Blatt dennoch bei einem gefunden, der es gelesen hat, so muss er gestehen, dass er es eben dem Kreisrat habe bringen wollen;
5. wer das Blatt nicht gelesen hat, wenn man es bei ihm findet, der ist natürlich ohne Schuld.

Friede den Hütten! Krieg den Palästen!

Im Jahre 1834 siehet es aus, als würde die Bibel Lügen gestraft. Es sieht aus, als hätte Gott die Bauern und Handwerker am fünften Tage und die Fürsten und Vornehmen am sechsten gemacht, und als hätte der Herr zu diesen gesagt: „Herrschet über alles Getier, das auf Erden kriecht", und hätte die Bauern und Bürger zum Gewürm gezählt. Das Leben der *Vornehmen* ist ein langer Sonntag: Sie wohnen in schönen Häusern, sie tragen zierliche Kleider, sie haben feiste Gesichter und reden eine eigne Sprache; das Volk aber liegt vor ihnen wie Dünger auf dem Acker. Der Bauer geht hinter dem Pflug, der *Vornehme* aber geht hinter ihm und dem Pflug und treibt ihn mit den Ochsen am Pflug, er nimmt das Korn und lässt ihm die Stoppeln. Das Leben des Bauern ist ein langer Werktag; Fremde verzehren seine Äcker vor seinen Augen, sein Leib ist eine Schwiele, sein Schweiß ist das Salz auf dem Tische des *Vornehmen*.

Im Großherzogtum Hessen sind 718 373 Einwohner, die geben an den Staat jährlich an 6 363 364 Gulden, als

1. Direkte Steuern	2 128 131 Fl.
2. Indirekte Steuern	2 478 264 "
3. Domänen	1 547 394 "
4. Regalien	46 938 "
5. Geldstrafen	98 511 "
6. Verschiedene Quellen	64 198 "
	6 363 363 Fl.

Dies Geld ist der Blutzehnte, der vom Leib des Volkes genommen wird. An 700 000 Menschen schwitzen, stöhnen und hungern dafür. Im Namen des Staates wird es erpresst, die Presser berufen sich auf die Regierung, und die Regierung sagt, das sei nötig, die Ordnung im Staat zu erhalten. Was ist denn nun das für gewaltiges Ding: der Staat? Wohnt eine Anzahl Menschen in einem Land und es sind Verordnungen oder Gesetze vorhanden, nach denen jeder sich richten muss, so sagt man, sie bilden einen Staat. Der Staat also sind *alle*; die Ordner im Staate sind die Gesetze, durch welche das Wohl *aller* gesichert wird und die aus dem Wohl *aller* hervorgehen sollen. – Seht nun, was man in dem Großherzogtum aus dem Staat gemacht hat; seht, was es heißt: die Ordnung im Staate erhalten! 700 000 Menschen bezahlen dafür 6 Millionen, d. h., sie werden zu Ackergäulen und Pflugstieren gemacht, damit sie in Ordnung leben. In Ordnung leben heißt hungern und geschunden werden. Wer sind denn die, welche diese Ordnung gemacht haben und die wachen, diese Ordnung zu erhalten? Das ist die Großherzogliche Regierung. Die Regierung wird gebildet von dem Großherzog und seinen obersten Beamten. Die andern Beamten sind Männer, die von der Regierung berufen werden, um jene Ordnung in Kraft zu erhalten. Ihre Anzahl ist Legion: Staatsräte und Regierungsräte, Landräte und Kreisräte, geistliche Räte und Schulräte, Finanzräte und Forsträte usw. mit allem ihrem Heer von Sekretären usw. Das Volk ist ihre Herde, sie sind seine Hirten, Melker und Schinder; sie haben die Häute der Bauern an, der Raub der Armen ist in ihrem Hause; die Tränen der Witwen und Waisen sind das Schmalz auf ihren Gesichtern; sie herrschen frei und ermahnen das Volk zur Knechtschaft. Ihnen gebt ihr 6 000 000 Fl. Abgaben; sie haben dafür die Mühe, euch zu regieren; d. h. sich von euch füttern zu lassen und euch eure Menschen- und Bürgerrechte zu rauben. Sehet, was die Ernte eures Schweißes ist!

Für das Ministerium des Innern und der Gerechtigkeitspflege werden bezahlt 1 110 607 Gulden. Dafür habt ihr einen Wust von Gesetzen, zusammengehäuft aus willkürlichen Verordnungen aller Jahrhunderte, meist geschrieben in einer fremden Sprache. Der Unsinn aller vorigen Geschlechter hat sich darin auf euch vererbt, der Druck, unter dem sie erlagen, sich auf euch fortgewälzt. Das Gesetz ist das Eigentum einer unbedeutenden Klasse von *Vornehmen* und Gelehrten, die sich durch ihr eignes Machwerk die Herrschaft zuspricht. Diese Gerechtigkeit ist nur ein Mittel, euch in Ordnung zu halten, damit man euch bequemer schinde; sie spricht nach Gesetzen, die ihr nicht versteht, nach Grundsätzen, von denen ihr nichts wisst, Urteile, von denen ihr nichts begreift. Unbestechlich ist sie, weil sie sich gerade teuer genug bezahlen lässt, um keine Bestechung zu brauchen. Aber die meisten ihrer Diener sind der Regierung mit Haut und Haar verkauft. Ihre Ruhestühle stehen auf einem Geldhaufen von 461 373 Gulden (so viel betragen die Ausgaben für die Gerichtshöfe und die Kriminalkosten). Die Fräcke, Stöcke und Säbel ihrer unverletzlichen Diener sind mit dem Silber von 197 502 Gulden beschlagen (so viel kostet die Polizei überhaupt, die Gendarmerie usw.). Die Justiz ist in Deutschland seit Jahrhunderten die Hure der deutschen Fürsten. Jeden Schritt zu ihr müsst ihr mit Silber pflastern, und mit Armut und Erniedrigung erkauft ihr ihre Sprüche. Denkt an das Stempelpapier, denkt an euer Bücken in den Amtsstuben und euer Wachestehen vor denselben. Denkt an die Sporteln[1] für Schreiber und Gerichtsdiener. Ihr dürft euern Nachbar verklagen, der euch eine Kartoffel stiehlt; aber klagt einmal über den Diebstahl, der von Staats wegen unter dem Namen von Abgabe und Steuern jeden Tag an eurem Eigentum begangen wird; damit eine Legion unnützer Beamten sich von eurem Schweiße mästen; klagt einmal, dass ihr der Willkür einiger Fettwänste überlassen seid und dass diese Willkür Gesetz heißt, klagt, dass ihr die Ackergäule des Staates seid, klagt über eure verlorne Menschenrechte: wo sind die Gerichtshöfe, die eure Klage annehmen, wo die Richter, die Recht sprächen? – Die Ketten eurer Vogelsberger Mitbürger, die man nach Rockenburg schleppte, werden euch Antwort geben. *Und will endlich ein Richter oder ein andrer Beamte von den wenigen, welchen das Recht und das gemeine Wohl lieber ist als ihr Bauch und der Mammon, ein Volksrat und kein Volksschinder sein, so wird er von den obersten Räten des Fürsten selber geschunden.*

Für das Ministerium der Finanzen 1 551 502 Fl. Damit werden die Finanzräte, Obereinnehmer, Steuerboten, die Untererheber besoldet. Dafür wird der Ertrag eurer Äcker berechnet und eure Köpfe gezählt. Der Boden unter euren Füßen, der Bissen zwischen euren Zähnen ist besteuert.

Dafür sitzen die Herren in Fräcken beisammen, und das Volk steht nackt und gebückt vor ihnen; sie legen die Hände an seine Lenden und Schultern und rechnen aus, wie viel es noch tragen kann, und wenn sie barmherzig sind, so geschieht es nur, wie man ein Vieh schont, das man nicht so sehr angreifen will.

Für das Militär wird bezahlt 914 820 Gulden. Dafür kriegen eure Söhne einen bunten Rock auf den Leib, ein Gewehr oder eine Trommel auf die Schulter und dürfen jeden Herbst einmal blind schießen und erzählen, wie die Herren vom Hof und die ungeratenen Buben vom Adel allen Kindern ehrlicher Leute vorgehen und mit ihnen in den breiten Straßen der Städte herumziehen mit Trommeln und Trompeten. Für jene 900 000 Gulden müssen eure Söhne den Tyrannen schwören und Wache halten an ihren Palästen. Mit ihren Trommeln übertäuben sie eure Seufzer, mit ihren Kolben zerschmettern sie euch den Schädel, wenn ihr zu denken wagt, dass ihr freie Menschen seid. Sie sind die gesetzlichen Mörder, welche die gesetzlichen Räuber schützen; denkt an Södel! Eure Brüder, eure Kinder waren dort Bruder- und Vatermörder.

Für die Pensionen 480 000 Gulden. Dafür werden die Beamten aufs Polster gelegt, wenn sie eine gewisse Zeit dem Staate treu gedient haben, d. h. wenn sie eifrige Handlanger bei der regelmäßig eingerichteten Schinderei gewesen, die man Ordnung und Gesetz heißt.

Für das Staatsministerium und den Staatsrat 174 600 Gulden. Die größten Schurken stehen wohl jetzt allerwärts in Deutschland den Fürsten am nächsten, wenigstens im Großherzogtum. Kommt ja ein ehrlicher Mann in einen Staatsrat, so wird er ausgestoßen. Könnte aber auch ein ehrlicher Mann jetzo Minister sein oder bleiben, so wäre er, wie die Sachen stehn in Deutschland, nur eine Drahtpuppe, an der die fürstliche Puppe zieht; und an dem fürstlichen Popanz[2] zieht wieder ein Kammerdiener oder ein Kutscher oder seine Frau und ihr Günstling oder sein Halbbruder – oder alle zusammen.

In Deutschland stehet es jetzt, wie der Prophet Micha schreibt, Kap. 7, V. 3 und 4: „Die Gewaltigen raten nach ihrem Mutwillen, Schaden zu tun, und drehen es, wie sie es wollen. Der Beste unter ihnen ist wie ein Dorn, und der Redlichste wie eine Hecke." Ihr müsst die Dörner und Hecken teuer bezahlen! denn ihr müsst ferner für das großherzogliche Haus und den Hofstaat 827 772 Gulden bezahlen.

Die Anstalten, die Leute, von denen ich bis jetzt gesprochen, sind nur Werkzeuge, sind nur Diener. Sie tun nichts in ihrem Namen, unter der Ernennung zu ihrem Amt steht ein L., das bedeutet *Ludwig* von Gottes Gnaden, und sie sprechen mit Ehrfurcht: „Im Namen des Großherzogs." Dies ist ihr Feldgeschrei, wenn sie euer Gerät versteigern, euer Vieh wegtreiben, euch in den Kerker werfen. Im Namen des Großherzogs sagen sie, und der Mensch, den sie so nennen, heißt: unverletzlich, heilig, souverän, königliche Hoheit. Aber tretet zu dem Menschenkinde und blickt durch seinen Fürstenmantel. Es isst, wenn es hungert, und schläft, wenn sein Auge dunkel wird. Sehet, es kroch so nackt und weich in die Welt wie ihr und wird so hart und steif hinausgetragen wie ihr, und doch hat es seinen Fuß auf eurem Nacken, hat 700 000 Menschen an seinem Pflug, hat Minister, die verantwortlich sind für das, was es tut, hat Gewalt über euer Eigentum durch die Steuern, die es ausschreibt, über euer Leben durch die Gesetze, die es macht, es hat adlige Herrn und Damen um sich, die man Hofstaat heißt, und seine göttliche Gewalt vererbt sich auf seine Kinder mit Weibern, welche aus ebenso übermenschlichen Geschlechtern sind.

---

[1] Beamteneinkommen, Gebühren

[2] Schreckgestalt, willenloser Mensch

Wehe über euch Götzendiener! – Ihr seid wie die Heiden, die das Krokodil anbeten, von dem sie zerrissen werden. Ihr setzt ihm eine Krone auf, aber es ist eine Dornenkrone, die ihr euch selbst in den Kopf drückt; ihr gebt ihm ein Zepter in die Hand, aber es ist eine Rute, womit ihr gezüchtigt werdet; ihr setzt ihn auf euern Thron, aber es ist ein Marterstuhl für euch und eure Kinder. Der Fürst ist der Kopf des Blutigels, der über euch hinkriecht, die Minister sind seine Zähne und die Beamten sein Schwanz. Die hungrigen Mägen aller vornehmen Herren, denen er die hohen Stellen verteilt, sind Schröpfköpfe, die er dem Lande setzt. Das L., was unter seinen Verordnungen steht, ist das Malzeichen des Tieres, das die Götzendiener unserer Zeit anbeten. Der Fürstenmantel ist der Teppich, auf dem sich die Herren und Damen vom Adel und Hofe in ihrer Geilheit übereinanderwälzen – mit Orden und Bändern decken sie ihre Geschwüre, und mit kostbaren Gewändern bekleiden sie ihre aussätzigen Leiber. Die Töchter des Volks sind ihre Mägde und Huren, die Söhne des Volks ihre Lakaien und Soldaten. Geht einmal nach Darmstadt und seht, wie die Herren sich für euer Geld dort lustig machen, und erzählt dann euern hungernden Weibern und Kindern, dass ihr Brot an fremden Bäuchen herrlich angeschlagen sei, erzählt ihnen von den schönen Kleidern, die in ihrem Schweiß gefärbt, und von den zierlichen Bändern, die aus den Schwielen ihrer Hände geschnitten sind, erzählt von den stattlichen Häusern, die aus den Knochen des Volks gebaut sind; und dann kriecht in eure rauchigen Hütten und bückt euch auf euren steinichten Äckern, damit eure Kinder auch einmal hingehen können, wenn ein Erbprinz mit einer Erbprinzessin für einen andern Erbprinzen Rat schaffen will, und durch die geöffneten Glastüren das Tischtuch sehen, wovon die Herren speisen, und die Lampen riechen, aus denen man mit dem Fett der Bauern illuminiert.

Das alles duldet ihr, weil euch Schurken sagen: diese Regierung sei von Gott. Diese Regierung ist nicht von Gott, sondern vom Vater der Lügen. Diese deutschen Fürsten sind keine rechtmäßige Obrigkeit, sondern die rechtmäßige Obrigkeit, den deutschen Kaiser, der vormals vom Volke frei gewählt wurde, haben sie seit Jahrhunderten verachtet und endlich gar verraten. Aus Verrat und Meineid, und nicht aus der Wahl des Volkes, ist die Gewalt der deutschen Fürsten hervorgegangen, und darum ist ihr Wesen und Tun von Gott verflucht! Ihre Weisheit ist Trug, ihre Gerechtigkeit ist Schinderei. Sie zertreten das Land und zerschlagen die Person des Elenden. Ihr lästert Gott, wenn ihr einen dieser Fürsten einen Gesalbten des Herrn nennt, d. h. Gott habe die Teufel gesalbt und zu Fürsten über die deutsche Erde gesetzt. Deutschland, unser liebes Vaterland, haben diese Fürsten zerrissen, den Kaiser, den unsere freien Voreltern wählten, haben diese Fürsten verraten, und nun fordern diese Verräter und Menschenquäler Treue von euch! – Doch das Reich der Finsternis neiget sich zum Ende. Über ein kleines, und Deutschland, das jetzt die Fürsten schinden, wird als ein Freistaat mit einer vom Volk gewählten Obrigkeit wieder auferstehn. Die Heilige Schrift sagt: „Gebet dem Kaiser, was des Kaisers ist." Was ist aber dieser Fürsten, der Verräter? – Das Teil von J u d a s !

Für die Landstände 16 000 Gulden.

Im Jahr 1789 war das Volk in Frankreich müde, länger die Schindmähre seines Königs zu sein. Es erhob sich und berief Männer, denen es vertraute, und die Männer traten zusammen und sagten, ein König sei ein Mensch wie ein anderer auch, er sei nur der erste Diener im Staat, er müsse sich vor dem Volk verantworten, und wenn er sein Amt schlecht verwalte, könne er zur Strafe gezogen werden. Dann erklärten sie die Rechte des Menschen: „ Keiner erbt vor dem andern mit der Geburt ein Recht oder einen Titel, keiner erwirbt mit dem Eigentum ein Recht vor dem andern. Die höchste Gewalt ist in dem Willen aller oder der Mehrzahl. Dieser Wille ist das Gesetz, er tut sich kund durch die Landstände oder die Vertreter des Volks, sie werden von allen gewählt, und jeder kann gewählt werden; diese Gewählten sprechen den Willen ihrer Wähler aus, und so entspricht der Wille der Mehrzahl unter ihnen dem Willen der Mehrzahl unter dem Volke; der König hat nur für die Ausübung der von ihnen erlassenen Gesetze zu sorgen." Der König schwur, dieser Verfassung treu zu sein; er wurde aber meineidig an dem Volke, und das Volk richtete ihn, wie es einem Verräter geziemt. Dann schafften die Franzosen die erbliche Königswürde ab und wählten frei eine neue Obrigkeit, wozu jedes Volk nach der Vernunft und der Heiligen Schrift das Recht hat. Die Männer, die über die Vollziehung der Gesetze wachen sollten, wurden von der Versammlung der Volksvertreter ernannt, sie bildeten die neue Obrigkeit. Sie waren Regierung und Gesetzgeber vom Volk gewählt, und Frankreich war ein Freistaat. [...]

Hebt die Augen auf und zählt das Häuflein eurer Presser, die nur stark sind durch das Blut, das sie euch aussaugen, und durch eure Arme, die ihr ihnen willenlos leiht. Ihrer sind vielleicht 10 000 im Großherzogtum und eurer sind es 700 000, und also verhält sich die Zahl des Volkes zu seinen Pressern auch im übrigen Deutschland. Wohl drohen sie mit dem Rüstzeug und den Reisigen der Könige, aber ich sage euch: Wer das Schwert erhebt gegen das Volk, der wird durch das Schwert des Volkes umkommen. Deutschland ist jetzt ein Leichenfeld, bald wird es ein Paradies sein. Das deutsche Volk ist *ein* Leib, ihr seid ein Glied dieses Leibes. Es ist einerlei, wo die Scheinleiche zu zucken anfängt. Wann der Herr euch seine Zeichen gibt durch die Männer, durch welche er die Völker aus der Dienstbarkeit zur Freiheit führt, dann erhebet euch, und der ganze Leib wird mit euch aufstehen.

₃₃₀ *Ihr bücktet euch lange Jahre in den Dornäckern der Knechtschaft, dann schwitzt ihr einen Sommer im Weinberge der Freiheit und werdet frei sein bis ins tausendste Glied.*

Ihr wühltet ein langes Leben die Erde auf, dann wühlt ihr ₃₃₅ *euren Tyrannen ein Grab. Ihr bautet die Zwingburgen, dann stürzt ihr sie und bauet der Freiheit Haus. Dann könnt ihr eure Kinder frei taufen mit dem Wasser des Lebens. Und bis der Herr euch ruft durch seine Boten und Zeichen, wachet und rüstet euch im Geiste und betet ihr selbst und lehrt eure Kinder beten: „Herr, zerbrich den* ₃₄₀ *Stecken unserer Treiber und lass dein Reich zu uns kommen – das Reich der Gerechtigkeit. Amen."*

Zit. nach der historisch-kritischen Ausgabe von Werner R. Lehmann. Kommentiert von Karl Pörnbacher, Gerhard Schaub, Hans Joachim Simm und Edda Ziegler. München, Deutscher Taschenbuchverlag ⁷1986.

Georg Büchner (1813–1837)
(akg-images GmbH)

4 Beispiel eines Interpretationsaufsatzes

> Lesen Sie den Beispielaufsatz zu der folgenden Aufgabe und vergleichen Sie ihn mit Ihrem eigenen Text oder dem Teil, den Sie bearbeitet haben.
> Besprechen Sie anschließend Ihre Einschätzungen und Ergebnisse mit Ihrem Sitznachbarn und bringen Sie die wichtigsten Punkte in ein Unterrichtsgespräch mit dem ganzen Kurs ein.

Aufgabe

> Verfassen Sie auf der Grundlage der Szene IV/2 (S. 80 f. der Textausgabe) einen Interpretationsaufsatz.
> Bearbeiten Sie darin folgende Aufgaben:
> - Fassen Sie das der Szene vorausgehende Geschehen kurz zusammen, soweit es zu ihrem Verständnis nötig ist.
> - Interpretieren Sie die Szene. Beziehen Sie die sprachliche, szenische und dramentechnische Gestaltung ein.
> - Untersuchen und beurteilen Sie über die Szene hinaus Ferdinands Verhalten gegenüber Luise. Ziehen Sie die Tipps und Techniken im Anhang der Textausgabe (S. 173–175) zurate.

Lösungsvorschlag

Das bürgerliche Trauerspiel „Kabale und Liebe", das Friedrich Schiller 1784 vollendet hat, zeigt den Standeskonflikt zwischen Adel und Bürgertum am Beispiel zweier junger Menschen, die sich lieben und durch eine Intrige in den Tod getrieben werden. Ferdinand von Walter, der Sohn eines einflussreichen Adligen an einem deutschen Fürstenhof, liebt Luise, die Tochter des Musikers Miller. Beide Väter sind gegen die Verbindung über die Standesgrenzen hinweg, und auch Luise ist von Skrupeln geplagt, insbesondere aus religiösen Gründen und aus Verantwortung für ihren Vater. Ferdinand dagegen wirbt immer heftiger um sie und ermuntert sie zur Flucht mit ihm, was ihr Gewissen aber nicht erlaubt. Dadurch entstehen bei Ferdinand Zweifel an ihrer Liebe zu ihm. Eine dauerhafte Beziehung der beiden versucht Präsident von Walter, der Vater Ferdinands, erfolglos zu verhindern, indem er einerseits die Hochzeit seines Sohnes mit Lady Milford, der Mätresse des Herzogs, bekannt geben lässt und andererseits Luise im Haus ihres Vaters als „Hure" (S. 53, Z. 24) beleidigt, wogegen sich Miller wehrt. Nach dem Scheitern dieser Versuche denkt sich Walters Sekretär Wurm, der ebenfalls Luise zur Frau haben möchte, eine Intrige aus, auf die sich der Präsident bereitwillig einlässt: Luises Eltern werden wegen Majestätsbeleidigung verhaftet und Wurm erklärt Luise, dass sie hingerichtet würden, wenn sie dies nicht durch einen von ihm diktierten Liebesbrief an den Hofmarschall von Kalb verhindere. Sie muss einen Eid leisten, diesen Brief als freiwillig verfasst auszugeben. Ferdinand findet den Brief wie geplant und reagiert entsetzt. Blind vor Wut beklagt er Luises geheuchelte Liebe und sinnt auf Rache.

Zu Beginn der Szene IV/2 kennt Ferdinand bereits den Inhalt des Briefes und ist wegen Luises vermeintlichem Betrug außer sich. Er kann es nicht fassen, dass sich seine Befürchtungen, Luise habe einen anderen Verehrer, zu bewahrheiten scheinen. So zweifelt er zunächst an dem Unglaublichen (S. 80, Z. 3 f.) und muss doch feststellen, dass die Zeilen mit der Handschrift seiner Geliebten es beweisen (S. 80, Z. 4–9). Diese innere Zerrissenheit zeigt sich in seinem äußeren Bewegungswechsel zwischen Erstarrung und nachdenklichem Stillstehen einerseits und wütendem Herumstürzen andererseits (Szenenanweisungen zu Beginn und auf S. 81 oben). Im Rückblick erklärt sich für ihn auch Luises unverständliches Verhalten in Szene III/4, als sie eine gemeinsame Flucht ablehnte (S. 80, Z. 9–14). Ihre Gefühls- und Seelenharmonie entpuppt sich für Ferdinand im Nachhinein als perfekte Täuschung, wie sie es in diesem Ausmaß bisher noch niemals gab. Deshalb übersteigt sie alle Grenzen: „ein unerhörter, ungeheurer Betrug, wie die Menschheit noch keinen erlebte!" (S. 80, Z. 8 f.) Selbst Luises Blässe, als er in Szene II/5 von seinen Anfechtungen in der Begegnung mit Lady Milford berichtete, und ihre Würde, mit der sie auf die zweideutigen Bemerkungen seines Vaters reagierte, seien gespielt gewesen. Und sogar die Ohnmacht, in die sie dessen Beleidigung stürzte, perfektionierte nur, so glaubt er, die Hinterhältigkeit. Dem Überschwang der eigenen Gefühle für Luise stellt er deren kalte Empfindungslosigkeit gegenüber, mit der sie ihn in seinen Bann gezogen habe und in der sie den Triumph ihrer Verstellungskünste genieße. Dieser äußerste Kontrast zwischen der großen Liebe Ferdinands und dem vermeintlichen Betrug Luises spiegelt sich in Gegensätzen wie „himmlische Hülle" und „teuflisches Herz" (S. 80, Z. 3 f.). Sie setzen gleichzeitig dem früheren Verhältnis von

Ferdinand und Luise dessen jetzigen Zustand entgegen. Ferdinand spürte bisher in seinen leisesten Gefühls- und Seelenregungen wie in den wildesten Leidenschaften die Harmonie mit Luise (S. 81, Z. 2–8), jetzt vermeidet er ihren Namen und benennt sie mit Pronomen – „man" (S. 80, Z. 10, 12) – oder abwertenden Bezeichnungen – „die Falsche", „das Weib", „die Heuchlerin" (S. 81, Z. 13, 16 f.) –. Wie aufgewühlt und aufgebracht der Sprecher ist, bringen die zahlreichen Gedankenstriche, die Sprünge und Brüche in seinen Äußerungen andeuten, Ellipsen (S. 81, Z. 2–9), Ausrufe- und Fragesätze zum Ausdruck. In diese Richtung wirken auch die Wiederholungen, Parallelismen, Anaphern und Epiphern, die in diesem Monolog enthalten sind. Am Schluss häufen sich rhetorische Fragen, um die innere Zerrissenheit und die Empörung von Ferdinand zu verstärken. Er ist verzweifelt und rasend, weil er der Auffassung ist, dass Luise ihn nur ausgenutzt habe. Sein Monolog mündet in den elliptischen Ausruf „Tod und Rache!" (S. 81, Z. 31), mit dem er sein weiteres Verhalten ankündigt. Er zeigt seinen Hass und seine Entschlossenheit, sich für die erlebte Enttäuschung zu rächen. Die emotionalen Worte Ferdinands enthalten aber auch Zweifel, ob er tatsächlich belogen wurde. Er kann sich solche ungeheuerlichen Lügen Luises nicht vorstellen und verweist deshalb immer wieder auf die Echtheit, in der er ihre Liebe erlebt habe. Hätte er ihr vertraut und den Brief nicht nur durchflogen, sondern innegehalten und nachgedacht, hätte er schnell merken müssen, dass er einem Betrug zum Opfer fällt. Denn der Hofmarschall von Kalb ist ein unattraktiver Liebhaber und nach den vorausgehenden Ereignissen müsste Ferdinand eigentlich damit rechnen, dass seinem skrupellosen Vater jedes Mittel recht ist, um sein Ziel zu erreichen. Stattdessen ist Ferdinand in tragischer Ironie vom Betrug Luises, den er mit unterschiedlichen Worten – „Grimasse", „Lüge" – immer wieder hervorhebt, überzeugt und entschließt sich in falscher Sicherheit und im Übermut zum Selbstmord und Mord. Die Zuschauer dagegen erkennen, dass er in dem Moment, als er die Zusammenhänge zu durchschauen glaubt, selbst der Betrogene ist, der in seinen Schlussfolgerungen der Hybris verfällt. Hätte er die Gegebenheiten hinterfragt und nicht so leichtgläubig gehandelt, wäre das Trauerspiel anders ausgegangen.

Der Monolog zeigt den Umschlag in Ferdinands Liebe zu Luise von einem sanften Sommerregen, welcher den Pflanzen guttut, in ein zerstörerisches Ungewitter, das zur Vernichtung führt. Am Anfang fühlt sich der Sohn des Präsidenten im siebten Himmel. Er ist so auf die gemeinsame Zukunft mit Luise fixiert, dass er die Realität nicht mehr wahrnimmt. Luise deutet ihm mehrmals an, dass aus ihrer Liebe nichts werden könne, da sie ihre Familie verlöre, die sie über alles liebe. Sie versucht Ferdinand auch klarzumachen, dass die Standesunterschiede ihre Verbindung nicht erlauben. Doch dieser ist besessen von dem Gedanken, mit Luise zusammenzuleben, sodass er sich ihr immer mehr aufdrängt. Selbstbezogen ergreift er Besitz von ihr, ohne Rücksicht auf andere Verpflichtungen zu nehmen. Er ist sogar bereit, seinen Stand aufzugeben und mit ihr eine ungewisse Zukunft zu beginnen. Voller Tatendrang schlägt er ihr vor, aus dem eigenen Land zu fliehen und an einem anderen Ort weiterzuleben. Mit seinen Gefühlen ausschließlich auf Luise fixiert, geht er davon aus, dass sie dieselbe Opferbereitschaft aufbringe wie er selber. Eine andere Haltung, für die es ebenfalls gute Gründe gibt, kann und will er nicht akzeptieren. Er nimmt der Geliebten jeden Freiraum zur Verwirklichung eigener Vorstellungen. Deshalb trifft es ihn besonders hart, als er erfährt, dass Luise nicht mit ihm gehen, sondern für ihren Vater sorgen wolle. Zorn und Hass überkommen ihn, was sich daran zeigt, dass er aus lauter Wut eine Violine zerschlägt. Daran zeigen sich auch seine Aggressivität und seine Zerstörungsbereitschaft, die am Ende in die Katastrophe führen. Seine grenzenlose Liebe schlägt von einer Sekunde auf die andere in grenzenlosen Hass und Rache um. Rasend vor Eifersucht glaubt er Luise nicht, dass sie nur wegen ihren Eltern auf ihn verzichte, und unterstellt ihr, noch bevor der erzwungene Brief entsteht, einen Nebenbuhler zu haben. Als er Luises Brief an den Hofmarschall findet, fühlt er sich in seiner Auffassung voll bestätigt, obwohl sie sich mit etwas kritischem Verstand leicht hätte widerlegen lassen. So aber wird Ferdinands Blindheit und kindische Reaktion schließlich zum Auslöser für seine egoistische und verzweifelte Handlung am Ende des Dramas. Aus Eifersucht und erschrocken darüber, wie leicht Luise ihn mit ihren angeblich vorgespielten Gefühlen vor lauter Liebe blind gemacht habe, fasst er den teuflischen Plan, Luise und sich zu vergiften. Wenn er sie schon nicht haben könne, solle sie niemand sonst besitzen. Damit schwingt er sich zum Herrn über Leben und Tod auf und verkennt, dass er selbst sich auch täuschen könnte.

Texte zum Thema „Beherrschende und fehlende Väter"

a) Franz Kafka: Brief an den Vater

[...] Damals und damals überall hätte ich die Aufmunterung gebraucht. Ich war ja schon niedergedrückt durch deine bloße Körperlichkeit. Ich erinnere mich zum Beispiel daran, wie wir uns öfters zusammen in einer Kabine auszogen. Ich mager, schwach, schmal, du stark, groß, breit. Schon in der Kabine kam ich mir jämmerlich vor, und zwar nicht nur vor dir, sondern vor der ganzen Welt, denn du warst für mich das Maß aller Dinge. Traten wir dann aber aus der Kabine vor die Leute hinaus, ich an deiner Hand, ein kleines Gerippe, unsicher, bloßfüßig auf den Planken, in Angst vor dem Wasser, unfähig deine Schwimmbewegungen nachzumachen, die du mir in guter Absicht, aber tatsächlich zu meiner tiefen Beschämung immerfort vormachtest, dann war ich sehr verzweifelt und alle meine schlimmen Erfahrungen auf allen Gebieten stimmten in solchen Augenblicken großartig zusammen. Am wohlsten war mir noch, wenn du dich manchmal zuerst auszogst und ich allein in der Kabine bleiben und die Schande des öffentlichen Auftretens so lange hinauszögern konnte, bis du endlich nachschauen kamst und mich aus der Kabine triebst. Dankbar war ich dir dafür, dass du meine Not nicht zu bemerken schienest, auch war ich stolz auf den Körper meines Vaters. Übrigens besteht zwischen uns dieser Unterschied heute noch ähnlich.

Dem entsprach weiter deine geistige Oberherrschaft. Du hattest dich allein durch eigene Kraft so hoch hinaufgearbeitet, infolgedessen hattest du unbeschränktes Vertrauen zu deiner Meinung. Das war für mich als Kind nicht einmal so blendend wie später für den heranwachsenden jungen Mann. In deinem Lehnstuhl regiertest du die Welt. Deine Meinung war richtig, jede andere war verrückt, überspannt, meschugge[1], nicht normal. Dabei war dein Selbstvertrauen so groß, dass du gar nicht konsequent sein musstest und doch nicht aufhörtest Recht zu haben. Es konnte auch vorkommen, dass du in einer Sache gar keine Meinung hattest und infolgedessen alle Meinungen, die hinsichtlich der Sache überhaupt möglich waren, ohne Ausnahme falsch sein mussten. Du konntest zum Beispiel auf die Tschechen[2] schimpfen, dann auf die Deutschen[2], dann auf die Juden[2], und zwar nicht nur in Auswahl, sondern in jeder Hinsicht, und schließlich blieb niemand mehr übrig außer dir. Du bekamst für mich das Rätselhafte, das alle Tyrannen haben, deren Recht auf ihrer Person, nicht auf dem Denken begründet ist. Wenigstens schien es mir so.

Nun behieltest du ja mir gegenüber tatsächlich erstaunlich oft Recht, im Gespräch war das selbstverständlich, denn zum Gespräch kam es kaum, aber auch in Wirklichkeit. Doch war auch das nichts besonders Unbegreifliches: Ich stand ja in allem meinem Denken unter deinem schweren Druck, auch in dem Denken, das nicht mit dem deinen übereinstimmte, und besonders in diesem. [...]

Das bezog sich auf Gedanken so gut wie auf Menschen. Es genügte, dass ich an einem Menschen ein wenig Interesse hatte – es geschah ja infolge meines Wesens nicht sehr oft –, dass du schon ohne jede Rücksicht auf mein Gefühl und ohne Achtung vor meinem Urteil mit Beschimpfung, Verleumdung, Entwürdigung dreinfuhrst. Unschuldige, kindliche Menschen, wie zum Beispiel der jiddische Schauspieler Löwy, mussten das büßen. Ohne ihn zu kennen verglichst du ihn in einer schrecklichen Weise, die ich schon vergessen habe, mit Ungeziefer, und wie so oft für Leute, die mir lieb waren, hattest du automatisch das Sprichwort von den Hunden und Flöhen[3] bei der Hand. An den Schauspieler erinnere ich mich hier besonders, weil ich deine Aussprüche über ihn damals mir mit der Bemerkung notierte: „So spricht mein Vater über meinen Freund (den er gar nicht kennt) nur deshalb, weil er mein Freund ist. Das werde ich ihm immer entgegenhalten können, wenn er mir Mangel an kindlicher Liebe und Dankbarkeit vorwerfen wird." Unverständlich war mir immer deine vollständige Empfindungslosigkeit dafür, was für Leid und Schande du mit deinen Worten und Urteilen mir zufügen konntest; es war, als hättest du keine Ahnung von deiner Macht. Auch ich habe dich sicher oft mit Worten gekränkt, aber dann wusste ich es immer, es schmerzte mich, aber ich konnte mich nicht beherrschen, das Wort nicht zurückhalten, ich bereute es schon, während ich es sagte. Du aber schlugst mit deinen Worten ohneweiters los, niemand tat dir Leid, nicht währenddessen, nicht nachher, man war gegen dich vollständig wehrlos.

Aber so war deine ganze Erziehung. Du hast, glaube ich, ein Erziehungstalent; einem Menschen deiner Art hättest du durch Erziehung gewiss nützen können; er hätte die Vernünftigkeit dessen, was du ihm sagtest, eingesehn, sich um nichts Weiteres gekümmert und die Sachen ruhig so ausgeführt. Für mich als Kind war aber alles, was du mir zuriefst, geradezu

---

[1] verrückt, jidd. meschuggo
[2] die ethnischen Gruppen, aus denen sich die Prager Bevölkerung zusammensetzte
[3] In einem Tagebucheintrag im November 1911 vermerkte Kafka zu dem Namen Löwy – „Mein Vater über ihn: Wer sich mit Hunden zu Bett legt, steht mit Wanzen auf."

Himmelsgebot, ich vergaß es nie, es blieb mir das wichtigste Mittel zur Beurteilung der Welt, vor allem zur Beurteilung deiner selbst, und da versagtest du vollständig. [...]

Ich war immerfort in Schande, entweder befolgte ich deine Befehle, das war Schande, denn sie galten ja nur für mich; oder ich war trotzig, das war auch Schande, denn wie durfte ich dir gegenüber trotzig sein, oder ich konnte nicht folgen, weil ich zum Beispiel nicht deine Kraft, nicht deinen Appetit, nicht deine Geschicklichkeit hatte, trotzdem du es als etwas Selbstverständliches von mir verlangtest; das war allerdings die größte Schande. In dieser Weise bewegten sich nicht die Überlegungen, aber das Gefühl des Kindes. [...]

_{Franz Kafka: Die Verwandlung. Brief an den Vater und weitere Werke. Hrsg. von Johannes Diekhans. Erarbeitet und mit Anmerkungen versehen von Elisabeth Becker. Paderborn 1999: Schöningh (EinFach Deutsch. Best.-Nr. 22290 2), S. 71, Z. 21 – S. 73, Z. 2; S. 73, Z. 34 – S. 74, Z. 35; S. 75; Z. 36 – S. 76, Z. 5.}

b) Birgit Vanderbeke: Das Muschelessen

[...] Einmal hat er an einem Wochenende am Fenster gestanden, und es sind ihm die Tränen gekommen, wie er vorm Haus gesehen hat, dass die Jungen Fußball gespielt haben, mein Vater hat nämlich auch Fußball gespielt als Junge, sehr gut sogar, mein Vater hat alles, was er gemacht hat, sehr gut gemacht, und er hat da die Jungen spielen sehen, mein Bruder hat auch mitgespielt, und mein Bruder ist nicht sehr gut in Fußball gewesen, er hat eigentlich nur linkisch und ungeschickt am Rand herumgestanden und gehofft, dass die anderen ihn vergessen und ihm bloß keinen Ball zuschießen, manchmal ist er zum Schein ein paar Schritte in eine ganz falsche Richtung gerannt, damit es nicht so aussähe, als wäre er festgewachsen am Rand, und als mein Vater am Fenster gestanden hat, hinter der Esszimmergardine, hat er gesehen, wie linkisch und ungeschickt mein Bruder sich angestellt hat, und dass er sich geradezu schrecklich vor diesem Fußball gefürchtet hat, mein Vater hat sogar gesagt, der rennt ja noch weg vor dem Ball, und ihm sind die Tränen gekommen, das soll mein Sohn sein, hat er zu meiner Mutter gesagt, das ist doch die reinste Enttäuschung, und es hat meinem Bruder auch nichts genützt, dass er gut Volleyball spielen konnte, das ganze Trainieren, er hat sich sehr angestrengt, die Enttäuschung ist eben zu groß gewesen bei meinem Vater, er hat das Weiche nicht ausstehen können, das Weichliche, das mein Bruder und meine Mutter gehabt haben, geblümte Existenzen, hat er gesagt, weil er sportlich war und sportliche Ideale hatte, wettstreiterische, er hat zu seinen sportlichen Idealen auch competition gesagt, und es ist mein Glück gewesen, dass ich auch sportlich war, weil er angenommen hat, dass ich damit auch sportliche Ideale und competition hätte, was aber nicht der Fall gewesen ist, er hat das aber nicht gleich gemerkt, und so habe ich ihm wenigstens nicht durch Unsportlichkeit das Leben verdorben, sondern durch krumme Beine, die ich von ihm geerbt habe, aber bei einem Mann und Fußballer sind sie nicht schlimm, während sie bei einem Mädchen unverantwortlich katastrophal aussehen, außerdem Pickel, obwohl ich immer in der Schule gut war, den Ehrgeiz hast du von mir, hat mein Vater gesagt, aus dir wird mal was, tu mir bloß den Gefallen, dass wenigstens aus dir mal was wird, und ich bin auch wirklich sehr ehrgeizig gewesen und habe immer Einsen geschrieben und auf dem Zeugnis nach Hause getragen, weil ich in keinem Fall wollte, dass es mir geht, wie es meinem Bruder gegangen ist, der meinem Vater mit seinen Vieren total das Leben verdorben hat, und das hat er sich nicht gefallen lassen, mein Vater, dass seine Brut ihn blamiert. Mein Bruder hat es nicht fertig gebracht zu lügen, was ich konnte, obwohl ich keine Vieren geschrieben habe, aber dafür habe ich heimlich Nachhilfestunden gegeben und Geld verdient, weil wir nur sehr wenig Taschengeld hatten, und von dem Geld bin ich heimlich ins Kino gegangen, und den ganzen Tag habe ich in Kaffeehäusern gesessen; der Ehrgeiz, den ich gehabt habe, das war, damit es nicht auffällt, dass ich Geld verdiene und damit ins Kaffeehaus gehe, von Kino natürlich zu schweigen, obwohl mein Vater sehr gern ins Kino gegangen ist, als er jung war, da ist er außerordentlich gern in Kinos gegangen, schon weil zu Hause die Kinder den ganzen Tag nur gebrüllt haben, mein Bruder weniger, ich dafür mehr, und in Berlin, wo er dann studiert hat, sowieso. [...]

_{Birgit Vanderbeke. Auszug aus „Das Muschelessen", © Rotbuch Verlag 1990.}

c) Alexander Mitscherlich: Auf dem Weg zur vaterlosen Gesellschaft

„Durch Anschauung werden wir gebildet, durch Worte erzogen", sagt Carl J. Burckhardt. Verfolgen wir das Leben eines Kindes aus dieser bäuerlichen Traditionswelt, so finden wir, dass es ganz unabhängig von dem jeweiligen Standort und affektiven Klima, in dem sich das Geschehen zuträgt, in der Lage ist, das Leben von Vater und Mutter in Gänze anschaulich vor sich zu haben. Keine der wichtigen Lebenspraktiken der Großen seiner Welt vollzieht sich unanschaulich, für das Kind nicht erfahrbar. Es wächst deshalb ganz natürlich in ein den Jahreslauf und den Lebenslauf gliederndes, traditionsgesichertes Wissen hinein, dessen einzelne Stücke unmittelbar vorgelebt, vorgemacht und nachvollziehbar sind. Vergleicht man diese Welt mit der unseren, so sind in der Geschichte zwei Stufen der Entfremdung beobachtbar. Zuerst wird die Arbeitswelt von der Welt des familiären Lebens weggerissen. Das wird als Ereignis schon in der Romanliteratur der ersten Hälfte des 19. Jahrhunderts erlebt. Für das Kind ist die für die Lebensfristung wichtigste Lebenspraktik, die Berufsausübung des Vaters, nicht mehr unmittelbar anschaulich. Aber vielleicht kann der Vater noch davon berichten und Teile seiner erlernten Handfertigkeiten im Milieu der Familie zur Anschauung bringen. Für die Väter, denen der nächste Schritt der Technisierung den Beruf bestimmt, die in Verwaltungen tätig sind, ist nicht einmal dies mehr möglich, da ihr Beruf keinerlei Anschaulichkeit mehr in sich birgt und also auch von ihm, außer Ärger und Büroklatsch, nichts mehr in die familiäre Welt mit nach Hause gebracht werden kann.

Dann aber taucht der Vater häufig nur noch als ein Schreckgespenst in der Welt des Kindes auf. Jedenfalls ist dies so in unserem vom *väterlichen* Autoritätsgehaben durchsäuerten Kulturmilieu, während in dem in der Vaterverachtung fortgeschritteneren Amerika der Vater eher parodistisch gesehen wird. […]

Aus: Alexander Mitscherlich: Auf dem Weg zur vaterlosen Gesellschaft. Ideen zur Sozialpsychologie. © 1963 Piper Verlag GmbH, München.

d) Horst Petri: Das Drama der Vaterentbehrung

Um […] Missverständnissen vorzubeugen: Die Darstellung handelt nicht von Zeiten der Vaterabwesenheit, die berufsbedingt ist, und auch nicht von Trennungs- und Scheidungsvätern, die durch einen lebendig gelebten Kontakt zu ihren Kindern die Kontinuität der Beziehung bewahren. Im Zentrum steht die definitive Vaterlosigkeit, die durch unbekannte Erzeuger schon ab der Geburt besteht oder die durch Trennung, Scheidung und Tod des Vaters zwischen früher Kindheit und Jugend eintritt. […]

Der Vater ist, wie die Mutter auch, seit den Anfängen der Geschichte ein Archetyp, ein in den untersten Seelenschichten verankertes Prinzip. Ungezählte Epen, Entwicklungsromane, Dramen und Trauerspiele haben die Gewalt und das Chaos beschrieben, die verlorene Väter hinterlassen. […]

Auch wenn also in jedem Menschen der Archetypus „Vater" existiert, entscheidet nicht er über die Entwicklung des Kindes, sondern die gelebte oder nicht gelebte Beziehung zu einem realen Vater. […]

Jede Vaterentbehrung stellt also eine Kombination aus akutem und chronischem Trauma dar. Der Trennungsschock und der anschließend dauerhafte Verzicht auf den Vater greifen maßgeblich in die psychischen Reifungsprozesse ein und behindern den Aufbau eines stabilen Selbst. Dabei geht neben dem Vater auch immer ein Teil des eigenen Selbst verloren. Die Erschütterung des Selbsterlebens führt […] immer auch zu einem Kommunikations- und Bindungsverlust und zu einer Beeinträchtigung des Weltverständnisses. Damit kommt es zu einer Entfremdung von sich und den anderen, die die völlige Entwurzelung der Person besiegeln kann. […]

Von allen Schritten zur Heilung und Prävention traumatischer Vaterverluste dürfte ein neuer Geschlechtervertrag der erste und wichtigste sein. […] Vaterentbehrung, so müssen wir realisieren, ist nicht nur ein durch die Eltern selbst verschuldetes, sondern durch die Gesellschaft mitproduziertes Schicksal, in dem das Private und Öffentliche eine verhängnisvolle Allianz bilden. Die Arbeitswelt stellt dazu entscheidende Weichen. Entsprechend setzt eine Minderung des Traumas grundlegende strukturelle Veränderungen in diesem Bereich voraus.

Neben der Arbeitswelt stellt das Scheidungsrecht einen weiteren Bereich dar, von dem konkrete Schritte zu einem Emanzipationsbündnis von Frauen und Männern bei der Vermeidung des Traumas der Vaterentbehrung ausgehen müssen. Hier zeichnen sich für die meisten europäischen Staaten positive Veränderungen ab, die in engem Zusammenhang mit den internationalen Bemühungen zur Stärkung der individuellen und gesellschaftlichen Rechte von Kindern zu sehen sind. […]

Im Zentrum des am 1. Juli 1998 in Kraft getretenen „Neuen Kindschaftsrechts" steht die seit langem fällige rechtliche Gleichstellung ehelicher und nichtehelicher Kinder. Wichtiger […] ist der Teil des Gesetzes, der das Sorge- und Umgangsrecht […] grundlegend neu regelt.

Aus: Horst Petri: Das Drama der Vaterentbehrung. © 7. Auflage 2011. Ernst Reinhardt Verlag München/Basel, S. 10, 20, 24, 142, 166, 176f., www.reinhardt-verlag.de

Was muss ein guter Vater heute können?

Lesen Sie die folgenden Texte und vergleichen Sie damit Ihre eigenen Einschätzungen des Verhältnisses zwischen Vätern und Kindern in der Gegenwart und Ihre Erwartungen an einen Vater.
Leiten Sie daraus Schlussfolgerungen für die Beziehung zwischen Vätern und Kindern in „Kabale und Liebe" ab.

Männer wollen heute gute Väter sein – warum nehmen sie sich dann nicht Zeit für ihre Kinder?
Von Matthias Kalle

Ein Samstag auf einem Spielplatz, irgendwo in Deutschland. Männer schieben Kinderwagen, sie schubsen ihre Töchter an, die auf Schaukeln sitzen, sie spielen Fußball mit ihren Söhnen, sie hocken im Sand und bauen Burgen, ein paar Meter weiter in einem Café verrät ein Vater seinem Kind die Geheimnisse des Lebens, die er bereits gelüftet hat.
Glücklich – das scheinen sie zu sein, die Väter von heute, die ja alles ganz anders machen als ihre eigenen Väter. Männer, die sich ihrer Rolle bewusst sind, die sie neu definieren und die nichts mehr zu tun hat mit dem alten Patriarchen, der die Geschicke seiner Familie aus der Ferne lenkt und sich ansonsten raushält: aus dem Alltag, aus der Verantwortung.
Aber wenn man sich dann mal mit einem dieser neuen Väter unterhält, wenn man vielleicht selber einer ist, dann hört man Geschichten voller Selbstzweifel. Geschichten darüber, wie schwer es manchmal ist mit einem Kind, über das Gefühl der Hilflosigkeit, darüber, dass man so oft nichts anzufangen weiß mit dem Sohn, mit der Tochter, und am Ende dieser Geschichten steht meist die Frage: „Bin ich ein guter Vater?" [...]
Und was muss ein guter Vater heute können, wenn man [der Entwicklungspsychologin Lieselotte] Ahnert folgt? Im Prinzip das Gleiche wie eine gute Mutter, sagt sie. „Die Sensitivität ist das Wichtigste für den Aufbau einer Bindung. Der Vater muss genau wie die Mutter in der Lage sein, sich in das Kind hineinzuversetzen." Und das ist dann vielleicht tatsächlich etwas Neues, etwas, das von Vätern früher nicht verlangt wurde – es ist auch das Schwierigste. Ahnert sagt: „Es fällt Erwachsenen grundsätzlich nicht leicht: sich so weit hinunterzubeugen, dass man ein Kind versteht."
Hinunterbeugen. Das bedeutet nichts anderes als: sich auf sein Kind einzulassen. Das kostet Zeit, mehr nicht.

Matthias Kalle: Super, Papa!, ZEITmagazin Nr. 39 vom 22.9.2011.

Partner der Kinder akzeptieren
Wolfgang Schmidbauer, Paartherapeut

Eltern sollten die Freundinnen oder Freunde ihrer Kinder nur dann kommentieren, wenn das ausdrücklich nachgefragt wird. Indem sie eine liebevolle Beziehung zu ihm halten, schützen sie ihr Kind am besten vor Partnern, die ihm schaden: Es weiß schließlich genau, wie sich eine angenehme Beziehung anfühlt. Umgekehrt ist es oft ganz besonders schwierig, sich von einem Partner zu trennen, der zuvor gegen ein elterliches Veto durchgekämpft werden musste. Wenn Väter Probleme mit dem Freund ihrer Tochter haben, sollten sie sich erst einmal selbst prüfen, ob sie ihr Kind überhaupt einem anderen Mann gönnen.
Dann können sie sich noch fragen, ob sie ihre Tochter auf einen so hohen Sockel gestellt haben, dass niemand an sie heranreicht. Wenn der Freund nach dieser Gewissenserforschung immer noch der Versager bleibt, sollte man der Tochter erklären, dass man ihre Wahl respektiert, aber die eigenen Gefühle nicht zu mehr reichen als zur Höflichkeit. Dann empfehlen sich allerdings keine Jachturlaube mit dem jungen Paar.

Wolfgang Schmidbauer: Partner der Kinder akzeptieren, ZEITmagazin Nr 39 vom 22.9.2011

Loslassen
Hanns-Bruno Kammertöns, ZEIT-Redakteur

Sage keiner, dass es ihm leichtfällt. 18 Jahre unter einem Dach, von den Gutenachtgeschichten bis zum Abitur, vom Ponyhof in der Lüneburger Heide bis zu den Partys im Hamburger Club du Nord. Was hat diese Zeit Nerven gekostet und Freude geschenkt. Nach der Kleinen gesucht, sie getröstet, an ihrer Sturheit verzweifelt und das alles natürlich auch umgekehrt. Wir haben ihr viel zu verdanken, womöglich auch, dass wir zum Schluss als Eltern nicht mehr nur peinlich waren. Sie packte die Koffer, saß auf dem Boden ihres Kinderzimmers und sortierte die vergangenen Jahre aus. Die größte Kunst im Leben ist das Loslassen. Loslassen ohne Wenn und Aber. Ohne Leichtmachen, ohne Schwermachen. Es hinzunehmen, am besten mit Stolz, das sollte ein Vater können.

Hanns-Bruno Kammertöns: Loslassen, ZEITmagazin Nr. 39 vom 22.9.2011.

Liebeskummer heilen
Wolfgang Schmidbauer, Paartherapeut

Väter können bekümmerten Kindern vorsichtig vermitteln, dass ihnen die Elternliebe sicher ist und sie gewiss jemand finden werden, der sie nicht abweist. Vor allem aber sollten Eltern ihre Kinder mit Appellen an den vermeintlichen Stolz verschonen. Meist können junge Menschen Zurückweisungen besser verarbeiten als Erwachsene, die ihr Selbstgefühl durch „Stolz" vermeintlich festigen. In modernen Beziehungen ist Stolz oft eine dumme Absage an Kompromiss- oder Versöhnungsbereitschaft. Vor Entwertungen der kränkenden Liebesobjekte sollten sich die Eltern hüten – sie entwerten dadurch indirekt ja auch die Entscheidung ihrer Kinder, sich gerade in diesen Jungen, dieses Mädchen verknallt zu haben.

Wolfgang Schmidbauer: Liebeskummer heilen, ZEITmagazin Nr. 39 vom 22.9.2011.

Später für sein Kind „da sein"
Rita Süssmuth, frühere Bundestagspräsidentin

Was wünsche ich mir von den Vätern? Wann ich für mein Kind da sein muss, kann ich besser in Erfahrung bringen, wenn ich im Alltag mit meinem Kind lebe und entdecke, wann es mich braucht und nicht braucht.

Anwesenheit und Anteilnahme sind besonders gefragt, wenn sich erwachsene Kinder in persönlicher oder beruflicher Anspannung, in Konflikten befinden. Sie möchten niemanden belasten, allein fertig werden mit ihren Problemen, aber nicht allein gelassen sein. Schwierig ist, zu entscheiden, wann und wie ich zeige, dass ich spüre und zu wissen meine, dass ich gebraucht werde.

Ich denke oft lange nach, ob ich sprechend aktiv werde oder erst einmal durch Körpersprache, Blicke, Gesten der persönlichen Umarmung, einen Brief mit einem kleinen Buch oder besonders aktive Unterstützung im Alltag Nähe und Beistand zeige. Nicht immer ermöglicht das Sprechen, vor allem das organisierte Sprechen-Wollen, den Zugang zum Kind, sondern die in sich stimmigen Zeichen, die dem anderen sagen: Ich bin da für dich! Vermeidet zu viel professionelle Annäherung, macht euch die Mühe, die Kinder und euch selbst in eurem Anderssein zu akzeptieren, aber dennoch miteinander verbunden zu sein.

Väter sind nicht weniger wichtig für die Kinder als die Mütter. Das wissen Kinder oft besser als ihre Väter.

Rita Süssmuth: Später für sein Kind „da sein", ZEITmagazin Nr. 39 vom 22.9.2011.

Kleidung kaufen
Tillmann Prüfer, Style Director des ZEITmagazins

Was Kinder nicht selbst ausgesucht haben, wollen sie auch nicht tragen. Also sollten sie mit in den Laden. Das führt zu Diskussionen über Preis und Geschmack. Aber als Vater hat man auch einen ästhetischen Erziehungsauftrag. Klugerweise sucht man drei Teile aus und lässt das Kind eines auswählen. Das bewahrt vor zu viel Glitzer und Pullis mit SpongeBob-Aufdruck.

Tillmann Prüfer: Kleidung kaufen, ZEITmagazin Nr. 39 vom 22.9.2011.

Mund halten
Harald Martenstein, ZEITmagazin-Kolumnist

Ich kenne mich nur mit Söhnen aus. Söhne verstummen häufig um den 14. Geburtstag herum, in der Pubertät scheinen sie das Werkzeug Sprache wieder zu verlieren. Sie schweigen aber nicht wie Babys, sie schweigen jetzt wie das Matterhorn, groß und geheimnisvoll. Erst mit 19, 20 Jahren beginnen sie wieder zu reden. Mütter dringen in sie: „Was ist mir dir? Was ist los?" Frauen sind das psychologische Geschlecht. Der Vater aber schweigt gemeinsam mit dem Sohn, er will seine Geheimnisse nicht kennen, dies tut der Beziehung gut. Gemeinsame Wanderungen, stundenlang, wortlos. Man sitzt zusammen im Gasthaus und studiert das Muster der Tischdecke. Der Vater: „Wenn was ist, dann sagst du's, oder?" Der Sohn, brummend: „Hm." Da ist nichts. Außer dem Matterhorn. Nun breitet ein männliches, psychologiefreies Wohlbehagen sich aus, wie nur Väter und Söhne es empfinden können.

Harald Martenstein: Mund halten, ZEITmagazin Nr. 39 vom 22.9.2011.

Mitleid als Wirkung des Trauerspiels: Lessings Brief an Nicolai vom November 1756
(Ausschnitte)

Das meiste wird darauf ankommen: was das Trauerspiel für Leidenschaften erregt. In seinen Personen kann es alle mögliche Leidenschaften wirken lassen, die sich zu der Würde des Stoffes schicken. Aber werden auch zugleich alle diese Leidenschaften in den Zuschauern rege? Wird er freudig? Wird er verliebt? Wird er zornig? Wird er rachsüchtig? Ich frage nicht, ob ihn der Poet so weit bringt, dass er diese Leidenschaften in der spielenden Person billiget, sondern ob er ihn so weit bringt, dass er diese Leidenschaften selbst *fühlt,* und nicht bloß fühlt, ein anderer fühle sie?

Kurz, ich finde keine einzige Leidenschaft, die das Trauerspiel in dem Zuschauer rege macht, als das Mitleiden. Sie werden sagen: Erweckt es nicht auch Schrecken? Erweckt es nicht auch Bewunderung? Schrecken und Bewunderung sind keine Leidenschaften, nach meinem Verstande. Was denn? [...]

Das Schrecken in *der Tragödie* ist weiter nichts als die plötzliche Überraschung des Mitleides, ich mag den Gegenstand meines Mitleids kennen oder nicht. [...] Nun zur Bewunderung! Die Bewunderung! O *in der Tragödie,* um mich ein wenig orakelmäßig[1] auszudrücken, ist das entbehrlich gewordene Mitleiden. Der Held ist unglücklich, aber er ist über sein Unglück so weit erhaben, er ist selbst so stolz darauf, dass es auch in meinen Gedanken die schreckliche Seite zu verlieren anfängt, dass ich ihn mehr beneiden als bedauern möchte.

Die Staffeln sind also diese: Schrecken, Mitleid, Bewunderung. Die Leiter aber heißt: Mitleid; und Schrecken und Bewunderung sind nichts als die ersten Sprossen, der Anfang und das Ende des Mitleids. [...] Das Schrecken braucht der Dichter zur Ankündigung des Mitleids, und Bewunderung gleichsam zum Ruhepunkte desselben. Der Weg zum Mitleid wird dem Zuhörer zu lang, wenn ihn nicht gleich der erste Schreck aufmerksam macht, und das Mitleiden nützt sich ab, wenn es sich nicht in der Bewunderung erholen kann. Wenn es also wahr ist, dass die ganze Kunst des tragischen Dichters auf die sichere Erregung und Dauer des einzigen Mitleidens geht, so sage ich nunmehr, die Bestimmung der Tragödie ist diese: Sie soll *unsre Fähigkeit, Mitleid zu fühlen,* erweitern. Sie soll uns nicht bloß lehren, gegen diesen oder jenen Unglücklichen Mitleid zu fühlen, sondern sie soll uns weit fühlbar machen, dass uns der Unglückliche zu allen Zeiten und unter allen Gestalten rühren und für sich einnehmen muss. Und nun berufe ich mich auf einen Satz, den Ihnen Herr Moses[2] vorläufig demonstrieren mag, wenn Sie, Ihrem eignen Gefühl zum Trotz, daran zweifeln wollen. *Der mitleidigste Mensch ist der beste Mensch,* zu allen gesellschaftlichen Tugenden, zu allen Arten der Großmut der aufgelegteste. Wer uns also mitleidig macht, macht uns besser und tugendhafter, und das Trauerspiel, das jenes tut, tut auch dieses, oder – es tut jenes, um dieses tun zu können. Bitten Sie es dem Aristoteles[3] ab, oder widerlegen sie mich. [...]

Das Trauerspiel soll so viel Mitleid erwecken, als es nur immer kann; folglich müssen alle Personen, die man unglücklich werden lässt, gute Eigenschaften haben, folglich muss die beste Person auch die unglücklichste sein, und Verdienst und Unglück in beständigem Verhältnisse bleiben. Das ist, der Dichter muss keinen von allem Guten entblößten Bösewicht aufführen. Der Held oder die beste Person muss nicht, gleich einem Gotte, seine Tugenden ruhig und ungekränkt übersehen. [...]

Das Schrecken, habe ich gesagt, ist das überraschte Mitleiden; ich will hier noch ein Wort hinzusetzen: das überraschte *und unentwickelte* Mitleiden; folglich wozu die Überraschung, wenn es nicht entwickelt wird? Ein Trauerspiel voller Schrecken, ohne Mitleid, ist ein Wetterleuchten ohne Donner. So viel Blitze, so viel Schläge, wenn uns der Blitz nicht so gleichgültig werden soll, dass wir ihm mit einem kindischen Vergnügen entgegengaffen. Die Bewunderung, habe ich mich ausgedrückt, ist das entbehrlich gewordene Mitleid. Da aber das Mitleid das Hauptwerk ist, so muss es folglich so selten als möglich entbehrlich werden; der Dichter muss seinen Held nicht zu sehr, nicht zu anhaltend der bloßen Bewunderung aussetzen, [...]

Gotthold Ephraim Lessing: Werke. In Zusammenarbeit mit anderen hrsg. von Herbert G. Göpfert. Vierter Band: Dramaturgische Schriften. Bearbeitet von Karl Eibl. Darmstadt 1996: Wiss. Buchgesellschaft, S. 159–165.

[1] rätselhaft
[2] Moses Mendelssohn (1729–1786), mit Lessing und Friedrich Nicolai (1733–1811) befreundet.
[3] Der griechische Philosoph Aristoteles (384–322 v. Chr.) befasst sich in seiner Poetik eingehend mit der Wirkung der Tragödie und beschreibt sie als „Katharsis" (Reinigung) von Furcht und Mitleid bzw. Jammer und Schauder.

Rhetorische Figuren in *Kabale und Liebe*

Die folgende Liste soll nicht dazu dienen, dass die Schülerinnen und Schüler jede einzelne Eintragung auswendig lernen, sondern vielmehr das Verständnis für die Gestaltungsmöglichkeiten der Sprache jenseits der grammatischen Regeln fördern. Schillers rhetorische Kraft beruht wesentlich auf dem extensiven Gebrauch dieser Figuren. Um diese übersichtlicher darzustellen und ihre Zielrichtung zu verdeutlichen, sind sie in Gruppen zusammengefasst. Dabei lassen sich Überschneidungen oder umstrittene Zuordnungen nicht vermeiden. Ergiebige und kompetente Informationen über Begriffe und Definitionen liefert das Metzler-Literatur-Lexikon, hrsg. von Günther u. Irmgard Schweikle. 2., überarb. Aufl. Stuttgart 1990.

1. Wortfiguren (wiederholte oder variierte Wörter oder Wortfolgen)

Akkumulation (Häufung)	Aneinanderreihung von Wörtern, die zu einem Oberbegriff gehören	Ich seh in die Zukunft – die Stimme des Ruhms – deine Entwürfe – dein Vater – mein Nichts. (S. 19, Z. 30 f.)
Amplifikation (Erweiterung)	kunstvolle Aufschwellung einer Aussage über das Nötige hinaus.	Ich beschwöre Sie, Teurer, Goldner! (S. 67, Z. 26)
Epiphrasis (Nachsatz)	Fortsetzung eines abgeschlossenen Satzes zur Steigerung oder Verdeutlichung	
Klimax (Steigleiter)	Eine Reihe von Wörtern oder Sätzen bringt eine Steigerung zum Ausdruck.	Den schönsten Mann – den feurigsten Liebhaber – den witzigsten Kopf in seinem ganzen Lande! (S. 34, Z. 11 f.)
Paronomasie (Wortumbildung)	Spiel mit der Bedeutung von Wörtern a) unterschiedlicher Bedeutung, aber ähnlicher Lautgestalt	Reden Sie! Raten Sie! (S. 76, Z. 21)
Figura etymologica	b) des gleichen Stamms	Belogene Lügner (S. 36, Z. 19 f.)

2. grammatische Figuren (Satzbaumuster, Abweichungen vom üblichen Wortlaut oder Satzbau)

Chiasmus (Kreuzstellung)	vertauschte Stellung zweier Wörter in aufeinanderfolgenden Satzgefügen	Vater ins Zuchthaus – an den Pranger Mutter und Metze von Tochter (S. 54, Z. 28–30)
Ellipse (Auslassung)	unvollständiger Satz	Das Geschenk deines Sterberöchelns – das schauervolle Vermächtnis deiner Verzweiflung! (S. 95, Z. 8–10)
Exclamatio (Aufschrei)	Umwandlung einer Aussage in einen Ausruf	Dass dich alle Hagel! (S. 14, Z. 18)
Hendiadyoin (eins durch zwei)	Das Attribut eines Begriffs wird durch ein zweites Substantiv ersetzt.	Tod und Rache! (statt tödliche Rache) (S. 81, Z. 31)
Hypotaxe (Unterordnung)	Nebensatzgefüge	Es will mir nicht zu Kopfe, Mylady, dass eine Dame von so viel Schönheit und Geist – Eigenschaften, die ein Mann schätzen würde – sich an einen Fürsten sollte wegwerfen können, der nur das *Geschlecht* an ihr zu bewundern gelernt hat, wenn sich diese Dame nicht *schämte*, vor einen Mann mit ihrem *Herzen* zu treten. (S. 41, Z. 19–24)
Inversion (Umkehrung)	Die übliche Wortfolge wird verändert.	Zwar die Gewalt des Präsidenten ist groß – (S. 51, Z. 31)

Parataxe (Beiordnung)	Hauptsätze folgen aufeinander.	Der Handel wird ernsthaft. Meine Tochter kommt mit dem Baron ins Geschrei. Mein Haus wird verrufen. (S. 7, Z. 6–8)
Parenthese (Einschub)	Einführung eines selbstständigen, von Gedankenstrichen, Klammern oder Kommas begrenzten Satzes in einen anderen	– den Major – Gott ist mein Zeuge – ich kann dir ihn nimmer geben. (S. 18, Z. 3f.)
Pluralis majestatis		Seine Durchlaucht der Herzog empfehlen sich Mylady zu Gnaden (S. 36, Z. 3f.)
rhetorische Frage	Umwandlung einer Aussage in eine Frage	Was kann über dich kommen? Wer kann dir was anhaben? (S. 7, Z. 21f.)

3. Sinnfiguren (innere Organisation einer Aussage mit dem Ziel der semantischen Erweiterung oder Verdeutlichung)

Antithese (Gegen-Satz)	Verbindung gegensätzlicher Gedanken oder Begriffe	ich habe dem Fürsten meine Ehre verkauft, aber mein Herz habe ich frei behalten (S. 35, Z. 4f.)
Antizipation (Vorwegnahme)	Vorgriff auf chronologisch spätere Handlungsteile	Mich zu ermorden ist er da! (S. 107, Z. 7)
Aposiopese (Verstummen)	bewusstes Abbrechen der Rede vor der entscheidenden Aussage	Sollte die Närrin etwa? – Teufel! Sie wird doch nicht – (S. 75, Z. 1f.)
Apostrophe	Anrede abwesender Personen oder Dinge	Du, Allmächtiger, bist Zeuge! (S. 57, Z. 26)
Correctio (Verbesserung)	unmittelbare Berichtigung einer eigenen Äußerung	Zu eben dem Herzog, der meinen Vater auf Tod und Leben will richten lassen – Nein! Nicht *will* – *muss* richten lassen, weil einige Böswichter wollen (S. 75, Z. 9–12)
Epitheton (Beiwort)	einem Substantiv oder Namen beigefügtes Adjektiv oder Partizip	das schwarze Geheimnis (S. 69, 9f.)
Interjektion (Einwurf)	in einen Satzzusammenhang eingeschobener Einwurf	Gehen Sie, o gehen Sie ja. (S. 75, Z. 29)
Paradoxon (Unerwartetes)	Eine scheinbar widersinnige Aussage erweist sich als sinnvoll.	Ich wusste von keinem Gott mehr, und doch hatt ich ihn nie so geliebt. (S. 17, Z. 32f.)

4. Klangfiguren (Wirkung durch die akustische Gestalt eines Satzes)

Alliteration (Wiederaufnahme)	gleicher betonter Anlaut zweier oder mehrerer Wörter in unmittelbarer Nähe	Keller und Koch (S. 16, Z. 2)
Anapher (Wiederaufnahme)	Mehrere Satzteile oder Sätze fangen mit demselben Wort oder derselben Wortgruppe an.	Ich beweine mein Schicksal nicht. Ich will ja nur wenig – (S. 17, Z. 7f.)
Epipher (Zugabe)	Mehrere Satzteile oder Sätze hören mit demselben Wort oder derselben Wortgruppe auf.	Man hat mir gesagt, dass die Großen der Welt noch nicht belehrt sind, was *Elend* ist – nicht wollen belehrt sein. Ich will ihm sagen, was Elend ist – will es ihm vormalen in allen Verzerrungen des Todes, was Elend ist – will es ihm vorheulen in Mark und Bein zermalmenden Tönen, was Elend ist – (S. 75, Z. 18–23)
Parallelismus	In aufeinanderfolgenden Sätzen sind die Satzglieder in gleicher Weise angeordnet.	Und ich hörte nichts? Und ich merkte nichts? (S. 37, Z. 23f.)
Repetitio (Wiederholung)		Bleiben Sie! Bleiben Sie! (S. 76, Z. 18f.)

5. Bildfiguren/Tropen (Veranschaulichung von Gedanken, Sachverhalten oder Gefühlen)

Allegorie (etwas anderes sagen)	Ein Bild veranschaulicht einen Begriff oder eine Bild- oder Handlungsfolge einen abstrakten Zusammenhang.	Wenn die Mücke in ihren Strahlen sich sonnt – kann sie das strafen, die stolze majestätische Sonne? (S. 17, Z. 13–15)
Hyperbel	Übertreibung	Ein Lächeln meiner Luise ist Stoff für Jahrhunderte (S. 69, Z. 35 f.)
Metapher (Übertragung)	Ein Wort aus einem anderen Bedeutungszusammenhang ersetzt das eigentlich gemeinte.	Du hast den Feuerbrand in mein junges friedsames Herz geworfen (S. 21, Z. 4 f.)
Periphrase	Umschreibung einer Person, einer Sache oder eines Begriffs durch kennzeichnende Tätigkeiten, Eigenschaften oder Wirkungen	Richter der Welt! (S. 85, Z. 6 in Szene IV/4)
Personifikation	Pflanzen, Tieren, Dingen oder abstrakten Begriffen werden menschliche Eigenschaften zugeschrieben.	wo die Nacht mit der Hölle liebäugelt (S. 55, Z. 23 f.)
Sarkasmus	bittere Ironie	O Gott – Nein – lauter Freiwillige (S. 37, Z. 15 f.)
Symbol	Ein konkreter Gegenstand verweist auf einen allgemeinen Sinnzusammenhang.	Lamm (S. 51, Z. 9)
Synästhesie	Vermischung unterschiedlicher Sinneswahrnehmungen	süße goldene Bilder der Liebe (S. 96, Z. 8)
Synekdoche	Ersetzung eines Begriffs durch einen engeren oder weiteren desselben Bedeutungsfeldes	der Ewige (S. 50, Z. 24)
Vergleich	Zwei Vorstellungen aus unterschiedlichen Bedeutungszusammenhängen werden ausdrücklich – durch „wie", „als ob" – zueinander in Beziehung gesetzt.	Tausend junge Gefühle schossen aus meinem Herzen, wie die Blumen aus dem Erdreich, wenn's Frühling wird. (S. 17, Z. 28–30)

ZEIT-Schülerbibliothek: 41. Schiller: Kabale und Liebe

Mode und Menschheit

Wer wissen will, was Demokratie und Freiheit wert sind, muss nur Schillers *Kabale und Liebe* lesen. Es gibt wenige Stücke, die so frisch und empörend geblieben sind. Die Geschichte des Adligen und des Bürgermädchens, deren Liebe von einer boshaften Intrige (damals auch Kabale genannt) unterbunden wird, weil es nicht erlaubt war, die Standesgrenzen zu überschreiten, hat noch heute die Kraft, bei Lesern wie Zuschauern echten Hass und echte Verzweiflung auszulösen.

Man kann das Stück gar nicht so dämlich aufführen (obwohl etliche Regisseure ihren Ehrgeiz daransetzen), dass es seine revolutionierende Wirkung verfehlt. Schiller hat hier weniger philosophisch konstruiert als in späteren Werken und allen Ehrgeiz darauf verwendet, Charaktere und Milieu so realistisch wie möglich zu machen. Jede Figur hat ihre Redeweise, man lernt bürgerliche und adlige Umgangssprache kennen, die Flüche des Hofes und der Dienstboten, manches ist sogar nicht mehr einfach zu verstehen, weil sich Ausdrücke und Anspielungen verändert haben (ungefähr wie der Jugendjargon in einem Fünfziger-Jahre-Film uns manchmal merkwürdig vorkommt).

Das Stück wirkt, als sei ein Radioreporter an einem Fürstenhof des ausgehenden 18. Jahrhunderts unterwegs, und deshalb teilen sich noch heute die Angst und schreiende Ungerechtigkeit unmittelbar mit. Um den adligen Ferdinand von seiner Liebe zu der Musikantentochter Luise abzubringen, zwingt man das Mädchen, einen Brief zu schreiben, der klingt, als habe sie einen weiteren Liebhaber; zum Druckmittel hat man ihre Eltern inhaftiert. Man nimmt ihr den Eid ab, über die Zwangsmaßnahme zu schweigen, und dass sie sich daran hält, wirkt überhaupt nur plausibel, weil der Zuschauer inzwischen selbst schon die Allgegenwart von Einschüchterung und Gewalt spürt.

Es ist in diesem Fürstentum wie in der DDR, in der eine diffuse Angst vor der Stasi umging, die sich übrigens ebenfalls nicht scheute, Ehen durch Intrigen auseinanderzubringen. Im 19. Jahrhundert hielt man Schillers Brief- und Eidgeschichte für übertrieben; aber das 20. Jahrhundert mit seinen totalitären Staaten brachte auch die Methoden der Erpressung und Manipulation von missliebigen Bürgern wieder und hat insofern Schiller gerade als Realist glänzend (oder schrecklich) rehabilitiert.

Doch wäre Schiller nicht Schiller, wenn er sich im Realismus erschöpfte. Ein wenig philosophische Konstruktion hat er doch untergebracht, und sie sorgt dafür, dass sich der heutige Zuschauer nicht ohne Weiteres von dem Stück als einer Geschichte historischer, überwundener Leiden distanzieren kann. Denn es geht nicht einfach nur um eine Liebe, die an den Standesgrenzen des 18. Jahrhunderts scheitert, so wie es Fontane für das 19. und Schnitzler sogar noch für das frühe 20. Jahrhundert geschildert haben. Es geht überhaupt um individuelles Glück und individuelle Selbstbestimmung, die an den Regeln der Gesellschaft scheitern. Solche Regeln hat jede Gesellschaft, auch unsere, und an ihnen wird das Individuum immer Grenzen finden. Es ist, mit Schillers Worten, der Konflikt von „Mode" und „Menschheit".

„Menschheit", das ist für ihn die Summe aller unveränderlichen Hoffnungen und Glücksansprüche der Menschen; „Mode" ist das Schlagwort für alle veränderlichen Konventionen, Zwänge und Ansprüche der Gesellschaft. Der ewige menschliche Kern unterliegt stets der Unterdrückung, mindestens der Überformung durch die gerade herrschenden Verhältnisse. Der Mensch kann nie ganz Mensch werden, weil er gezwungen ist, sich mit irgendeiner „Mode" zu arrangieren, die immer so tut, als sei sie selbstverständlich und naturgegeben. Der Feudalismus hat so getan, als seien die Standesgrenzen naturgegeben, der Kommunismus hat das von den Klassenunterschieden behauptet, der Kapitalismus von Eigentum und Leistungsprinzip. Schiller behauptet nun nicht, man könne die „Mode" abschaffen (denn man kann ja auch nicht die Gesellschaft abschaffen); er artikuliert aber die Hoffnung, die gesellschaftlichen Regeln könnten dereinst etwas menschenfreundlicher ausfallen.

Man kann darüber streiten, ob das inzwischen erreicht ist; aber Demokratie und Bürgerrechte haben sein Ideal doch näher gerückt. Und selbst für den, der noch immer glaubt, an Mode und Gesellschaft verzweifeln zu müssen, gibt Schiller einen Trost: dass es keine herrschenden Vorstellungen und Konventionen gibt, die wir für naturgegeben halten müssen. Das, was die Gesellschaft als naturgegeben predigt, ist immer nur Propaganda, „Mode".

Jens Jessen

Jens Jessen: Mode und Menschheit. In: DIE ZEIT, Nr. 35/2003, S. 48.

Literaturhinweise

Wissenschaftliche Literatur

Aurnhammer, Achim; Manger, Klaus; Strack, Friedrich [Hrsg.]: Schiller und die höfische Welt. Tübingen 1990: Niemeyer.

Guthke, Karl S.: *Kabale und Liebe.* Tragödie der Säkularisation. In: Hinderer, Walter [Hrsg.]: Schillers Dramen. Interpretationen. Stuttgart 1992: Reclam (Universal-Bibliothek Nr. 8807), S. 103–158.

„Kabale und Liebe" – ein Drama der Aufklärung? Mit Beiträgen von Peter André Alt und Hans-Jürgen Schings. Marbach am Neckar 1999: Deutsche Schillergesellschaft.

Koopmann, Helmut: Kabale und Liebe. In: H. K. [Hrsg.]: Schiller-Handbuch. Stuttgart 1998: Kröner, S. 365–378.

Meise, Helga: Kabale und Liebe. Ein bürgerliches Trauerspiel in fünf Aufzügen (1784). In: Matthias Luserke-Jaqui [Hrsg.]: Schiller-Handbuch. Leben – Werk – Wirkung. Sonderausgabe. Stuttgart: Metzler- und Poeschel-Verlag, 2005/2011, S. 65–88.

Michelsen, Peter: Ordnung und Eigensinn. Über Schillers „Kabale und Liebe". In: Jahrbuch des Freien Deutschen Hochstifts 1984, S.198–222.

Schafarschik, Walter: Friedrich Schiller, Kabale und Liebe. Erläuterungen und Dokumente. Stuttgart 1987: Reclam (Universal-Bibliothek Nr. 8149).

Didaktische Literatur

Berg, Rudolf: Friedrich Schiller, Kabale und Liebe. Unterrichtsvorschläge und Kopiervorlagen zu Buch, Audio Book, CD-ROM. Berlin 2002: Cornelsen.

Herrmann, Hans Peter; Herrmann, Martina: Friedrich Schiller, Kabale und Liebe. Frankfurt am Main 1987: Diesterweg (Grundlagen und Gedanken zum Verständnis des Dramas).

Struck, Hans-Erich: Friedrich Schiller, Kabale und Liebe. Oldenbourg-Interpretationen. München 1998 (Band Nr. 44).

Völkl, Bernd: Friedrich Schiller, Kabale und Liebe. Lehrpraktische Analysen für die Sekundarstufe II, 31. Folge. Reclam Verlag o.J., S. 1–14.

Für die Hand der Schülerinnen und Schüler

Ehm, Matthias: Friedrich Schiller: Kabale und Liebe … verstehen. Hrsg. von J. Diekhans und M. Völkl. Paderborn: Schöningh Verlag, 2011 (EinFach Deutsch).

Müller, Hans Georg: Friedrich Schiller, Kabale und Liebe. Lektürehilfen. Stuttgart 2001: Klett.

Filme

Friedrich Schiller: Kabale und Liebe. Ein Leander Haußmann Film. ZDF theateredition Nr. 62194.

Schiller. Leben und Leiden eines Jahrhundert-Genies. EuroVideo Best. Nr. 245 353.